KB218337

원효, 불교사상의 벼리

원효, 불교사상의 벼리

원효사상의 새로운 성찰, 인도 및 중국 불교와의 만남

권오민, 이병욱, 김도공, 김성철, 배경아

운주사

서문

한반도에 불교가 들어온 지 1,600여 년이 된다. 그동안 한국불교사에서는 뛰어난 인물이 많이 배출되었다. 그리고 그 가운데서 한 명의 인물만 추천하라고 한다면 대부분의 불교인들은 원효(元曉, 617~686)를 거론할 것이라고 생각한다. 한 발 양보해도 원효가 한국불교 역사에서 가장 뛰어난 인물 가운데 한 사람이라는 점은 의심의 여지가 없을 것이다. 또한 비슷한 시기의 동아시아 불교사상가, 곧 천태종의 지의(538~597), 지론종 계열의 혜원(523~592), 삼론종의 길장(549~623), 화엄종의 법장(643~712)과 견주어 보아도 원효는 그들을 능가하거나 어깨를 나란히 한다고 평가할 수 있다.

원효의 저술은 87종류로 추정되며, 현재 남아 있는 것도 23종류가 된다. 그동안 한국불교학계에서 가장 많이 연구된 인물이 원효이지만, 아직도 원효사상의 전모가 온전히 밝혀졌다고 할 수 없다. 히말라야산맥의 만년설을 마주대하는 것처럼, 연구자가 바라보기만 할 뿐 감히 앞으로 나서고 있지 못하는 형국이다. 그만큼 원효의 저술은 논리적으로 탄탄하고 다양한 얼굴을 하고 있다.

이 책은 쉽게 접근하기 어려운 원효사상의 산맥을 등정하기 위한 발판이라고 할 수 있다. 그동안 한국불교학계에서 원효사상을 주로 한국불교의 맥락에서 연구해왔다면, 이 책에서는 원효사상을 한국불교의 바깥에서 바라보고자 한다. 그래서 1장에서는 원효의 화쟁사상을 아비달마불교와 연관해서 바라보고, 2장에서는 천태사상과 원효사상에 공통적 요소가 있다는 것을 밝히며, 3장에서는 원효의 수행관에 인도불교의 『유가사지론』의 영향이 있다는 것을 드러낸다. 그리고 4장과 5장에서는 원효의 제7식 이해와 불교논리학의 이해에 각각 인도불교의 영향이 있다는 것을 거론한다. 이 책에서 시도하고 서술한 내용이 과연 모두 성공적이었는지에 대해서는 평가를 유보하지만, 이런 연구가 원효사상의 외연을 넓히고, 원효사상을 바라보는 시각을 풍부하게 할 것이라는 점은 말할 수 있다.

아울러 이 책을 통해서 원효사상에서 중요한 내용을 섭렵할 수 있을 것이다. 원효사상의 주요부분은 화쟁사상, 무애행, 정토사상이라고 할 수 있고, 원효사상의 근간은 『대승기신론』에 있다고 할 수 있다. 이 책의 1장에서는 아비달마 불교와 관련해서 화쟁사상을 다루고 있으므로 이 글을 통해 원효의 화쟁사상을 이해할 수 있다. 2장에서는 천태사상과 원효사상의 공통적 요소로서 무애행과 정토사상을 거론하고 있으므로 원효의 무애행과 정토사상을 파악할 수 있을 것이다. 3장에서는 원효의 수행론을 다루고 있지만 그에 앞서서 그 이론적 근거로서 『대승기신론』을 소개하는 데 상당한 분량을 할애하고 있으므로 『대승기신론』의 사상을 이해하는 데도 도움이 될 것이다. 즉 이 세 글 속에 원효사상의 근간이라고 할 수 있는 『대승기신론』의 사상, 화쟁사상, 무애행, 정토사상이 모두 포함되어 있음을 알 수 있다.

그 위에 4장에서는 원효의 유식사상 가운데 말나식에 관한 부분을 검토하고, 5장에서는 원효의 불교논리학의 이해 가운데 일부분을 살펴본다. 이상의 5개 주제와 연구로 광활한 원효사상을 제대로 다 소개하기에는 여전히 부족하지만, 그래도 원효사상의 주요 내용을 다 포착하고 있다고 생각한다.

이제 이 책에 실린 각 논문의 내용을 간단히 검토해 보겠다.

1장 권오민의 「원효 교학과 아비달마 – 화쟁론을 중심으로」에서는 원효의 화쟁和諍과 초기불전의 멸쟁滅諍을 비교하여, 이 둘이 서로 비슷한 맥락이라고 주장한다. 초기불교와 아비달마의 불교에서는 열린 성전관을 가지고 있는데, 그것은 다음의 4가지이다. 첫째, 법에 의지하고 사람에 의지하지 말라. 둘째, 뜻(義)에 의지하고 말에 의지하지 말라. 셋째, 요의경了義經에 의지하고 불요의경不了義經에 의지하지 말라. 넷째, 지혜(智)에 의지하고 식識에 의지하지 말라. 원효의 '화쟁'도 이러한 맥락에서 이해할 수 있으며, 그 가운데서도 '요의경에 근거하라는 것'과 관련이 있다는 것을 주장한다.

또한 원효의 화쟁은 인도불교의 설법사說法師의 전통 속에서도 확인할 수 있다고 주장한다. 그리고 이 주장을 뒷받침하기 위해서 원효가 "대승불교의 경전은 부처의 가르침이다"는 것을 논증한 내용을 소개하고 있으며, 아울러 원효의 언어관도 소개하고 있다. 나아가 화쟁과 관련지어 원효의 일심一心 개념과 아비달마 불교에서의 일심을 살펴본다.

2장 이병욱의 「천태사상과 원효사상」에서는 주로 두 사상의 공통적 요소를 살펴보는데, 이를 두 가지로 제기한다. 첫째, 천태의 무애도無礙道와 원효의 무애행無礙行에 공통점이 있다는 것이다. 즉 이 두 가지는 외면의 행위는 계율(윤리)에 어긋나는 것처럼 보이지만, 내면의 세계에서는 청정하고 오히려 중생을 구제하는 데 힘쓴다는 것이다. 천태가 말하는 '무애도'는 '탐욕 그대로 도道'라는 인식에서 출발하는 것이다. 그래서 수행자는 탐욕을 따라서도 안 되지만, 그렇다고 해서 탐욕을 끊어서도 안 된다는 것이다. '탐욕을 따르는 것'은 세속의 길이고, 그리고 '탐욕을 끊는다는 것'은 얼핏 보면 올바른 길처럼 보이지만, 이는 탐욕 그대로 도道임을 모르는 것이고, 이것은 소승의 길이다. '대승의 길'은 탐욕 그대로 도道임을 인식하여 자신을 구제하고 다른 사람을 구제하는 데 힘쓰는 것이다. 원효의 '무애행'은 천태의 '무애도'와 비슷한 맥락이지만 그 강조점이 다르다. 원효의 '무애행'은 계율의 측면에서 설명된다. 원효는 스스로를 칭찬하고 남을 깎아내리는 일(自讚毁他)은 '바라이죄'에 속하는 것이지만, 외면의 행위만을 볼 것이 아니고 내면의 세계를 중시해야 한다고 한다. 그래서 스스로 칭찬하고 남을 깎아내리는 일은 분명히 문제지만, 내면의 동기가 진실해서 다른 사람을 바르게 인도하기 위해 그랬다면, 이때는 계율에 어긋나는 것이 아니라고 한다.

둘째, 천태와 원효의 정토사상은 유심정토설唯心淨土說이라는 공통점이 있다는 것이다. '유심정토설'은 극락정토가 하늘세계에 있는 것이 아니고 이 마음이 청정하면 이 사바세계, 곧 현실세계가 그대로 정토라는 것이다. 다만 원효는 단순히 '유심정토설'만을 주장하는 것이 아니고,

정토를 4단계로 나누어서 설명하고 있으며, 나아가 10번 염불하면 누구나 극락정토에 태어난다는 말의 의미를 '표면적 의미'와 '깊은 의미'로 나누어서 설명하고 있다. 이 점에서 원효와 천태의 정토사상에 차이점도 존재한다.

3장 김도공의 「원효, 그 깨달음의 수행체계」에서는 원효의 『대승기신론소』와 『대승기신론별기』에 근거해서 그의 수행론에 대해 접근한다. 여기서는 원효의 수행이론으로서 『대승기신론』의 내용을 간단히 소개하고 있다. 그것은 일심이문一心二門, 삼대三大이다. 그 내용 가운데 수행의 4단계도 있고, 번뇌를 일으키는 9단계도 있다. 또한 3종류의 발심發心도 소개하고 있다.

이러한 『대승기신론』의 내용을 기초로 해서 원효는 지관止觀에 대해 자신의 관점을 제시하고 있다. 원효는 지止에 대해서 9단계의 설명을 제시하고 있다. 그리고 이러한 내용을 4종류의 작의作意로 설명하고 있다. 이는 『유가사지론』의 내용에 근거한 것이다. 원효는 관觀에 대해서는 4종류의 '비파사나'로 설명하고 있다. 이것도 『유가사지론』의 내용에 근거한 것이다. 아울러 여기서는 지관수행 이외에 참회수행과 염불수행에 대해서도 거론하고 있다.

4장 김성철의 「원효의 제7 말라식관」에서는 원효의 유식사상 가운데 제7식 말라식에 대한 견해를 살펴본다. 원효의 말라식에 관한 견해는 그의 저술인 『이장의』, 『대승기신론소』, 『대승기신론별기』 등에 주로 나타나는데, 이 대목에서 원효의 견해와 중국 화엄종의 법장(法藏)의 견해가 구분된다. 또한 원효의 견해는 주류 유식학파의 주장과는 구분된다. 이처럼 원효가 제7식에 관한 자신의 관점을 가지게 된 것에는 현장이 번역한 『유가사지론석』(650년), 그리고 『유가사지론』, 무착(無着, 아상가)의 『현양성교론』의 영향이 있었을 것으로 추론된다.

또 이 글에서는 원효가 자신의 주장을 증명하기 위해 제시한 한문경전의 근거에 대해서 산스크리트어 또는 티베트어로 다시 검토해보고 있다. 이는 한국불교의 저술, 곧 한반도에서 이루어진 한문불교의 저술에 대한 문헌학적 검토를 의미하는 것이며, 이와 같은 작업은 계속 이루어져야 할 것이다.

5장 배경아의 「원효의 진리론 논증」에서는 원효의 불교논리학 이해 가운데 "대승불교의 경전은 모두 부처의 가르침이다"를 원효가 논증한 것에 초점을 맞추어서 검토한다. 원효의 논증식은 그보다 앞선 불교사상가에 영향을 받은 것이다. 먼저 무착(아상가)의 논증식이 있었고, 무착의 주장을 자이쎄나(승군)의 논증식에서 수정하였으며, 이것을 현장이 다시 수정하였는데, 원효는 이 현장의 논증식을 다시 수정하였다.

원효는 "대승불교의 경전이 모두 부처의 가르침이다"라는 주장을 증명하기 위해 "대승불교의 경전은 바른 이치(正理)에 부합한다"고 주장하고 그것을 증명하는 논증식을 제시한다. 그리고 이 글에서는 '바른 이치'가 어디에서 유래한 것인지 살펴보는데, 설일체유부의 중현衆賢, 중관학파의 바바비베까(청변), 유식학파(유가행파)의 4종류 도리道理에 있다는 것을 밝힌다.

끝으로, 인기 없는 불교 학술서를 선뜻 출판해준 운주사 김시열 사장과 직원들의 노고에 감사의 인사를 드린다. 아무쪼록 이 책의 내용이 원효사상의 이해에 조금이나마 보탬이 되었으면 하는 마음으로 이 글을 마친다.

2017년 2월

필자 일동

천태사상과 원효사상 – 이병욱

원효, 그 깨달음의 수행체계 – 김도공

원효의 제7말나식관 – 김성철

원효의 진리론 논증 – 배경아

원효 교학과 아비달마*

- 화쟁론을 중심으로

권오민(경상대학교)

Ⅰ. 서언

필자는 원효를 전문으로 연구하는 이가 아니다. 이는 곧 원효 저술을 업으로 읽지 않았다는 말이다. 업으로 읽는 것은 제 부파, 그 중에서도 설일체유부說一切有部 계통의 아비달마 논장論藏을 중심으로 한 관련 경經·율律이다. 동아시아 교상판석에서 이 불교는 소승교小乘教, 아함시阿含時나 삼장교三藏教, 인천사제교人天四諦教 – 선업을 통해 인·천에 태어나고, 4제의 진리성을 관찰하여 번뇌의 단멸을 목적으로 하는 인천인과교人天因果教와 단혹멸고교斷惑滅苦教 – 등으로 일컬어졌으며, 원효 또한 이 불교를 삼승 중의 별종이라는 뜻의 '삼승별교三乘別教'로 규정하

* 이 논문은 『동아시아불교문화』 21집(동아시아불교문화학회, 2015)에 실린 것을 더욱 증광增廣한 것이다.

였다.

필자는 동아시아 불교 제 종파의 신념(이념)적 가치가 반영된 교판을, '비판'을 본질로 하는 오늘의 학문적 가치와 동일시하는 우리 불교학계의 이 불교에 대한 편견과 몰이해에 한탄하며, 아비달마 - 중관 - 유식 - 여래장 - 화엄·천태 등의 동아시아 성종性宗으로 이어지는 불교사상사의 연속성과 불연속성, 계승과 변용에 주목해야 한다고 목소리를 높여왔다.

"(원전에 대한 비판적 탐구 없이) 우리에게 주어진 불교를 주어진 대로 이해하려 하는 것은 불교학이 아니다. 그것은 '교시敎示'이며 '교리敎理', 바로 도그마dogma이다"고도 하였고,[1] "우리의 불교학이 이제 특정 학파, 특정 텍스트의 조술祖述에서 벗어나 제 학파 제 논사 사이의 긴장을 읽어야 한다"고도 하였으며,[2] "혼자 하는 싸움에서 내가 일등이고 최고라고 우기는 것은 스스로를 욕보이는 일이듯이 원효만으로 원효를 읽는 것은 원효를 욕보이는 일"이라고도 하였다.[3] 이는 다름 아닌 우리 불교학, 특히 원효 교학의 폐쇄적 담론에 대한 불만의 표현이었다. 필자를 이 자리로 불러내게 하였을 이러한 도발적인 언사는

---

1 권오민, 「불교학과 불교」(『불교학과 불교』, 민족사, 2009), pp.102ff.; 권오민, 「부파불교 散考」(『문학/사학/철학』 제36호, 한국불교사연구소, 2014), p.83, p.100.

2 권오민, 「상좌 슈리라타와 무착과 중현, 그리고 세친」(『불교학리뷰』 15, 금강대 불교문화연구소, 2014), p.253.

3 권오민, 「우리의 元曉 讀法은 정당한가: 「교체설·체용설과 원효의 언어관」을 읽고」(한국불교사연구소 제3차 집중세미나 분황 원효 연구의 몇 가지 과제들 1 자료집), p.36; 권오민, 「부파불교 散考」, p.84.

필자가 원효를 전문으로 연구하는 이가 아니기 때문에 가능하였을 것이다.

필자가 청탁받은 주제는 「원효 속에 나타난 아비달마 이론」이었다. 순간 황당하다고 생각하였다. 원효는 법화(천태)·화엄 등의 성종은 물론이고 유식·정토·계율, 나아가 『판비량론』이라는 저술로 인해 인명因明의 논리학과도 유관하며, 이에 따라 그를 화엄교가라 해야 할지 정토·유식 등의 교가라고 해야 할지 논란의 소지가 있으며, 급기야 그의 교학을 '통불교'로 규정할 수도 있을 것이다. 그렇지만 그의 저술 목록 상에 『대법론소對法論疏』나 『성실론소成實論疏』가 존재한다고 할지라도,[4] 혹은 그의 논의 상에 아비달마 이론이 빈번히 언급된다고 해서, 예컨대 『이장의』에서 탐貪·진瞋·만慢·의疑 등의 10가지 근본번뇌를 고·집·멸·도 4부部의 견도소단見道所斷과 수소단修所道으로 분류한 98사使 설('使'는 隨眠의 舊譯)이나 자량위 - 가행위 - 견도위 - 수도위 - 무학위라는 5위位의 수행체계를 채택하였다고 해서, 혹은 『금강삼매경론』「진성공품」에서 비록 『대지도론』에서의 인용이라 말하였을지라도 37보리분법이 계戒 등의 10법을 근본으로 삼는다[5]고 논의하였다

---

4 고영섭, 「분황 원효 저술의 서지학적 검토」(『한국불교사연구』 제2호, 한국불교사연구소, 2012), p.32.

5 원효는 37보리분법을 戒·思·受·念·定·慧·信·勤·安(경안)·捨의 10법으로, 10법을 색법(戒), 遍行심소(思·受), 別境심소(念·定·慧), 善심소(信 등 나머지)의 4법으로, 4법은 一味의 一義로 귀결시키는데(『한불전』 1, p.652b9~c18), 37보리분법의 10법 爲體(dravya, 實事)설은 『구사론』 권25(대정장 29, p.132b8ff)에서 정설로 논의된다. 『대비바사론』 권96(대정장 27, p.496a22~b22)에는 11가지, 12가지, 혹은 10가지 實體설이 언급되지만, 이는 8정도 중 正語·正業·正命의 본질로 세

고 해서 그것이 원효 교학의 한 축이라 말할 수도 없거니와 그를 '비담교가(毘曇敎家: 아비달마 학자)'라고 하는 것은 상상조차 할 수 없는 일이기 때문이었다. 이는 원효 자신의 교학과는 무관한, 대승불교를 통해 전승된 불교학의 기초이론일 뿐으로, 원효 저술에서 이 같은 아비달마 불교 이론을 추출 정리하는 것만으로도 한 권의 서책 분량을 넘기게 될 것이다. 불교학을 통설通說하는 『삼론현의』나 『도서』, 『천태사교의』 등과 같은 문헌에서도 이 아비달마 불교로써 자신들의 논의를 시작한다.

그러나 다른 한편 아비달마불교는 불교사상사의 토대이기 때문에 ― 불교학의 거의 모든 문제는 아비달마에서 비롯되었기 때문에 ― 원효를 '불교사상가'로 이해하는 한 결코 이와 무관하다고 할 수 없으며, 여기서 그의 사상사적 연원을 찾을 수도 있을 것이라 생각하였다. 더욱이 원효는 불교 제 학파의 성전聖典, 혹은 성전의 배경이나 논리적 맥락인 도리道理를 통해 서로 모순된 주장의 회통會通을 시도하였고, 필자가 이해하는 아비달마 - 중관 - 유식 - 여래장 - 천태·화엄 등의 동아시아

가지로 이해할 것인가, 어업과 신업의 두 가지로 이해할 것인가, 다만 戒 한가지로 이해할 것인가에 따른 것이다. 그런데 그 무엇이든 正思惟의 본질은 尋(vitarka: 尋求)인데, 원효는 이를 '思'로 언급하였을 뿐더러 변행심소에 포함시키기까지 하였다. 원효가 인용한 『대지도론』에서도 역시 正思惟는 思惟(*saṃkalpa: 본서에서 산스크리트어 앞에 *표시를 한 부분은, 한역경전만 남아 있는 경우 산스크리트 용어로 복원한 것이 명확하지 않은 경우이다.)를 根本으로 한다고 논설하였다.(대정장 25, p.198b8f) 언어 개념의 근거로서 尋·伺를 본질로 하는 思惟(saṃkalpa, 分別, "謂諸尋伺必是分別.": 『유가사지론』 권5, 대정장 30, p.302c2)는 造作/의지(abhisaṃskāra)를 본질로 하는 思(cetanā)와 전혀 다른 개념이다. 원효의 착오일까? 원효학자는 이에 대해 해명해야 한다.

성종性宗 계통으로 이어지는 불교학은 정리正理/도리道理의 법성法性을 궁극의 가치(究竟義)로 삼는 동일계열이기 때문에 아비달마와 원효 교학 사이에도 모종의 연속성이 존재할 것으로 생각하였다. 그렇다면 '화쟁' 역시 원효 고유의 개념이라기보다 애당초 아비달마 논사(Ābhidhārmika)들에 의해 고려된 불법의 개방성, 다양성과 유연성(清淨調柔性)에 기초한 '멸쟁滅諍' 또는 '지쟁(止諍, adhikaraṇaśamatha)'의 화합(samagra)에서 유래한 것은 아닐까 하는 추측도 가능하다고 생각하였다.

이에 따라 본고에서는 고려의 의천義天 이래 오늘에 이르기까지 원효 교학의 대표적 키워드(혹은 '근본사상')로 간주된 화쟁의 의미를 초기불전에서의 '멸쟁' 개념을 통해 살펴보고, 화쟁의 일차적 의미인 이해(和會) 소통의 '회통'의 용례를 아비달마 논서 상에서 찾으려고 한다. 그리고 화쟁의 논거로 제시된 성전(āgama)과 도리(yukti, nyāya)와 관련하여 원효의 대승불설론과 언어관 역시 비바사사(毘婆沙師, Vaibhāṣika)로 일컬어진 설일체유부 논사들에 의해 정립된 불설론에 기초한 것이라는 사실에 대해서도 검토해 보려고 한다.

Ⅱ. 화쟁和諍과 멸쟁滅諍

1. 화쟁, 불교의 지향이자 완성인가

우리는 불교사상(불법)을 일괄하여 무상심심미묘법無上甚深微妙法으로 찬탄하지만, 그것은 시대환경이나 정리·법성을 둘러싼 서로 다른 주장들의 대립과 갈등, 그리고 화합과 화해의 산물이었다. 해서 불교사상사는 실로 기나긴 쟁론과 긴장의 연속이었다.

불타 입멸 이후 아비달마 비바사사毘婆沙師들은 일체 만유의 인연因緣으로 제시된 제법, 즉 일체법(sarvadharma)에 대해 분별하면서 경(sūtra)을 교화방식(化宜)에 따른 방편(혹은 密意) 설로 간주하였고, 반야 중관에서는 제법의 실유를 주장한 이 같은 분별론의 불교를 '소승'이라 비난하였으며, 완전한(了義) 대승임을 자임한 유식론자들은 제법개공諸法皆空의 공관을 다만 법에 대한 집착(法執)을 끊기 위한 방편으로 간주하였다. 일련의 또 다른 대승론자는 다시 유식론에서의 알라야식을 불요의로 간주하고 아비달마 비바사사가 내걸었던 '법성(dharmatā)'이라는 기치 하에 '여래장'이라는 개념을 생산하였으며, 이러한 특별하고도 완성된 불교(別教/終教)에 기초한 성종(천태/화엄 등)이 동아시아 불교의 주류가 됨에 따라 자연 중관(空宗=삼론)과 유식(相宗=법상)은 종파로서의 정체성을 상실하였지만, 성종 또한 '불립문자不立文字 교외별전教外別傳'을 표방한 선종에 의해 일괄 '교종教宗'으로 폄하되기도 하였다.

거칠게 구성해본 불교사상사에서 원효는 어디쯤 위치하는가? 대저 원효는 '한국사상가'인가, '불교사상가'인가? 원효 교학과 아비달마 사이의 연속성을 밝힌다고 함은 원효가 '불교사상가'라는 사실을 전제로 한다. 이는 두말할 나위도 없는 사실이지만, 그럴 경우 그의 사상은 '불교사상사'라는 토대 위에서 이해되어야 한다. 그런데 문외한의 눈에 원효는 별종別種으로 비쳐진다. 그는 불교사상사와는 관계없이, 설혹 관계하더라도 일종一宗 일파一派에 치우침이 없이 그 모두를 아우르는 최고 정점에 존재하는 것 같다.

> 원효는 해체를 하면서도 구성을 하고, 구성을 하면서도 해체를 한다. 언어의 한계를 인식하고 언어 자체를 떠날 것을 말하면서도 의어義語를 통하여 진여에 이르는 길을 제시한다. 어느 극단에 치우치지 않고 중간에도 서지 않은 채 불일불이不一不二의 논리로 양자를 아우르고, 긍정도 하지 않고 부정도 하지 않은 채 순이불순順而不順의 논리로 진리에 다가간다. 결국 이렇게 하여 도달한 세계는 본각本覺과 불각不覺이 상즉相卽한 일심, 진속불이眞俗不二의 세계다. 곧 내가 일심의 본원으로 돌아가서 깨달아 부처가 되었어도 이를 미루고 중생을 구제하여 중생에게서 부처를 발견하는 바로 그 순간에 내가 부처가 되는 것이다.[6]

이는 우리가 원효를 논의할 때 듣는 일반적 언사이다. 그 중에서도 인용문은 특히 평이할 뿐만 아니라 유려하기까지 하다. 그런데 필자에게 현란하게 느껴지는 것은 어쩐 일인가? 지적 수준의 차이인가? 그렇다. 단혹멸고교斷惑滅苦教, 삼승 중의 별종別教의 전공자로서는 도무지 용납하기 어려운 언사이다. 그런데 첫 문장 주어인 '원효' 대신 성종계통의 누구라도, 『능가경』이나 『보성론』의 작자든 『기신론』의 작자(마명)든, 지의/지엄 등 누구라도 가능하지 않은가? 아니 "해체를 하면서도 구성을 하고, 구성을 하면서도 해체를 한다. 언어의 한계를 인식하고 언어 자체를 떠날 것을 말하면서도 의어義語를 통하여 진여에 이르는 길을 제시한다"는 말은 불교일반의 논리가 아니던가? 화엄의 5교 10종

---

6 이도흠, 「교체설·체용설과 원효의 언어관」(『한국불교사연구』 제2호, 한국불교사연구소, 2012), p.81.

에서 제1교(小乘教) 제1종(我法俱有宗)으로 평가된 독자부(혹은 정량부)라도 가능하다. "우리가 경험하는 내외의 현실은 5온으로 해체되며 이는 보특가라(pudgala=자아)를 통해 세계로 구성된다. 그러나 보특가라는 온과 같은 것도 아니고 다른 것도 아닌(不一不二) 비즉온비리온非卽蘊非離蘊으로, 말을 떠난 불가설의 법장法藏이다." 그리고 적어도 독자부에 있어 이러한 논설은 당연히 의미 없는 공허한 언설로서의 말(文語)이 아니라 의어義語, 즉 요의了義이자 진실의眞實義의 말이다.

원효의 '화쟁'과 이것의 목표(혹은 원리)인 '일심'은 해체와 구성(開合/宗要), 긍정과 부정(立破/與奪), 각覺과 불각不覺은 물론이고 유무有無, 진속眞俗, 염정染淨, 시비是非 등 일체의 대립개념과 이에 따른 불교 내부의 이부異部·이집異執을 모두 포함한다. 국외자의 눈에 그는 일련의 불교사상사에 출현한 사상가(불교학자)가 아니라 지리멸렬支離滅裂의 불교사상을 '완전한 하나'로 구현한 새로운 창조자인 것처럼 보인다. 실제 우리는 원효를 이같이 이해하였고, 지금도 여전하다. 최남선은 인도(와 서역)불교를 서론적 불교(뿌리와 줄기), 중국불교를 각론적 불교(꽃), 한국불교를 최후의 결론적 불교(열매)로 이해하고, 그 완성자로서 원효를 지목하였다. 그는 이렇게 말하였다.

> 효성曉聖을 불교의 완성자라고 함에는 그 이행과 보급에 대한 공적 이외에 더 한층 위대한 가치 창조가 있음을 알지 않으면 안 된다. 그것은 효성의 불교가 불교적 구제의 실현인 일면에 다시 통通불교, 전全불교, 종합, 통일 불교를 실현한 사실을 간과해서는 안 된다. …(중략)… 분열에서 통일로, 파별에서 화회로, 속성분화의 절정에

> 달한 당시의 불교는 새로이 하나의 생명체로의 조직과 강력한 표현을 요구하였다. …(중략)… 원효의 불교사에 대한 자각은 요컨대 통불교, 전불교의 실현이니, 이 거룩한 포부를 담은 것이 『십문화쟁론』 2권이었다.[7] (필자 일부 윤문)

최남선은 『십문화쟁론』 2권을 읽어보았을까? 어떠한 이해로써? 적어도 그에 따르면 원효는 파멸 직전의 불교를 구한 불세출의 대성大聖이며, 바야흐로 불타의 재림이다. 우리는 대개 '화쟁和諍'을 분열과 갈등의 화합과 화해로 읽는다. 혹은 통일과 통합으로 읽기도 한다. 화합과 화해는 필경 동서고금의 최고의 가치이다. 더욱이 오늘날 지구촌에서 일어나는 온갖 형태의 분열과 갈등을 생각하면 화쟁국사 원효는 그야말로 인류의 완전한 스승이 되기에 충분하다. 그러나 그가 불교사상가이고 그의 화쟁이 적어도 불교 내부의 종파적 혹은 교리적 대립투쟁에 대한 것이었다고 한다면, 이에 대해 근본적으로 다시 생각해 보지 않으면 안 된다. 교파적, 종파적, 혹은 교리적 대립 투쟁이라 함은 어떤 형태를 말함인가? 유부와 경량부, 혹은 중관과 유식, 천태와 화엄과 같은, 혹은 소승과 대승, 불일不一의 상종相宗과 불이不二의

---

7 최남선, 『불교』 제74호 불교사 발행, 소화 5년(1930), pp.1~51. 심재룡, 「한국불교 연구의 한 반성: 한국불교는 회통적인가?」(『동양의 지혜와 선』, 세계사, 1990), p.215 재인용. 심재룡은 육당 이후의 〈한국불교사〉는 이러한 육당의 말에 조술에 불과하다고 평가한다. 그는 화쟁의 '會通'이 '평화애호' '통일'로 확대 해석되는 것에 경계하면서 이를 화엄종의 교리에 경도된 한국불교의 한 경향성으로 이해하기도 하였다. 그러나 의상의 화엄문도들은 원효에 대해 호의적이지 않았던 것 같다. (주34 참조)

성종性宗 사이의 대립(투쟁)과 같은 것을 말함인가? 그리고 '화쟁'이라 함은 그 같은 대립 투쟁을 종식하고 조화시켜 일미一味의 '완전한 하나'를 구현하였다는 의미인가? 그렇다면 그때 '완전한 하나'는 어떤 형식인가?

그런데 '청정법淸淨法'인 불법에 어찌 분열과 대립 투쟁이 가능하였던가? '무쟁無諍'인 무상사(無上師, anuttara)의 법[8]에 어찌 쟁송(다툼)이 일어나게 되었던가? 대저 불교에 8만 4천의 무량의 법문(성전)이 ― 그것도 사상적 경향성도 진술방식도 전혀 다른 ― 존재하게 된 것은 어떤 까닭에서인가? 순일무잡純一無雜의 정법(기독교식의 '共觀'복음)만으로 족하지 않았던 것은 중생의 다양한 근기 때문인가? 그러나 다양한 근기를 위한 다양한 법문이야말로 종파적, 교리적 대립 투쟁의 원인이었으니, 부처님이야말로 쟁송의 원인 제공자라고 해야 하지 않겠는가? 부처님께서는 어찌하여 이토록 많고도 난해한, 서로 모순된 법문(경전)을 남겨 후인들로 하여금 당신 말씀에 곤혹스럽게 하고, 그것으로 인해 대립 투쟁하게 한 것인가?

그러나 미리 말하건대 불교의 8만 4천 무량의 법문(성전)은 이미 그 자체가 화합과 화해의 산물이었다. '화쟁'은 불교의 지향이나 완성이 아니라 다양성과 유연성에 토대한 불교의 근본정신이었고, 이에 따라

---

8 『본업경소』 권하(『한불전』 1, p.516a16~17), "又上士者, 名爲諍訟. 無上師無有諍訟. 如來無諍. 是故號佛爲無上師." 石井公成은 이를 『思益經』 권3(대정장15, p.47c)의 "법에 대해 高下心이 있어 貪着取受할 때가 諍訟으로, 부처가 설한 법에는 諍訟이 없다"에 근거한 해석으로 이해하였다.(「元曉の和諍思想の源流」, 『印度學佛教學研究』 51-1, 2002, pp.22f)

말과 뜻을 달리하는 온갖 형태의 법문(불교사상)이 출현할 수 있었다.

2. 화쟁과 초기불전에서의 멸쟁

1) 불교의 열린 성전관

"지난 2천5백 년의 불교사상사는 불타 깨달음에 대한, '무엇을 어떻게 깨달을 것인가'에 대한 탐구와 해석의 도정이었다."[9] 탐구와 해석은 결코 한결같지 않았다. 시대와 지역에 따라 수많은 학파와 종파가 나타나고 사라졌다. 불교의 역사는 이부異部 이집異執 사이의 쟁론의 역사였고, 그 단초를 제공한 이는 불타였다. 불타는 "나를 믿어라"고 말한 일이 없고, "나의 말만을 믿어라"고 말한 일도 없다. 도리어 여래 멸도 후 "법(dharma)과 율(vinaya)이 스승이 될 것"이라 하였고, "사람(pudgala: 교조나 후계/대리자)을 의지처로 삼지 말고 경(sūtra)을 의지처로 삼아라"고 하였다. 이는 불타의 유훈이었다.

더욱이 법과 율은 오로지 교조의 말씀만이 아니었고, 불설(buddha-vacana) 역시 불타에 의해 설해진 것만은 아니었다. 의지처인 경 또한 오로지 '여래의 말씀(如來所說)'만으로 이루어진 것은 아니었다. 제자들도, 바라문도, 천신도, 심지어 야차의 말씀조차 불설로 전승되었었다.[10] 곧 앞서의 유훈에 따라 불설의 진위/취사의 기준으로 4대 교법(mahâ-padeśa)이 제시되었고, 여래 멸도 후 불제자들의 의지처 역시 4의(依, pratisaraṇa)로 정리되었다.

---

9 권오민, 「불교학과 불교」(『불교학과 불교』), pp.79~88.

10 이상 佛說을 능히 설할 수 있는 '五能說人'. 주119 본문 참조. 실제 『잡아함』 제1319~1330경은 「夜叉相應」이다.

여러 판본의 전승을 정리 요약하면 대개 이런 것이다.

어떤 비구가 어떤 법문(경·율·교법)을 ①불타로부터 직접 들은 것이라고 말할 경우, ②대다수 박식한(혹은 율장에 밝은) 장로로 구성된 승가로부터 직접들은 것이라고 말할 경우, ③경과 율과 논모(論母, matṛka)를 지닌 다수의 비구로부터, ④혹은 그러한 한 명의 비구로부터 직접들은 것이라고 말할 경우, 그의 말을 잘 듣고 단어와 문장을 잘 파악한 다음 〔그 내용이〕 경에 들어 있는지, 율을 드러내는지 〔검토해 보아야〕 한다(sūtre'vatārayitavyaṃ vinaye saṁdarśayitavyam). 만약 경에 들어 있지 않고 율을 드러내지 않으며, 법성法性에 위배되는 것이라면(sūtrenāvatarati, vinaye na saṃdarśayate, dharmatāṃ ca vilomayati) 비불설非佛說(혹은 大黑說, mahākṛṣṇāpadeśa)로 판단하여 버려야 하고, 만약 그러하다면 불설佛說(혹은 大白說, mahāśuklāpadeśa, 혹은 스승의 가르침, śāstuḥ śāsanam)로 취해야 한다. (설일체유부 계통의 완비형)[11]

①법(dharma)에 의지하고 사람(人, pudgala)에 의지하지 말라. ②뜻(義, artha: 所詮의 법)에 의지하고 말(語, vyañjana: 能詮의 법)에 의지하지 말라. ③요의경(了義經, nītārtha sūtra)에 의지하고 불요의경(不了義經, neyārtha)에 의지하지 말라. ④지(智, jñāna)에 의지하

11 범문은 E. Waldschmidt, *Das Mahāparinirvāṇasūtra*(Berlin. 1950), p.238, 24. 6f.; *Abhidharmadīpa with Vibhāṣāprabhāvṛtti*, Edited by P. S. Jaini(Patna, 1973), p.179, 4-8에 따른 것임.

고 식(識, vijñāna)에 의지하지 말라. (설일체유부 계통의 정형구)[12]

그리고 마침내 "〔누가 설한 것이든〕 경에 들어 있고 율을 드러내며, 법성에 위배되지 않으면 불설"이라는 불설정의(buddhavacanalakṣaṇa)가 확정되었다.[13] 중요한 것은 '누가 설했느냐?'가 아니라 설해진 내용(所詮), 바로 법이었다. 불설의 진위는 '성령'과 같은 알 수 없는 초자연적

---

12 稱友(Yaśomitra)의 『구사론소(*AKVy.*)』, p.704, 20~22. 참고로 4依에 대한 원효의 이해는 『현양성교론』에 따른 것으로, 『본업경소』 권하(『한불전』 1, p.514a; 주120)에 논설된다.

13 "入修多羅, 顯示毘奈耶, 不違法性."; sūtre avatarayati, vinaye saṃdarśayati, dharmatāṃ na vilomayati.; sutte otārayitabbāni, vinaye sandassayitabbāni, dhammatāyaṃ upanikkhipitabbāni.(Netti-Pakarana, Ⅲ.1.3.3: 임승택 역, 『경전 이해의 길, 네띠빠까라나(상)』, 학고방, 2014, p.94) 이러한 불설 정의는 우리에게 알려진 거의 모든 불교에 의해 수용되었다. 諸法性相을 決擇한 '아비달마=불설'론의 논거가 되었을 뿐만 아니라 제1차 결집으로까지 소급되었고, 이후 대승(중관/유식)에도 수용되어 대승불설론의 제1 논거가 되었다. 예컨대 『마하승기율』에서는 제1차 結集에서 장로 우팔리가 율장을 결집함에 있어 5淨法 중 비구의 住處 제한과 국토의 법과 持戒 비구의 行과 목건련, 사리불 등의 長老의 법이 4大教와 상응하면(상응하는 법을 制限淨·方法淨·戒行淨·長老淨이라 한다) 활용할 것이고, 상응하지 않으면 버릴 것이라는 다짐이 언급되며, 『십송율』에서는 제2결집의 동기가 된 바이샬리(毘耶離國)의 밧지 비구들이 수지한 10事가 "수트라에 포함되지 않고, 비나야에 포함되지 않으며, 法相을 파괴하는 것"이라는 말로 논의를 시작한다. 혹은 『사분율』에서는 제2결집의 주최자였던 레바타(離婆多, Revata)가 '常法'을 얻는 방식으로 4大教法에서의 불설의 기준을 말하기도 하였다. 4大教法과 4依說의 확정 과정과 經·律·論藏에서의 언급 및 불설정의의 확정과 일반화에 대해서는 권오민, 「법성法性: 성전의 기준과 불설 정의」(『문학/사학/철학』 제31/32집, 2012)를 참조할 것.

힘에 의해서가 아니라, 혹은 교조와 교단이라는 특정 권위에 의해서가 아니라 전통성과 유용성, 진리성(法性)에 의해 결정되었고, 진리성 또한 다만 이론적 타당성인 논리성(正理)에 의해 확증되었다.

여기서 '법성(dharmatā)'(『성실론』의 경우 '法相')이란 사물의 본성,[14] 존재의 진실(tattvārtha, 眞實義)이라는 정도의 의미로, 있는 그대로의 모습(yathārtha)이라는 뜻에서 '법이法爾'로 번역되기도 하였고, 진여眞如·실상實相·법계法界 등의 이명으로 사용되기도 하였다.[15] 다시 말하지만 이는 신탁이나 계시, 혹은 4대 교법에서 보듯이 교조나 교단의 권위에 의해 확증되는 것이 아니었다. 이것이 확증되는 방식은 정리正理였다. 정리와 법성은 사실상 모든 성전이 추구한 최고의 가치였다. 이는 바야흐로 불타 멸도 후 불제자들의 의지처였다.

소승의 대표자라 할 만한 설일체유부와 대승의 대표자라 할 만한 유가행파의 논서에서는 이에 대해 이같이 전하고 있다.

> 세존께서는 언제나 "제 유정이 설한 바로서 법성의 〔정〕리에 부합하는 것이라면 지식의 결정적인 근거(pramāṇa)로 삼을 만하다"고 말하였다. 예컨대 계경(즉 『대반열반경』)에서 "계경에 수순하고 비나야를 드러내며, 법성에 위배되지 않는 것이라면, 이와 같은 설은 바야흐로 의지처(pratisaraṇa)로 삼을 수 있다"고 설한 바와 같다.[16]

---

14 dharmatā iti dharmāṇāṃ svabhāvaḥ.(*AKVy.*, p.477. 12)

15 中村元, 『佛敎語大辭典』(東京書籍), p.1252.

16 『순정리론』 권26(대정장 29, p.489a20~22), "世尊每言, 諸有所說, 順法性理, 堪爲定量. 如契經說, '隨順契經, 顯毘柰耶, 不違法性, 如是所說, 方可爲依.'" 완전한

모든 보살은 암설(闇說, *mahākṛṣṇāpadeśa: 非佛說)과 대설(大說, *mahāśuklāpadeśa: 佛說)을 참답게 알아야 한다. 알고 나면 정리(正理, *yukti)를 의지처로 삼지 장로, 즉 대중들에게 잘 알려진 〔유명한〕 사람(補特伽羅, pudgala)에 의지하지 않으니, 불타나 승가에 의해 설해진 법이기 때문에 바로 신수信受한다고 하는 것이 그러한 경우이다. 그렇기 때문에 사람에 의지해서는 안 되는 것이다. 이렇듯 보살은 정리를 의지처로 삼을 뿐 사람을 의지처로 삼지 않기 때문에 진실의(眞實義, *tattavārtha)에 대해 마음이 동요하지 않으며, 어떠한 인연도 정법을 빼앗지 못하는 것이다.[17]

2) 멸쟁, 물과 젖처럼 화합하라

이러한 성전관에 따를 경우 누구라도, 언제라도, 어떠한 법에 대해서도 논의할 수 있다. 불교성전은 기독교나 이슬람교의 그것처럼 한 번의 편찬으로 완결되지 않았다. 적어도 우리에게 전해진 불교는 교조 중심의 닫힌 성전관이 아니라 법성 중심의 열린 성전관에 기초한 것이기 때문이다. 간단히 말해 교조주의가 아니기 때문이다. '무량'이라고도 하고 '8만 4천'이라고도 하는 불타의 법문은 이로 인한 것이었다.

초기불교 이래, 시대나 지역 혹은 성향에 따라 법성이나 요의了義 혹은 진실의眞實義에 관한 이해를 달리하였다. 이는 지극히 당연한

인용은 주114) 참조.

17 『유가사지론』 권45(대정장 30, p.539a11~16), "又諸菩薩如實了知闇說大說. 如實知已, 以理爲依, 不由耆長衆所知識補特伽羅. 若佛若僧, 所說法故, 卽便信受. 是故不依補特伽羅. 如是菩薩, 以理爲依, 補特伽羅非所依故, 於眞實義心不動搖. 於正法中他緣匪奪."

일이다. 그럴 때 다만 문제는 서로가 주장한 법과 비법非法, 율과 비율非律, 불설(如來所說)과 비불설이나 상법(常法, āciṇṇa, ācarati, skt. ācāra: 관습, 作法) 등에 관한 쟁송諍訟을 어떻게 처결할 것인가 하는 것이었다. 극단의 쟁송은 승가를 파국으로 내몰 수도 있기 때문이다. 불교에서 '화합'을 유난히 강조하는 것도, 계율(바라제목차) 중에 멸쟁법滅諍法이 포함되어 있는 것도 필경 법성 중심의 성전관 때문이었을 것이다.

승가의 파괴(saṃghabheda, 破僧)를 초래할 만한 법과 비법 등의 18가지(혹은 14가지) 쟁사諍事를 '언쟁(言諍 혹은 鬪諍事, 相言諍, vivādādhikaraṇa)'이라 한다. 율장에서는 이것의 멸쟁법(혹은 止諍法, adhikaraṇasamathā dhammā, skt. adhikaraṇaśamathā dharmā)으로 대개는 ① 승가 전원 회의체(僧현전)에서, 불타 교법(法현전)과 율조문(律현전)에 입각하여, 쟁송의 당사자들이 출석한 상태(人현전)에서 판결하는 현전비니現前毘尼와 ② 다수결에 따라 판결하는 다인어多人語가 제시되었지만, 이것으로도 종식되지 않을 경우, ③ 여초부지如草覆地에 처해졌다.

이는 법과 율 등에 대한 쟁론이 승가 전체로 번진 경우, 쟁론하는 동안에 생겨난 죄는 참회할 청정비구가 없기 때문에 양편 모두가 서로에 대해 참회하는 멸쟁법이다. 승가 전원의 회의체에서도, 다수결로도 합의에 이르지 못한 이부二部의 대중이 어떻게 서로에 대해 참회한다는 것인가? 어떤 사안에 대해 '법이다' '법이 아니다', '율이다' '율이 아니다', '불설이다' '불설이 아니다'는 등의 쟁론이 대장로大長老를 포함한 승가 전체로까지 미쳤을 경우, 그것은 승가 전원 회의체에서도 판결되기 어렵거니와 다수결로써 해결될 수 있는 문제도 아니다. '진실(즉 聖言)'을 다수결로 판정할 수는 없는 일이다.

여초부지는 언쟁 자체의 멸쟁법이 아니다. 이는 양측의 상호 합의에 의해 언쟁의 판결을 기각하고, 다만 쟁송 과정에서 빚어진 욕설이나 비방 폭력 등의 불미스러운 언행을 서로 참회하여 화합을 도모하는 멸쟁법이다. 마치 풀잎(tiṇa)으로써 분뇨 등의 더러운 곳을 덮듯이 쟁론 동안의 서로의 죄를 참회하는 것으로써 서로의 이견을 덮는(용인하는) 것이다. 언쟁에 이 같은 멸쟁법이 적용될 경우, 이제 더 이상 이설 자체를 문제로 삼지 않음을 의미한다. 그래서 『중아함』 196 「주나경周那經」(MN. 104 Sāmagāma Sutta)에서는 이를 양측에서 내부적으로 합의하여 상대편 장로에게 서로 참회함으로써 분소의糞掃依를 버리듯 다툼을 멈추게 하는 율(比尼)로 규정하여 '여기분소지쟁율如棄糞掃止諍律'이라 이름하였다. 이제 그들은 구역(界, sīmā)을 달리하여 포살·갈마를 시행함으로써 새로운 개별 승가로 출현할 수 있었다. 이는 언쟁에 따라 동일 구역(界) 안에서 이부二部의 승가가 각기 별도의 주처에 머물며 포살·갈마를 행함으로써 야기된 승가분열(saṃghabheda, 즉 破羯磨僧)과 구분되며, 단순히 승가 내부의 다툼인 승쟁(僧諍, saṃgharāji: 僧不和合)과도 구별되는 것이었다.[18]

한편 『장아함』 제2분 제13 「청정경淸淨經」(DN.29, Pāsādika Sutta)에서도 언쟁言諍, 즉 법에 관한 말(句, pada)과 뜻(義理, *artha, nīti)의 시비의 멸쟁법이 제시되고 있다. 여기서는 자이나 교조 니건타 나타풋타(Nigaṇṭha Nāthaputta) 사후 그의 제자들이 양분되어 서로를 사견邪見 비리非理로 매도하며 쟁송한 데 대해 "저들의 법은 이론異論을 참답게

18 이상의 言諍과 如草覆地 등의 멸쟁법에 대해서는 권오민, 「부파분열과 破僧」(『불교연구』 38, 한국불교연구원, 2013), pp.19~48 참조.

해소(除滅)할 만한 정등각(三耶三佛)의 법이 아니기 때문"이라 비평하고서 다음과 같은 멸쟁법을 제시한다. 요약 정리하면 이러하다.

어떤 비구의 설법이 (1) 말과 뜻이 모두 옳지 않을 경우, (2) 말은 옳지 않지만 뜻이 옳을 경우, (3) 말은 옳지만 뜻이 옳지 않을 경우, 그것을 옳다고 말해서도 안 되고 그르다고 말해서도 안 된다. 그 비구에게 "어떠한가? 그대의 말은 이러이러하지만 나의 말은 이러이러하다. 어느 쪽이 맞고 어느 쪽이 틀린 것인가?"라고 말하여 그 비구가 "그대의 말은 이러이러하고 나의 말은 이러이러하니, 그대의 말이 옳다(혹은 '승리하였다')"라고 하더라도 이에 대해 옳다거나 그르다고 말해서도 안 된다. "마땅히 그 비구에게 충고하고, 꾸짖고, 〔쟁송을〕 멈추고, 함께 〔올바른 말과 뜻을〕 추구해야 한다. 이와 같이 다 함께 화합하고 쟁송해서는 안 된다. 〔그것(말과 뜻이 서로 다른 설법)은〕 동일한 스승으로부터 품수한 동일한 물과 젖으로, 여래의 정법을 스스로 밝혀 즐거이 안락을 얻어야 한다. 다만 안락을 얻을 뿐이다." 나아가 (4) 말과 뜻이 모두 옳을 경우, 그것을 그르다고 말해서는 안 되며, 마땅히 그를 칭찬하여 "그대의 말이 옳다, 그대의 말이 옳다"고 말해야 한다.
그렇기 때문에 비구들이여, 12부경部經을 스스로 작증한대로 널리 유포하라.[19]

19 『장아함경』 권12(대정장 1, p.74a18~b24)의 取義. "彼比丘說此. '亦不得非, 亦不得是.' 當諫彼比丘, 當呵, 當止, 當共推求. 如是盡共和合, 勿生諍訟. 同一師受, 同一水乳. 於如來正法 當自熾然, 快得安樂. 得安樂已.… 是故, 比丘! 於十二部經自身作證, 當廣流布. 一曰貫經. 二曰祇夜經. 三曰受記經. 四曰偈經. 五曰法句經.

이는 곧 (1)~(3)으로 인해 쟁송이 일어난 각각의 경우, "① 마땅히 그 비구에게 충고하고, 〔그래도 듣지 않으면〕 ② 꾸짖고, 〔그래도 듣지 않으면〕 ③〔쟁송을〕 멈추고(śamatha), ④ 함께 〔올바른 말과 뜻을〕 추구해야 한다. ⑤이와 같이 하여 〔'그르다'고 여기는 것이든 '그르지 않다'고 여기는 것이든〕 그것들은 모두 동일한 스승으로부터 품수한 물과 젖이기 때문에 다 함께 화합(samagra)하여 쟁송(adhikaraṇa)해서는 안 된다. 나아가 ⑥ 여래의 정법을 스스로 밝혀 〔자신의〕 안락(*sukha, 열반)을 얻어야 한다"는 것으로, 12부경을 각기 자신이 작증하여 전승하라는 내용의 경설이다.

여기서 ③의 '〔쟁송을〕 멈추고(止)'는 서로의 주장을 포기하는 것이 아니라 여초부지에 의한 멸쟁, 즉 지쟁(止諍, adhikaraṇa-śamatha)을 말한다. 풀로써 더러운 곳을 덮듯이 서로의 이견을 덮어두는 것이다. 율장에서 대표적인 파승 사건의 전말을 전하고 있는 「코삼비건도」에서도 쟁송 결과 다른 부파(別部, 즉 不同住者)가 되어 설계說戒와 갈마羯磨를 별도로 실행한 양측에 대해 "멈추어라, 멈추어라! 비구는 서로 투쟁해서도, 꾸짖고 욕해서도 안 되며, 서로 비방해서도, 장단長短의 시비를 추구해서도 안 된다. 그대들은 다 같이 화합하여 함께 모여야 하니,

---

六曰相應經. 七曰本緣經. 八曰天本經. 九曰廣經. 十曰未曾有經. 十一曰譬喻經. 十二曰大教經. 當善受持, 稱量觀察, 廣演分布."(대정장 1, p.74b19~24) 참고로 長部(Dīghanīkaya)의 『청정경』에서는 ①~③서의 관용구("마땅히 그 비구에게 충고하고, 꾸짖고…")를 결여한 채 다만 "…(전략) '그대의 말과 뜻(혹은 말, 혹은 뜻)이 보다 더 타당하다'고 하면, 그를 칭찬하지도 말고 나무라지도 말고 그러한 뜻과 그러한 말을 주의하여 잘 알게 해야 한다"고만 설하고 있을 뿐이다.(DN. 29. 18-21: 각묵 스님 옮김, 『디가니까야 3』, pp.234~236)

동일한 스승에게서 배운 이로서 물과 젖처럼 화합하여 불법에서 이익을 얻어 안락에 머물라"고 훈계하고 있다.[20]

여기서 "〔서로 투쟁하지 말고〕 물과 젖처럼 화합하라"는 말은 또한 바라제목차(戒經) 승잔죄 제10조 파승위간계破僧違諫戒, 제11조 조파승위간계助破僧違諫戒의 관용구이기도 하다.

> 만약 비구가 화합승을 파괴하려 하거나 방편으로 화합승을 파괴하라는 지시를 받아 굳게 지녀 버리지 않으면, 저 〔청정〕비구는 이 비구에게 충고해야 한다. "대덕이여! 화합승을 파괴하지 말라. 방편으로도 화합승을 파괴하지 말라. 파승의 지시를 받아 굳게 지녀 버리지 않으려고 하지 말라. 대덕이여! 마땅히 승가와 화합하여 다투지 말라. 동일한 스승에게서 배운 이로서 물과 젖처럼 화합하면 불법佛法 중에서 점차 이익이 있어 안락安樂에 머물게 될 것이다." 이 비구가 이와 같이 충고할 때 저 비구가 〔여전히 파승의 생각을〕 굳게 지녀 버리지 않으면, 저 비구는 세 번 충고해야 한다. 세 번 충고해서도 버리지 않으면 승가바시사(승잔죄)이다.[21]

---

20 『사분율』 권43(대정장 22, p.880a21~25), "若比丘, 重此破僧事者, 應如彼言有罪, 應如法懺悔. 止止! 比丘莫共鬪諍罵詈; 共相誹謗; 伺求長短. 汝等一切當共和合齊集, 同一師學, 如水乳合. 利益佛法安樂住."; (p.880b12~15), "若比丘重此破僧事者, 不應擧彼比丘罪. 止止!…"; 『오분율』 권24(대정장 22, p.159a10~12), "… 佛復告諸比丘. 汝等勿共鬪諍, 更相誹謗, 更相罵詈. 應共和同集在一處, 如水乳合共弘師敎."

21 "…大德, 應與僧和合, 合歡喜不諍, 同一師學, 如水乳合. 於佛法中, 有增益安樂住."(『四分律比丘戒本』: 대정장 22, p.1016b11f); "一心一學, 如水乳合."(『彌沙塞五分戒本』: 대정장 22, p.195b21); "共一學, 如水乳合."(『摩何僧祇律大比丘戒本』:

이는 물과 젖이 뒤섞여(혼합되어) 하나가 되듯이 언제라도 '하나'의 승가를 구현하라는 의미가 아니다. 물과 젖이 서로를 배척하지 않듯이 동일 스승, 동일 목적(安樂)을 추구하는 불교도로서 서로를 배척하지 말라는 의미이다. 이미 법·율과 불설 등에 대해 견해를 달리하여 현전비니現前毘尼로도, 다인어多人語로도 다툼을 종식시키지 못한 이들이 물과 젖처럼 서로 뒤섞일 수도 없거니와 뒤섞여서도 안 된다. 적어도 율장에 의하는 한 '화합'의 의미는 그러한 것이 아니다.

> 화합승이란 일부 구성원(別衆)만이 〔포살 자자하는 것이〕 아니다. 모든 비구들이 비록 투쟁鬪諍하면서 서로 도道에 관해 논설할지라도, 동일 계界 안에서 전원(一衆)이 동일 주처에서 함께 생활하며 포살 자자하기 때문에 화합승이라 말한 것이다.[22]

법과 율 등에 대해 시비하여 견해를 달리할 때 구역(界)을 달리하여

대정장 22, p.550b6); "一心一學, 如水乳合."(『十誦比丘波羅提木叉戒本』: 대정장 23, p.471c12); Vinayapiṭaka에는 '如水乳合'이 없이 "同一說戒(ekuddesa)로…"(남전대장경 1, p.290.; 平川彰, 2002, 『비구계 연구 I』, pp.512f)라고만 전하지만, 「코삼비건도」에서는 화합을 구현한 阿那律 등의 말로서 "젖과 물처럼(khīrodakībhūtā) 서로를 사랑하는 눈으로 보며 산다"는 표현을 전한다.(남전대장경 3, p.609; 佐藤密雄, 1972,『原始佛教教團の研究』, p.301)

22 『마하승기율』 권7(대정장 22, p.282c23~25), "和合僧者, 不別衆. 諸比丘雖復鬪諍, 相道說, 一界一衆一處住, 布薩自恣故, 名爲和合僧."(사사키 시즈카, 이자랑 옮김, 『인도불교의 변천』, 동국대출판부, 2007, p.95 참조) 이 내용은 同 권32(대정장 22, p.489c18~25)에서도 언급된다.: "共一界住, 共一布薩自恣, 共作羯磨, 是名和合僧."

별도의 승가(別部)를 형성하든지, 동일 구역에 머무는 경우라면 서로 다투면서도 승단의 행사를 함께하는 것이 '화합승'의 의미였다. 교리적 문제로 다툴 경우 서로의 견해를 인정하고 불제자로서의 공동체 의식을 갖는 것이 '화합'의 의미였다.

물(udaka)과 젖(kṣīra)이라는 메타포 역시 서로 뒤섞여 하나가 되는 것을 의미하는 것이 아니라 각기 자성을 갖지만 서로를 배척하지 않는 것을 의미한다. 흥미롭게도 무착無着은 『섭대승론』에서 알라야식과 알라야식이 아닌 문훈습聞熏習의 구생俱生 공존관계를 물과 젖의 화합에 비유하고서, 문훈습의 개별성을 함사(haṃsa)라는 물새(백조)가 물에서 젖만 가려 마신다는 예로써 설명하고 있다.[23] 이에 대해 무성無性은 알기 쉽다는 이유에서 별도로 해석하지 않았지만, 세친(진제 역)은 "물과 젖은 화합한 상태에서조차 그 자성이 동일하지 않지만 함께 생겨날 수 있다"고 해설하였다.[24] 물과 젖은 견해를 달리할지라도 포살 등을 함께 시행하라는 '화합'의 메타포였다.

즉 앞서 인용한 「청정경」의 메시지는 물과 젖이 자성을 달리하지만 서로를 용납하듯이 자신들이 전승한 법문과 말과 뜻이 다른 이부異部 이집異執의 존재를 인정하여 서로 다투지 말라는 것이다. 「청정경」에서는 이에 따라 12부경의 독자적인 전승을 인정하였을 뿐만 아니라 이것이야말로 정등각(samyak-saṃbuddha)의 청정한 법(prasādakadharma)이

---

23 『섭대승론본』 권상(대정장 31, p.136c26~28; 長尾雅人, 『섭대승론(상)』, 동경: 講談社, 2001, p.230f). 함사는 인도신화에서 브라흐만의 상징이다.

24 『섭대승론석』 권3(대정장 31, p.173b29~c1), "水與乳, 雖復和合, 其性不同, 而得俱生."

라 하였다. 참으로 놀라운 일이 아닌가? 정통과 이단은 종교계의 유사 이래의 논쟁이며, 오늘의 불교도조차 친설/비친설로 불설의 진위를 판결하려고 하는데. 필자가 '화합'과 관련된 이 같은 일련의 정보를 얻게 된 단서는 『성실론』이었다.

성실논주 하리발마(Harivarman)는 바로 이 「청정경」의 법문에 근거하여 여래 설법의 일곱 가지 공덕 – 처음도, 중간도, 끝도 좋으며(初中後善), 뜻도 좋으며(義善), 말도 좋으며(語善), 다만 정법만을 설하였을 뿐이며(獨法), 완전한 법이며(具足), 청정하고 유연하며(清淨調柔), 범행에 수순한다(隨梵行) – 중 제6 청정 유연성을 해설하였다.

> 불타는 〔오로지〕 경經에 따라서만 〔말과 뜻을〕 취하는 외도(즉 니간타)들과는 달리 올바른 뜻(正義)에 대해 뜻에 따른 말을 안치하고, 올바른 말(正語)에 대해 말에 따른 뜻을 안치하는 것을 허락하였기 때문에 〔'청정한 법'이라고 말하였다〕. 또한 다만 경〔설〕에만 따르는 〔외도들과는〕 달리 불법 중에서 "법에 의지하고 사람에 의지하지 말라"고 하였고, 법에 대해서도 역시 "요의경了義經에 의지하고 불요의경에 의지하지 말라"고 분별하였기 때문에 '청정한 법'이라고 말하였다.[25]

다양성과 유연성은 불교의 위대한 힘으로, 초기의 불교도들은 불교

---

25 『성실론』 권1(대정장 32, p.243c13~16), "…又佛聽於正義中置隨義語, 於正語中置隨語義. 不如外道隨經而取. 又佛法中, '依法, 不依人'. 法亦分別, '依了義經, 不依不了義經'. 是名淨法. 非但隨經."

내부의 이부·이집의 출현에 결코 부정적이지 않았다. 그들은 승가가 다수의 부파(nikāya)로 분열하였음에도 불타 입멸 후 정법의 파괴에 의한 승가분열(즉 破法輪僧)은 결코 일어나지 않았다고 말한다. 가장 보수 전통적이라는 설일체유부에서조차 그러하였다.[26]

이부·이집의 출현과 그들의 쟁론은 불교의 본질적 측면이다. 따라서 멸쟁(혹은 止諍) 또한 "물과 젖이 자신의 특성을 버리고 하나가 되듯이 이부·이집이 자신의 견해를 버리고 하나가 되는 것"이 아니다. 그것은 풀잎으로 더러운 곳을 덮듯이 서로의 이견을 더 이상 문제 삼지 않고 덮어두는 것이다. 물과 젖이 비록 자성을 달리할지라도 서로를 배척하지 않고 용납하듯이 서로의 견해를 배척하지 않고 불설로 용인하는 것이다. 멸쟁은 〔안락(열반)을 위한〕 다툼의 종식이지 이집異執 자체의 종식(除滅)이 아니다. 이집이 척파斥破 무화無化된 '통합'·'통일'은 더더욱 아니다. 그것은 죽은 불교이다. 그것은 이데아에 다름 아니다.

---

26 『대비바사론』 권116(대정장 27, p.602b24~c4). 이는 『아비담심론경』(대정장 28, p.843c), 『잡아비담심론』(대정장 28, pp.898c~899b), 『구사론』(대정장 29, p.93bc), 『순정리론』(대정장 29, pp.587b~588b), 『현종론』(대정장 29, pp.886a~887a)에서도 계승되고 있다. 그렇다면 불멸 이후 교법의 상이에 따른 부파분열이나 대승의 출현, 혹은 각 부파와 대승에 의한 별도의 성전 편찬은 어떻게 이해하였을까? 유부 아비달마에 의하면 大師(여래)께서 입멸한 이후에는 "내가 대사이다. 여래는 대사가 아니다"고 하여 그에게 대적할 만한 이가 존재하지 않기 때문에 이는 파법륜승이 아니다. 비록 해석은 달리하였을지라도 여래를 부정하거나 8정도 등 菩提分法의 聖道를 부정한 것은 아니었기 때문이다.(권오민, 「다양성과 유연성의 불교」, 『上月圓覺大祖師 탄신 100주년 기념 논문집』, 원각불교사상연구소, 2011, p.118)

Ⅲ. 화쟁, 백가 이집異執의 회통

1. 원효의 화쟁

원효의 화쟁和諍 역시 "비록 견해를 달리할지라도 서로를 배척하지 않는 물과 젖처럼 서로 화합하라"는 초기불전에서의 '멸쟁(adhikaraṇa-śamathā)의 화합(samagra)'으로 이해할 수 있지 않을까? 혹은 최소한 멸쟁에 연원을 두고 있다거나 그것의 연장으로 이해해야 하지 않을까?

『십문화쟁론十門和諍論』 서문에서 "여래 멸도 후 구름처럼 일어난 백가百家 이설異說의 시비의 공론空論은, 비유하자면 청색과 남색, 얼음과 물처럼 바탕(體)과 근원(源)이 동일하다"[27]고 한 것은 다만 동일성의 원리인 진여일심을 전제로 한 말일까? "이론異論의 말과 뜻 또한 동일한 스승으로부터 품수한 동일한 물과 젖"이라는 「청정경」의 생각과 상통하는 것은 아닐까? '성전에 근거한 이상 모두가 진실'이라는 것은 원효의 상투적인 화쟁 방식이었다.(Ⅳ-1 참조) 주장을 달리하는 비구가 비록 자신의 견해에 동조할지라도 "옳다고도 그르다고도

---

27 『십문화쟁론』(『한불전』 1, p.838a), "十門論者, 如來在世, 已賴圓音, 衆生等…(결락)…雨驟. 空空之論雲奔. 或言我是, 言他不是. 或說我然, 說他不然. 遂成河漢矣. 木…(결락)…山而投廻谷. 憎有愛空, 猶捨樹以赴長林. 譬如靑藍共體. 氷水同源."(여래 재세 시에는 圓音에 힘입어 중생들의 〔견해가 한결 같았지만 여래 멸도 후〕 空論이 구름처럼 일어 '나는 옳지만 너는 옳지 않다'고 말하고, '나는 그러하지만 다른 이는 그러하지 않다'고 설하여 마침내 내가 되고 강이 되었다. -有〔見〕을 미워하고 空〔見〕을 애호함은 나무를 버리고 큰 숲으로 나아가는 것이라 해야 하지만, 이는 비유하자면 청색과 남색이 같은 바탕이고 얼음과 물이 같은 근원인 것과 같다.)

하지 말라"는 「청정경」의 법문처럼 『금강삼매경』에서도 역시 "후세 비시(非時: 말세)에 진여에 상응하는 법을 설하려면 서로 대립하는 온갖 견해에 대해 동조하지도 말고 반대하지도 말라(非同非異)"(주52; 주147 참조)고 하였다. 무엇보다 원효의 화쟁은, 후술하듯이 일차적으로 백가 이집 사이의 화회(이해) 소통, 즉 회통(會通, anulomayati)을 의미하기 때문이다.(주75 본문 참조)

그러나 우리는 대개 원효의 '화쟁'을 그의 고유개념으로 이해하고 "모든 학파·종파의 대립과 시비·쟁론을 하나로 화해和解하고 회통會通시켜 일미一味의 법해法海로 귀납歸納시키려는 것"으로 규정한다.[28] 이러한 선학의 이해는 "원효는 백가의 이쟁異諍을 하나로 화합·화회시킨 이"라는 후대 의천(義天, 1055~1101)이나 하천단(河千旦, ?~1259) 등의 평가에 따른 것이다. 그렇지만 이들의 평가는 제문祭文이나 관고官誥에 언급된 것으로, 이를 학술적인 것이라고는 말하기 어렵다. 해당 글을 옮겨보면 이러하다.

> 모년 모월 모일 구법求法 사문沙門 아무개는 삼가 다과와 철에 맞는 제물로써 해동海東의 교주敎主이신 원효보살께 공양을 올립니다. 엎드려 생각건대 이치(理)는 말(敎)에 의해 드러나고 도道는 사람에 의해 널리 펴집니다. 그런데 풍속이 천박하고 시절이 옅어짐에 사람이 떠나니 도마저 사라집니다. 스승 되는 이는 이미 저마다 자신들의 종습宗習에 봉쇄되고 제자 또한 그들이 보고 들은 바에만

---

28 이종익, 「원효의 십문화쟁론 연구」(『원효연구논총』, 국토통일원 조사연구실, 1988), p.440.

집착합니다. 예컨대 백본百本의 담론을 성취한 자은(慈恩: 즉 窺基) 같은 이는 오로지 명상名相에 구애되었고, 태령台領 구순(九旬: 김상현에 의하면 天台智者)의 설은 다만 이치의 통찰(理觀)만을 숭상하여 그들의 글은 본받을 만한 것(取則之文)이라 할 수 있을지라도 그들의 가르침은 만사에 통하는 것(通方之訓)이라고는 할 수 없습니다. 오로지 우리 해동보살께서만이 성상性相을 함께 밝히고 고금古今을 은밀히 묶었습니다. 백가百家 이쟁異諍의 실마리를 화해시켜 일대一代의 지극히 공평한 논論을 얻으셨거늘, 추측할 수도 없는 신통과 생각하기도 어려운 묘용은 말해 무엇 하겠습니까? (하략)[29]

〔불교의〕 정법이 서역에서 도래하여 그 여파가 해동에까지 미쳤다. 그러나 연원淵源이 광대함에 궁극(際)을 알 수 없어 서로 모순된 이견으로 다툰 지 오래되었다. 이에 신라 때 효공曉公이 우뚝 나타나 백가百家의 이쟁異諍을 조화시키고 이문二門의 동일한 귀추(취지)를 화합시켰다. 이에 진실로 어떤 이가 그의 향기를 이어받았다면 특별히 높은 등급의 직책을 내려야 한다. 해동종의 수좌 아무개는 조사祖師의 법기法器를 전하고, 사람들의 복전이 되었으니 …(중략)… 필시 지검芝撿을 내려 승려들을 통솔하게 해야 한다. (하략)[30]

---

29 의천, 「祭芬皇寺曉聖文」(『대각국사문집』 권16, 『한불전』 4, p.555a10~20), "…唯我海東菩薩, 融明性相, 隱括古今. 和百家異諍之端, 得一代至公之論. 而況神通不測, 妙用難思"; 김상현, 『원효연구』(민족사, 2000), p.309 참조.

30 河千旦, 「海東宗僧統官誥」(『동문선』 권27, 민족문화추진회, 1977, p.541), "爰及曉公和, 挺生羅代, 和百家之異諍 合二門之同歸…."

제문이 학술적 엄격함을 가질 필요는 없으며, 승통의 임명장 또한 그러하다. 의천은 제문에서 원효를 '해동교주', '원효보살', '해동보살'이라 지칭하고서 자은규기나 천태지자보다 뛰어난 이로 찬탄하였으며, 말미에서는 "선철先哲 중 성사聖師의 오른편에 둘 만한 이가 없다"고도 하였다.[31] 그는 「해동교의 자취를 읽고(讀海東敎迹)」라는 시에서 "용수나 마명 정도는 되어야 원효의 짝이 될 수 있다"고도 하였다.[32] 이러한 묘사는 필경 당시 원효의 대중적 인식에 기인한 것, 시대의 인심이 반영된 것이라 할 수 있다.[33] 김상현은 "원효에 대한 이와 같은 인식과 더불어 원효 교학까지도 심층적으로 연구되고, 계승 발전되었다고 보기는 어렵다"고 하였다.[34]

설혹 그렇다 하더라도 "백가의 이쟁을 화합시켰다"는 의천이나 하천단의 평가는 어디서 유래한 것일까? 조명기는 화쟁의 대의를 먼저

31 "早慕佛乘, 歷觀先哲之間, 無出聖師之右."(『한불전』 4, p.555a23f)

32 "著論宗經闡大猷 馬龍功業是其儔."(『한불전』 4, p.565b16f)

33 최병헌은 고려불교계의 원효의 이해를 의천에 의한 철학사상가로서의 이해와 일연에 의한 대중 불교 운동가로서의 이해로 구분하고, 전자의 경우 고려 중기에 이르러 화엄종·법상종·천태종 등 여러 종파에서 다투어 원효를 자기 종파의 종조로 추앙하고 있었던 사실은 원효 불교 자체의 문제라기보다는 고려시대의 불교사 문제로서 이해해야 한다고 진단하였다.(「고려 불교계에서의 원효 이해–의천과 일연을 중심으로」, 『원효연구논총』, 국토통일원조사연구실, 1987, pp.644f)

34 김상현, 『원효연구』(민족사, 2000), p.322. 일연은 삼국유사 「탑상」편에서 원효를 파랑새의 말로서 '제호 맛도 모르는 화상(休醍醐和尙)'이라 일컫고 끝내 관세음보살을 친견하지 못하였음을 전한다. 최병헌(앞의 논문, p.659)은 이에 대해 의상 문도들에 의한 원효 비판의식이 반영된 것이라고 해설하였다.

하천단의 「관고」에서 구하고, 원효가 말한 화쟁의 뜻을 "〔이 경은〕 모든 불교성전의 단편(部分)을 총괄하여 온갖 사상의 핵심(一味)으로 돌아간 것으로, 지극히 공평한 불타의 뜻(意〔趣〕)을 밝혀 백가百家의 이쟁異諍을 화합시킨 것"[35]이라는 『열반종요』 「대의」에서 찾고 있다.[36] 박종홍 역시 원효의 화쟁을 하천단에 평가에 따라 "백가의 이쟁을 화합하고 서로 다른 견해를 귀일시킨 것"으로 이해하고서 그 논리적 근거로서 상기 『열반종요』의 일문을 인용하였다.[37]

그러나 『열반종요』의 일문으로 원효의 화쟁을 규정하는 데에는 문제가 없지 않다. 이는 다만 그가 이해한 『열반경』의 대의, 즉 "이치(理)도 지혜(智)도 잊고 말(名)도 뜻(義)도 끊어진 무이의 진실(無二之實性)이자 〔예류과 등 사문 4과果와는 비교도 할 수 없는〕 대각이라는 극과(大覺之極果)인 열반"을 추구한 이 경의 성격일 뿐, 이것이 그의 사상을 관통하는 '화쟁'의 뜻이라고 말한 일이 없다.

대저 원효는 실제적으로 '화쟁'이라는 말 자체를 사용한 일이 없다. 현존 원효 저술에서 '화쟁'이라는 말은 『열반종요』 「종체宗體」 중 「열반문涅槃門」에서 4덕德을 분별하면서 '화쟁문和諍門'이라는 과단科段의

---

35 "統衆典之部分 歸萬流之一味 開佛意之至公 和百家之異諍."(『한불전』 1, p.524 a17~18)

36 조명기, 『新羅佛教의 理念과 歷史』(신태양사, 1962), pp.254~255. 참고로 조명기는 "「관고」의 二門은 禪과 教를 가리키며 이를 통합하여 一元化하고자 하는 것"을 「관고」의 취지로 이해하였다. 아울러 『금강저』 22(조선불교동경유학생회, 1937년)에 실린 「원효종사의 십문화쟁론 연구」에서는 「관고」의 문구가 '和諍' 두 글자의 출처이고 십문화쟁론의 主旨라고 하였다.(김상현, 『원효연구』, p.212)

37 박종홍, 『박종홍전집 Ⅳ, 한국사상사 1』(민음사, 1998), pp.97~98.

명칭으로 단 한 번 언급될 뿐이다.[38] 여기서는 보신報身의 상주常住와 무상無常의 화쟁을 시도하는데, 이 또한 실제 본문상의 분별에서는 '화상쟁론和相諍論', 즉 '서로 쟁송하는 주장의 조화'를 밝힌다는 말로 언급될 뿐더러 "한쪽만을 주장하면 모두에 과실이 있지만, 서로 장애하지 않는 것이라 한다면 양쪽 모두에 도리道理가 있다"고 하여 양설을 상호 모순적 관계로 이해하는 것을 배척하였을 뿐이다.[39] 나아가 「불성문佛性門」에서 불성에 관한 여러 이견(예컨대 불성과 발보리심의 관계)의 화쟁은 '회통문會通門'이라는 이름의 과단에서 논의되고 있다.[40]

이로 본다면 적어도 원효 저술에서의 '화쟁'은 일단 상호 이해, 상호 소통의 '회통'의 의미라고 말할 수 있다.[41] 후쿠시 지닌(福士慈稔)은

---

38 『열반종요』(『한불전』 1, p.533a13f), "第六四德分別, 略有四門. 一顯相門. 二立義門. 三差別門. 四和諍門."

39 『열반종요』(『한불전』 1, p.536a4f; p.537b2~4), "次第四, 明<u>和相諍論</u>. 諍論之興乃有多瑞…(중략)…問: 二師所說, 何得何失? 答: 或有說者, 皆得皆失. 所以然者? 若決定執一邊, 皆有過失. 如其無障礙說, 俱有道理."

40 『열반종요』(『한불전』 1, p.537c21~23), "第二明佛性義六. 佛性之義六門分別. 一出體門. 二因果門. 三見性門. 四有無門. 五三世門. 六會通門."

41 김영일은 "일반적으로 '화쟁'과 '회통'은 비슷한 의미로 사용하나 엄밀히 말하면 화쟁은 '쟁론을 和解한다'는 의미이기 때문에 논쟁의 형식을 갖출 것을 필요로 하지만, '회통'은 여러 의견들이 만나서 서로 통한다는 의미이기 때문에 반드시 논쟁의 형식을 갖출 필요까지는 없기에 양자가 반드시 같다고는 할 수 없다"고 말한다.(「원효의 화쟁논법 연구」, 2008년도 동국대 대학원 박사학위 청구논문, p.9) 이는 다만 한자말에 따른 해석일 뿐으로 '회통' 역시 우리가 차마 이해하기 어려운 상호비판, 논증, 해명, 해명에 대한 재비판이 포함되기 때문에(예컨대 十門和諍 중 「佛性有無和諍」 주49), 그리고 무엇보다 현존 원효 저술에서 '화쟁'의 용례는 단 한 번뿐이기 때문에 이 같은 논의는 무의미한 것이다.

현존 원효 저술에서 '화쟁'이라는 말이 단 한 번 언급된다는 사실과 원효 자신뿐만 아니라 이후 불교의 여러 논사들 또한 그의 사상을 '회통'으로 이해하였다는 점에서, '화쟁사상'을 원효의 근본사상으로 간주하게 된 것은 의천의 「화쟁편和諍篇」(『圓宗文類』)이나 「제분황사효성문」, 의천의 원효 인식을 계승하여 추존된 '화쟁국사'라는 시호에서 비롯되었을 것으로 추측하기도 하였다.[42]

2. 화쟁과 회통

최연식은 이 같은 후쿠시의 견해에 대해 "현존하는 원효의 저술에서 화쟁이 중시되고 있음은 부정하기 힘들다"고 하였다.[43] 그리고 비록 단간斷簡으로 전해질지라도 '화쟁'이라는 말을 포함하는 『십문화쟁론十門和諍論』도 존재한다. 그렇다면 여기서의 '화쟁'의 의미는 무엇인가? 이 역시 선학의 이해대로 백가의 이쟁異諍을 하나로 회통 귀납시키려는 것인가?

먼저 「공유空有 화쟁문」에서 원효는 공론(空論; 중관)과 유론(有論; 유식)의 대립은 다만 언어 개념상의 대립일 뿐이라고 진단한다. 대립의

---

42 福士慈稔, 「元暁の思想を和諍思想と捉えることに對して」(『佛教學』 46, 동경: 佛教思想學會, 2004), p.41.

43 최연식, 「원효의 和諍사상의 논의방식과 사상사적 의미」(『보조사상』 제25집, 2006), p.409. 그러나 최연식 역시 원효의 화쟁사상을 서로 대립하는 견해들의 조화 통일이 아니라 다양한 논의들을 종합하기 위한 이론으로 이해하였다.(동, p.455) "원효의 화쟁은 견해들의 화쟁일 뿐 그러한 견해를 주장하는 사람들의 입장에 대한 화쟁이 아니었다"는 것이다.(동, p.454) 그렇다면 그에 있어서도 화쟁은 결국 상호 이해, 會通, 和會 疏通 이상의 의미가 아니다.(주139 참조)

원천인 언어가 변계소집의 분별망상이기 때문에 그것은 각기 존재를 비존재라 부정하는 손감론(損減論: 허무론)도, 비존재를 존재라 집착하는 증익론(增益論: 실재론)도 아니라고 해명한다. 그리고 "중생의 생사윤회는 허공과 같다"거나 "열반과 세속은 털끝만한 차이도 없다"는 『대혜도경大慧度經』(즉 『대반야경』)이나 『중관론』의 경설과 "이는 곧 일체 제법의 비존재를 설한 것이 아니라 다만 제법의 자성이 비존재임을 설한 것"이라는 『유가사지론』의 논설로써 양론을 조화시키고 있다.

그렇지만 이는 사실상 유론의 입장에서 공론의 밀의密意를 드러낸 것이라 할 수 있다. 원효가 인용한 『유가론』의 논설은 이러한 것이었다.

> 만약 제 유정이 부처가 설한 매우 심오한 공성空性과 관련된 경전(즉 『대반야경』) 상의 은밀한 의도(密意)를 알지 못한다면, 이 경에서 설한 "일체법은 다 무자성이다. 그것들은 다 어떤 경우에도 실체성을 갖지 않으며(nirvastuka), 생겨나는 일도 없고 소멸하는 일도 없다"는 말이나 "일체법은 다 허공과 같고 다 환상이나 꿈과 같다"는 말을 듣고서 놀라 두려운 마음에서 이 경전을 비불설非佛說이라 비방한다. 보살은 저들을 위해 이치대로 회통會通하고 참답게 화회和會하여 저들 유정을 포섭해야 한다. 그리하여 저들을 위해 "이 경에서는 일체 제법의 완전한 비존재를 설한 것이 아니라 다만 제법에 '자성'이라 말할 만한 것이 존재하지 않음을 설한 것"이라고 말해주어야 한다.[44]

44 『십문화쟁론』(『한불전』 1, p.838c15~22), "瑜伽論云, 若諸有情, 於佛所說甚深空性相應經典, 不解密意, 於是經中 說'一切法皆無自性, 皆無有事, 無生無滅,' 說'一

만약 화쟁이 이처럼 경의 뜻을 다만 경에서 설한 대로 이해함으로써 빚어진 오해를 경설 이면에 숨겨진 은밀한 별도의 의도/의취(密意 혹은 別意趣, abhiprāya)로 불식시켜 서로 소통하게 하는 것이라면, 『십문화쟁론』에서의 '화쟁'은 다름 아닌 '회통會通' 또는 '화회和會'의 뜻이다.

그런데 원효가 인용한 『유가사지론』의 논설은 현장 역의 「보살지 보리분품菩提分品」의 일문一文을 자신의 취의에 따라 요약한 것으로, 밑줄 친 부분의 완전한 형태는 이와 같다.

> 보살은 저들 제 유정을 위해 이치대로 회통會通할 수 있는 선교방편(ānulomikenopāya-kauśalena)으로써 이와 같은 경 중에 포함된 여래의 매우 심오한 뜻의 은밀한 의도/의취(tathāgatābhiprāyikam arthaṃ)를 참답게 화회和會하여(yathāvad anulomayati) 저들 유정을 포섭해야 한다. 보살은 이와 같이 바로 회통會通할(anulomayati) 적에 저들을 위해 "이 경에서는 일체 제법의 완전한 비존재를 설한 것이 아니라 다만 제법에 '자성'이라 말할 만한 것이 존재하지 않음을 설한 것"이라고 말해주어야 한다.[45]

切法 皆等虛空, 皆如幻夢'. 彼聞是已, 心生驚怖, 誹謗此典, 言非佛說. 菩薩爲彼, 如理會通, 如實和會, 攝彼有情. 爲彼說言. 此經不說一切諸法都無所有. 但說諸法所言自性都無所有."

45 『유가사지론』 권45(대정장 30, p.541a12~22), "若諸有情, 於佛所說甚深空性相應經典, 不解如來密意義趣, 於此經中說 '一切法皆無自性, 皆無有事, 無生無滅', 說 '一切法皆等虛空, 皆如幻夢'. 彼聞是已, 如其義趣不能解了, 心生驚怖, 誹謗如是一切經典, 言非佛說. 菩薩爲彼諸有情類, 方便善巧, 如理會通, 如是經中如來密意甚深義趣, 如實和會, 攝彼有情. 菩薩如是正會通時, 爲彼說言. '此經不說一切諸法

이로 볼 때 여기서 '회통(anulomayati)'은 다른 견해를 가진 유정을 적절한 방편(ānulomikenopāya)으로써 이해시키는 것, 따르게 하는 것(anulomayati, 和會)이며, 이러한 회통의 근거는 바로 경설 중에 함의된 '여래의 은밀한 의도/의취(abhiprāya)'였다. 범본에 따르면 '화회' 또한 '회통'과 동어同語 이역異譯이었다. '회통'의 어원적 의미와 대상에 대해서는 다음 절에서 검토해볼 것이다.

그렇다면 두 번째 「불성유무佛性有無 화쟁문」의 경우는 어떠한가? 이는 불교사상사에서 일성개성一性皆成과 오성각별五性各別의 대결로 회자된 논쟁으로, 현존본에 의하는 한 원효는 적극적으로 화쟁을 모색하지 않는다. 여기서는 서로 모순(決定相違)된 두 주장, ①종자차별의 현실(一切界差別)에 근거하여 마치 불 속에 물이 존재하지 않는 것처럼

<u>都無所有. 但說諸法所言自性都無所有</u>."; *Bodhisattvabhūmi*(ed., U. Wogihara), p.265. 10-16, teṣām api sattvānāṃ sa bodhisattvaḥ ānulomikenopāya-kauśalena teṣāṃ sūtrāntānāṃ tathāgatābhiprāyikam arthaṃ. yathāvad anulomayati. tāṃś ca sattvāṃ grāhayati. evaṃ ca punar anulomayati yathā neme dharmāḥ sarveṇa sarvaṃ na saṃvidyaṃte. api tv abhilāpātmakaḥ svabhāva eṣāṃ nāsti. steneme niḥsvabhāvā ity ucyaṃte. 그 보살은, 그러한 〔공성을 설한 경전들은 붓다가 말씀하신 것이 아니라고 완전히 내던져버리는, 즉 비난하는〕 중생들에게 수순하는 적절한(ānulomika) 방편선교로써 그 경전들에 담겨 있는 여래께서 의도하신 의미를 바르게 따르도록 해야 한다(anulomayati). 그리고 중생들로 하여금 〔그 의미를〕 받아들이도록 해야 한다. 또한 "이러한 諸法은 어떠한 방식으로도 어떻게도 존재하지 않는다는 것이 아니다. 다만 이러한 〔제법〕에는 언설(abhilāpa)을 본질로 하는 자성이 존재하지 않을 뿐이다. 따라서 이러한 〔제법〕에는 자성이 존재하지 않는다"고 〔여래께서〕 설한 그러한 방식대로 따르도록 해야 한다(anulomayati).(금강대 이영진 선생 번역)

불성을 갖지 않은 무성無性의 유정이 존재한다는 각별론자의 견해와 ② 일미평등의 이상(一味性平等)에 근거하여 마치 현상에 나타난 모든 물질(麤色聚)이 지·수·화·풍의 4대종을 본질로 하듯이 일체 중생은 다 불성을 갖는다는 개성론자의 견해를 대치시키고, 각기 상대방이 제시한 경설의 취지(密意)와 함께 서로의 비판에 대한 해명을 나열하는 것만으로 화쟁을 꾀하고 있다. 내용을 요약하면 이러하다.

> 무성無性의 유정도 존재한다고 주장하는 이들(執有無性論者)은 회통(通)하여 말하였다.
> 「경(즉 『열반경』)에서 "일체 중생에게 불성이 존재한다"고 설한 것은 진리성(理性)에 근거한 것이지 현실성(行性)에 근거한 것이 아니며, 일부에 근거한 '일체'이지 일체에 근거한 '일체'가 아니다.[46] 즉 마음을 지닌 이가 모두 보리菩提를 증득한다면, 이미 보리를 증득한 이(부처)도 다시 증득한다고 해야 한다. 또한 일체 중생이 불성을 갖고서 〔언젠가〕 반드시 부처가 된다고 한다면 중생계도 〔언젠가〕 멸진한다고 해야 할뿐더러 부처의 이타행도 무의미하며, 〔그럴 경우 부처 자체도 불가능한〕 것이 되고 만다.
> "일체 중생은 본래부터(法爾) 불성을 갖는다"는 주장과 "그렇지 않다"는 주장은 서로 모순된 주장(決定相違)이 아니다. 이는 "불의 성질은

---

46 이는 법상유식론자의 견해이다. '일부에 근거한 일체'에서 '일부'란 不定種性을 말한다. ("雖餘經中宣說, '一切有情之類皆有佛性, 皆當作佛'. 然就眞如法身佛性, 或就少分一切有情方便而說, 爲令不定種姓有情決定速趣無上正等菩提果故.": 『佛知經論』 권2, 대정장 26, p.298a24~28). 권오민, 「5종성론에 대하여」(『불교학과 불교』, 민족사), p.338 참조.

축축함(濕性)이다"는 주장과 "축축함이 아니다"는 주장이 서로 모순된 것이 아닌 것과 같다. 불의 성질은 축축함이 아니라 뜨거움이기 때문으로, "무성無性의 유정이 존재한다"는 도리도 역시 그러하다. 그리고 만약 일체 중생에게 불성이 존재한다면 "반열반법般涅槃法을 갖지 않은 종성의 유정이 존재한다"고 설한 『현양성교론』이나 『유가론』은 어떻게 〔회〕통(이해, *nīyate)해야 할 것인가?」[47]

이에 대해 일체 중생은 다 불성을 갖는다고 주장하는 이들(執皆有性論者)은 〔회〕통通하여 말하였다. 「거기(즉 『현양성교론』)서 "현재 생에서는 비록 반열반법이 아닐지라도 다른 생 중에서 〔대승으로 전향하여〕 반열반법으로 바뀔 수 있다고 말해서는 안 된다"고 설한 것은 본래 불성을 갖지 않는 무성無性이었다가 불성을 갖는 유성有性으로 바뀐다는 주장을 비판한 것이기 때문에, 〔일체 중생은 본래 불성을 갖는다는〕 우리의 종의는 여기에 저촉되지 않는다. 즉 저들의 성교聖

---

47 『십문화쟁론』(『한불전』 1 p.839b22~c7), "問: 若立後師義, 是說云何通? 如顯揚論云.: 「云何 '唯現在世非般涅槃法不應理故'? 謂不應言於現在世, 雖非般涅槃法, 於餘生中, 復可轉爲般涅槃法. 何以故? 無般涅槃種性法故. 又若於此生, 先已積集順解脫分善根, 何故不名般涅槃法? 若於此生, 都未積集, 云何後生能般涅槃? 是故定有非般涅槃種性有情.」 瑜伽論中亦同此說." 이 논설은 『현양성교론』 권20(T31, p.581a27~b4) 상의 논설로, 종성의 다섯 차별(보살·성문·독각·不定·無性종성)의 다섯 논거(①一切界의 差別이 인식되기 때문, ②無根의 유정은 불합리하기 때문, ③④同類와 異類의 비유는 불합리하기 때문, ⑤오로지 현재세에 반열반법이 아닌 것이 〔반열반법이 된다는 것은〕 불합리하기 때문) 중 다섯 번째에 대한 해명이다. 이는 『유가사지론』 권67(T30, pp.669b12~679a20)에서도 廣說되고 있는데, 고래로 종성차별의 5難6答으로 일컬어진다. 이에 대해서는 권오민, 「5종성론에 대하여」(『불교학과 불교』), pp.340~346에서 略說하였다.

教에서 무성종성을 설정한 의도는 대승을 추구하지 않는 이의 마음을 돌리기 위한 것으로, 무량의 시간에 근거하여 설한 밀의密意설이기 때문에 〔우리의 주장과〕 모순되지 않는 것이다.[48]

그리고 저들은 마음을 지닌 이가 모두 보리를 증득한다면 부처와 차별도 없어지게 될 것이라고 힐난하였지만, 이미 저들의 경에서 "부처는 중생이 아니"라고 설하였다. 또한 일체 중생이 불성을 갖는 다면 중생은 멸진하여 끝내 존재하지 않게 될 것이라고 하였지만, 이는 도리어 "무성유정이 본래부터 갖는 법이法爾의 종자가 멸진하는 일이 없다"는 자신들의 주장을 비난하는 것이다. 즉 무성유정의 일체 종자 중 어떤 것은 결과를 낳지 않는 것이라고 한다면 '종자'가 아니라고 해야 하고, 결과를 낳는 것이라면 아무리 많을지라도 끝내 멸진해야 한다. 만약 "일체 종자가 다 결과를 낳을지라도 종자는 무궁無窮하기 때문에 끝내 멸진하는 일은 없다"고 말한다면 "일체 중생 역시 모두 다 성불하지만 중생은 무변無邊이기 때문에 끝내 멸진하는 일이 없다"고 해야 하는 것이다.」[49]

후반의 결락 부분은 알 수 없지만, 「불성유무 화쟁문」의 현존본을 자세히 읽어보면 — 논리가 매우 정연하다 — 이처럼 원효의 코멘트는 개입되고 있지 않다.[50] 그는 다만 각 주장의 논리적 맥락만을 나열함으로

48 이는 一性皆成論者의 주장으로, 법상종인 원측도 이같이 주장하였다. 권오민, 「5종성론에 대하여」, p.336 참조.

49 『십문화쟁론』(『한불전』 1, pp.839a17~840a17)

50 이종익도 이같이 이해하였다. "〔佛性有無和諍에서는〕 無性論者와 有性論者의 의견을 피력하는 정도로 원효대사의 화쟁론은 나오지 않고 있다. 애석한 일이다.

써 상호 이해를 도모하고 있는 것이다(여기서의 '〔회〕통'은 nīyate의 역어로 이해, 해석의 뜻: 次項 참조). 사실 이 문제는 '일승진실 삼승방편(『법화경』)'과 '삼승진실 일승방편(『해심밀경』)'의 문제와 마찬가지로 어느 하나를 취사할 경우 불교교학의 뿌리 자체를 흔드는 것이기 때문에 양쪽 입장의 시비만을 드러낼 뿐 어느 한편의 손을 들어줄 수도 없고, 들어주어서도 안 된다. 율장의 대표적인 파승사인 「코삼비건도」에 의하면, 불타 역시 서로 투쟁하는 이부二部 중 누가 여법설자如法說者이고 누가 비법설자非法說者인지를 묻는 사리불 등의 질문에 각자에게로 그 판단을 미루고 있다.(주138 본문 참조)

균여均如가 전하고 있는 『화쟁론』에 의하면, "〔이들〕 두 논사의 주장 중 누구의 말이 진실인가?"라는 물음에 대해 어떤 이(원효)는 "그것들은 모두 성교(聖教, *āgama)에 근거한 것이기 때문에, 또한 〔불타의〕 법문은 한 가지가 아닐 뿐더러 서로를 장애하지 않기 때문에 모두 진실"이라고 말한다. 즉 "오성차별五性差別 설은 진속眞俗이 동일하지 않다는 현실론적 측면(不一의 依持門)에 근거하여 설한 것이고, 개유불성皆有佛性 설은 진망眞妄이 다르지 않다는 이상론적 측면(不二의 緣起門)에 근거하여 설한 것이기 때문에(현존의 『십문화쟁론』에서도 양론을 다만 '종자차별'의 현실과 '일미평등'의 이상에 근거한 것이라고 규정하였다: 前說), 양론은 본질적으로 상호 모순된 학설이 아니"라는 것이다.[51]

무성·유성 兩家의 논지를 기술함에서 있어서도 그 논리가 극히 난삽하여 이해하기 어렵다."(「元曉大師의 十門和諍論」, 『원효대사의 화쟁사상1』, 중앙승가대학 불교사학연구소, 2000, p.244)

51 균여, 『釋華嚴教分記圓通抄』 권3(『한불전』4, p.325b8~c6), "和諍論云, 問. 一切衆

원효는 서로 상반된 두 견해에 대해 동조하지도 말고 반대하지도 말라(非同非異)고 하면서 그 이유를 다음과 같이 해설하였다.

> 만약 견해를 달리하는 온갖 쟁론이 일어났을 때, 혹 유견有見에 동조하여 말하면 이는 곧 공견空見에 반대하는 것이고, 혹 공집空執에 동조하여 말하면 이는 곧 유집有執에 반대하는 것이다. 〔그럴 경우〕 동조한 견해와 반대한 견해의 싸움은 더욱 더 치성하게 될 것이다. 또한 두 견해에 동조할 경우 자신 내면에서 서로 다투게 될 것이고, 저들 두 견해에 반대할 경우 두 견해와 서로 다투게 될 것이다. 그렇기 때문에 〔어떤 한 견해에 대해〕 동조하지도 말고 반대하지도 말고 말하라는 것이다. 여기서 '동조하지 않는다'고 함은 〔경(예컨대 『반야경』과 『해심밀경』)에서〕 말한 대로만 취(이해)하는 경우 〔有見과 空見은〕 모두 인정되지 않기 때문이며, '반대하지 않는다'고 함은 〔경설의〕 의도를 얻어(밝혀) 말한다면 인정하지 못할 것도 없기 때문이다. 즉 반대하지 않기 때문에 그들의 정서(情)에 어긋나지 않으며, 동조하지 않기 때문에 도리道理에 어긋나지 않는다. 정서로든 도리로든 서로 어긋나지 않기 때문에 '진여에 상응하는 〔법을〕 설한다'고 말한 것이니, 진여란 그러한 것이다.[52]

生 皆有佛性耶, 當言亦有無性有情耶? 答. ①又有說者, 於有情界定有無性, 一切界差別故, 無始法爾故. ②又有說者, 一切衆生皆有佛性. 問: 二師所說, 何者爲實? 答: 又有說者, 二師所說, 皆是實. 何以故? 皆依聖教而成立故. 法門非一, 無障碍故. …(중략)… 如是二門, 本無相妨."; 동(『한불전』 4, p.311c9~11), "曉公云, 五性差別之教, 是依持門. 皆有佛性之說, 是緣起門. 如是會通兩家之諍."

52 『금강삼매경론』 권중(『한불전』 1, p.638a14~23), "若諸異見諍論興時. 若同有見而

여기서 "〔경에서〕 말한 대로의 뜻(yathārutārtha: 如說義)만을 취(이해)하면 〔어떠한 이설도〕 인정될 수 없지만, 〔경설의〕 의도(abhiprāya: 意旨, 즉 別意趣, 密意)를 얻어(밝혀) 말한다면, 다시 말해 경설의 맥락이나 설하게 된 소이를 밝힌다면 서로 인정하지 못할 바도 없다"는 그의 말은 화쟁의 주요 형식으로, 거의 관용구처럼 사용된다(예컨대 주88~91).

아무튼 「불성유무 화쟁문」에서의 화쟁 또한 경설의 의미 해석을 통한 상호 소통, 상호 이해를 의미하며, 이런 점에서 앞서 『유가론』에서 인용한 '회통'과 '화회'와 통한다고 말할 수 있다.

3. 아비달마 논서에서의 '회통'

1) 회석會釋과 회통

앞서 『십문화쟁론』 「무성無性유무 화쟁문」에서 각별론자各別論者는 개성론자皆成論者에 대해 이같이 힐난하였다.

> 만약 뒤의 논사(개성론자)의 주장과 같다면, 이러한 〔『현양성교론』이나 『유가론』의〕 설은 어떻게 〔회〕통通해야 할 것인가?
> 이에 대해 일체 중생은 다 불성을 갖는다고 주장하는 이들은 〔회〕통通하여 말하였다. …(하략)…(주49)

說, 則異空見. 若同空執而說, 則異有執. 所同所異, 彌興其諍. 又復兩同彼二, 則自內相諍. 若異彼二, 則與二相諍. 是故非同非異而說. 非同者, 如言而取, 皆不許故. 非異者, 得意而言, 無不許故. 由非異故, 不違彼情. 由非同故, 不違道理. 於情於理, 相望不違. 故言相應如說. 如者而也."

여기서 〔회〕통通은 「공유 화쟁문」에서 회통會通·화회和會와 같은 말(즉 anulomayati)의 역어인가? 아비달마 논서 상에서도 정설(혹은 自說)과는 다른 주장이나 경설의 해명을 요구할 때 '통通' '회석會釋' '통석通釋'이라는 말을 사용하는데, 이는 대개 '안내하다(guide)', '인도하다(lead away)'는 뜻의 어원 √nī에서 파생한 nīyate나 netavyam 등의 역어譯語이다. 예컨대 유부에 의하면 사유死有와 생유生有를 이어주는 중유(中有, antarābhava)는 다음 생의 본유本有의 형상인데, "그렇다면 '보살은 여섯 개의 어금니와 네 발을 갖춘 단엄端嚴한 흰 코끼리의 모습으로 입태하였다'는 법선현(法善現, Dharmasubhūti)의 〔찬불〕송은 어떻게 이해(해석)해야 할 것인가?"

이러한 문난問難에 대해 신구新舊의 아비달마 제 논서에서는 다음과 같이 전하고 있다.

> 보살의 중유가 이와 같다면 법선현의 〔찬불〕송은 어떻게 〔회〕통通해야 할 것인가?
> 이에 대해서는 반드시 〔회〕통할 필요가 없다. … 만약 반드시 〔회〕통해야 한다면 그것의 의취(意趣, abhiprāya: 별도의 의미)를 추구해 보아야 한다.
>
> 問: 菩薩中有若如是者, 法善現頌, 當云何通? 答: 此不須通. … 若必須通, 應求彼意. (현장 역 『대비바사론』)[53]

---

53 권70(대정장 27, p.361c3f). 여기서 '반드시 회통할 필요가 없다'고 한 것은 그것이 三藏(성전)의 말이 아니라 文頌(kāvya)이기 때문이다. 文頌에는 옳은 말도 있고

法須菩提所說偈云何<u>通</u>? … 答曰: 此不必須<u>通</u>." (浮陀跋摩 등 역 『아비담비바사론』)[54]

法善現說, 復云何通? … 不必須通. (현장 역 『구사론』)[55]

大德達磨須部吼底說偈, 云何<u>會釋</u>? … 此言不必須<u>會釋</u>. (진제 역 『구사석론』)[56]

dharmasubhūtibhāṣyaṃ kathaṃ nīyate … naitad avaśya<u>neta-vyam</u>. (*Abhidharmakośabhāṣya*)[57]

"법선현의 〔찬불〕송은 어떻게 〔회〕통해야 할 것인가?" 하는 말은 '어떻게 이해해야 할 것인가', '어떻게 해석해야 할 것인가' 하는 말과 통한다. 현장 또한 nīyate를 '석釋'이나 '통석通釋'으로 번역하기도 하였다. 즉 『구사론』「세간품」에서는 어떤 이들(대중부)이 자신들은 중유(이명은 gandharva)의 경증으로 제시한 『건달박경』을 전승하지 않는다고 하자, 이같이 힐문하고 있다.

만약 이 『〔건달박〕계경』을 전승하지 않는다면 『장마족경』은 어떻게 해석할 것인가?

若此契經彼不誦, 復云何<u>釋</u>掌馬族經? (현장 역 『구사론』)[58]

옳지 않은 말도 있지만, 대개의 文頌者는 말만 많을 뿐 眞實에서 벗어나 있기 때문이다.(동, p.361c3f).

54 권36(대정장 28, p.267c6~8).

55 권9(대정장 29, p.46a6f).

56 권6(대정장 29, p.202c15~17).

57 *AKBh.*, p.124. 9ff.

復次若汝執無中陰, 云何會釋阿輸羅耶那經? (진제 역 『구사석론』)[59]

yady evam āśvalāyanasūtraṃ kathaṃ nīyate. *(Abhidharmakośabhāṣya)*[60]

또한 유부 비바사사毘婆沙師는 세친이 과거·미래 실유를 부정함에 "능히 이세二世의 실유를 통석通釋(nī)하지 못할지라도 자신의 종의를 애호하는 자라면 법성法性의 심오함을 알아야 한다"고도 하였다.[61] 그런데 현장 역의 『대비바사론』이나 『순정리론』에서는 온전한 형태의 '회석會釋'이나 '회통會通'이라는 말도 언급된다. 이 역시 nīyate의 역어일까?

① 만약 연기법이 무위가 아니라고 한다면 저들이 인용한 〔"여래가 세간에 출현하든 출현하지 않든 법주法住이고 법성法性이다"는〕 경설은 어떻게 회석會釋할 것인가?[62]

---

58 권8(대정장 29, p.45a1).

59 권6(대정장 29, p.201c27f).

60 *AKBh.*, p.121. 25.

61 『구사론』 권20(대정장 29, p.106b1~3), "毘婆沙師作如是說. 如現實有, 過去未來所有於中, 不能通釋, 諸自愛者, 應如是知. 法性甚深."; asty eva tv atītānāgatam iti vaibhāṣikāḥ. yan na netuṃ śakyate, tatrātmakāmenaivaṃ veditavyam. gambhīrā khalu dharmatā.(*AKBh.*, p.301. 10).

62 『대비바사론』 권23(대정장 27, p.116c10~13), "問: 若緣起法非無爲者, 如何會釋彼所引經? 答: 經說'因果決定義'故. 謂佛出世若不出世, 無明決定是諸行因, 諸行決定是無明果."

②잘 알지 못하겠다. 경주經主는 일찍이 어디서 어떤 유가사瑜伽師들을 만나 섬겼기에 자주 그들의 말을 인용하여 성교聖教를 회통會通시키는 것인가?[63]

③정리正理에 미혹하여 겨우 경문經文 정도 열람할 수 있는 이라면 능히 성교聖教의 심오한 의취(意趣, abhiprāya)를 회통會通할 수 없다.[64]

첫 번째 『바사론』의 문구는 "연기법이 유위라면, 무위라고 주장한 분별론자分別論者의 경증 – '연기법은 여래가 세간에 출현하든 출현하지 않던 법계 상주하는 법성이다. 불타는 이 법을 등각等覺하여 다른 이들을 위해 개발 현시하였다'(『잡아함』 제299경) – 은 어떻게 이해/해석할 것인가?"에 대해 물은 것이고,[65] 두 번째 『정리론』의 문구는 경주(經主, sūtrakāra) 세친이 유부가 무표색 실유의 제2 경증으로 제시한 무루색의 존재를 다만 '무루정無漏定에 근거한 색'이라고 해석한 데 대한 비난이며, 세 번째 『정리론』의 문구는 상좌上座 슈리라타가 제8해탈인 멸수상정해탈滅受想定解脱에 들더라도 '소연을 갖지 않고 행상을 떠난 동일 종류의 마음(一類心, ekajātiyacitta)'이 존재한다고 주장한 것에 대해

---

63 『순정리론』 권35(대정장 29, p.541a13~15), "未審! 經主, 曾於何處, 逢事何等諸瑜伽師, 數引彼言會通聖教?"

64 『순정리론』 권80(대정장 29, p.771c24~25), "非迷正理纔覽經文, 便能會通聖教深趣."

65 이에 대해서는 권오민, 「연기법이 불타 자내증이라는 경증 검토」(『불교학과 불교』, 민족사), pp.252~264 참조.

힐난한 것이다.[66]

형식상으로 볼 때 ①은 앞서 "법선현의 〔찬불〕송은 어떻게 〔회〕통通해야 할 것인가?"나 "『장마족경』은 어떻게 해석(釋)할 것인가?"와 동일하며, 답 또한 확정되어 있다. 즉 유부에서는 법선현의 찬불송은 다만 길상吉祥의 조짐을 암시하는 꿈으로, "연기법은 법주의 법성(현존본은 '法界常住')"이라는 경설은 '인과결정'의 뜻으로 이해/해석한다. 불타가 세간에 출현하든 출현하지 않든 무명은 결정코 제행諸行의 원인이며, 제행은 무명의 결과라는 것이다. 따라서 ①의 회석會釋은 nīyate의 역어일 것이다.

그러나 ②와 ③은 성교(āgama)의 언설 이면에 내포되어 있는 은밀한 별도의 의도(abhiprāya: 別意趣, 密意)를 알지 못한 데 대한 (정확히 말하면 '거부한 데 대한') 힐난이다. 경량부의 조사로 알려진 상좌 슈리라타는 유부의 법성 중심의 불설론을 거부하고, 불타가 분명하고도 결정적으로 설한 것(顯了定說)만을 불설佛說로, 불타 스스로 문제를 제시(標, uddeśa)하고 이에 대해 해설(釋, nirdeśa)한 경을 요의경으로 이해하였다. 예컨대 그는 다만 경설經說에 따라 5온 중의 행온을 사思로, 12연기의 무명지支를 삼세의 무지無智로, 4성제 중의 집성제를 애愛로 이해하였을 뿐, 정리에 부합하는 별도의 은밀한 뜻도, 그것을 현시한 '아비달마=불설'의 사실도 인정하지 않았다.[67] 세친(俱舍論主) 또한 상좌와 가까이하여 다만 "경에 의지하고 사람에 의지하지 말라"는

---

66 이에 대해서는 권오민, 「상좌 슈리라타의 '一心'」(『인도철학』 제40집), pp.19~29 참조.

67 이에 대해서는 권오민, 『上座 슈리라타와 經量部』, pp.657~684 참조.

경설에 따라 '아비달마=불설'론을 불신하였다.[68]

따라서 ②와 ③의 '회통'은 앞서 원효가 「공유空有 화쟁문」에서 인용한 『유가사지론』에서의 회통/화회와 동일한 의미로, anulomayati의 역어일 가능성이 크다. 이 말의 어원 anu-loma는 '털(loman)의 결이 바람에 쏠리는', '자연스러운 방향으로 〔존재하는〕', '올바른 방향으로 보내는/인도하는' 것을 의미하여 '수隨' '수순隨順', '합리合理' '순어리(順於理: 이치에 부합하는 것)' 등으로 한역되었고, 이것의 동사형 anulomayati는 '수순', '회통', '화회' 등으로, 형용사 ānulomika 또한 '수순', '회통', '수순회통' 등으로 한역되었다.[69] 이에 따라 현장은 ānulomikena-upāya-kauśalena(〔중생들에게〕 적합한 선교방편)를 '方便善巧, 如理會通(이치대로 會通할 수 있는 선교방편)'으로, tathāgatābhiprāyikam arthaṃ yathāvad anulomayati(〔경 중에 내포되어 있는〕 여래가 의도한 뜻을 바르게 따르게 한다)를 '如來密意, 甚深義趣, 如實和會(여래의 매우 심오한 뜻의 은밀한 의도/의취를 참답게 和會한다)'로 번역하였다.

따라서 여기서의 회통은 "경설의 맥락(그같이 설하게 된 소이)이나

---

68 이에 대해서는 권오민, 「衆賢의 '阿毘達磨=佛說'論」,(『불교원전연구』 제15호, 동국대 불교문화연구원, 2012) 참조.

69 전태수 역, 『漢譯對照 梵韓大辭典』(대한교육문화신문출판부, 2007), p.75, p.225, Monier Williams Sanskrit Dictionary, anuloma: with the hair or grain; in a natural direction, in order, regular, successive; conformable. anulomaya: to stroke or rub with the hair; to send in the right direction or so as to carry off by the right channels.(p.38) ānulomika: in the direction of the hair, in natural or regular order, in due course; conformable, favourable, benevolent.(p.141)

경설에 함의된 이치에 맞는 (혹은 '正理에 부합하는') 의도/의취(abhiprāya), 즉 법성法性을 밝혀 견해를 달리하는 상대방을 이해시키는 것"이라는 정도의 의미이다. 유부에 의하면 경(『잡아함』 제61경)에서 행온을 6사신思身이라고 설한 것은 그것이 유루 제행諸行 중 가장 수승한 법이기 때문이다. 중현은 상좌가 이 경설에 따라 행온을 다만 사思로 이해하고서 경설 상에 어떠한 은밀한 뜻도 없다고 말한 데 대해 "그럴 경우 세존의 말씀은 〔논리적 모순을 초래하기 때문에〕 지혜(즉 정리)에 따르지 않은 것(즉 非佛說)이라 비방하는 것"이라고 힐난하였다.

> 또한 저 상좌는 "세존께서는 그 같은 은밀한 말씀('行蘊, 즉 六思身')을 아무런 조건 없이 설한 것이라고 말해서도 안 된다. 사思 이외〔貪·瞋 등〕의 법도 행온에 포섭된다는 것은 앞에서 이미 논설한 대로 이치상 극히 상식적인 것(極成立, *prasiddha)이거늘, 어찌 이것('思가 가장 수승한 법'이라는 密意)을 불타께서 은밀한 말씀을 설하게 된 인연이 아니라 하겠는가? 또한 행온이 사思 이외 다른 법도 포섭한다고 함은 이치상 실로 그러해야 하는 것이다.
> 〔경에서는 행온을〕 단지 사思라고만 설하였거늘, 여기에 어찌 밀의(密意, abhiprāya)가 존재한다는 것인가?
> 만약 〔이러한 은밀한 말씀에〕 밀의가 존재하지 않는다고 한다면, 이는 바로 '세존의 말씀은 지혜에 따르지 않은 것'이라고 비방하는 것이다. 그러나 만약 밀의가 존재한다고 한다면, 불타의 은밀한 말씀의 인연은 저절로(자연적으로) 성립하게 되는 것이다.[70]

흥미롭게도 '회통'의 원어 anulomayati는 '법성에 어긋나지 않는 것(dharmatāṃ na vilomayati)'이라는 불설정의(주13)에서 '어긋나다', '위배되다'는 뜻의 vilomayati에 대응한다. vi-loma는 anu-loma와 반대로 '털의 결에 거슬리는', '어긋나는' '역행하는'의 뜻으로, '역逆'이나 '위역違逆', '불수순不隨順' 등으로 한역되었다.[71] 이를 통해 보더라도 '회통(anulomayati)'은 사람이나 동물의 털이 한 방향으로 쏠리는 것이 자연스러운 순리이듯이, 경설의 의도를 이치에 맞게 ('순리대로', '적절하게') 드러내어 중생을 올바른 방향으로 이끈다는 뜻이다. '통通', '통석通釋', '회석會釋' 등으로 번역된 nīyate가 다만 이해/해석의 의미였다면(nīta-artha, 해석된, 명백한 뜻, '了義'; nīti, '理', '道理', '議理'), '회통會通', '화회和會'로 번역된 anulomayati는 "경설에 내포되어 있는 은밀한 별도의 의도/의취(abhiprāya: 別意趣, 密意)을 드러내어 대론자를 이해시킨다/따르게 한다"는 보다 적극적인 의미를 갖는 말이라 할 수 있다.

2) 설법사說法師의 회통과 원효

그렇다면 어떠한 경설을 회통해야 하는 것인가? 모든 경설이 회통되어야 하는가? 원효의 화쟁론에서는 경향성을 달리하는 성전[의 말씀]에

---

70 『순정리론』 권2(대정장 29, p.341c23~27), "又彼(상좌)不應作如是說. '世尊無緣說於密語'. 離思餘法, 行蘊所收, 如前已論. 理極成立, 豈非是佛說密語緣? 又行蘊收思外餘法, 理實是有. '而但說思, 此何密意?' 若無密意, 便謗世尊言不隨智. 若有密意, 卽自成立佛密語緣." 권오민, 『上座 슈리라타와 經量部』, pp.677~678 참조.

71 전태수 역, 『漢譯對照 梵韓大辭典』, p.1433, Monier Williams Sanskrit Dictionary, viloma: against the hair with the hair or grain; turned the wrong way contrary to usual or proper course; turned against the wind.(p.986).

근거함으로써 빚어진 서로 모순(相違)된 견해였다.

『유가사지론』「섭석분攝釋分」에서는 설법사說法師가 일체의 불경을 해석할 적에 검토해야 하는 다섯 가지 사실(五相), 즉 법法·등기等起·의義·난難·차제次第에 대해서 논의한다. 여기서 법(dharma)이란 계경契經·응송應頌 등의 12분교分敎를 말하며, 등기(*samuttha, samutthāna)는 설법의 인연이 된 일(事)과 때(時)와 인물(補特伽羅)을, 의(artha)는 총체적이거나 개별적인 뜻을, 난(*codya: '徵', '批評')은 자신이나 타인에 의해 제기된 난문難問을, 차제(*krama)는 경설 의미의 완전함(圓滿)과 성취成就와 해석解釋을 나타내는 순서를 말한다. 즉 설법사는 이러한 다섯 가지 사안을 중심으로 하여 일체경을 이치에 맞게 해석(隨順解釋, *ānulomika-nirdeśa)해야 하는 것이다.

이 중 세 번째 난문은 경설의 내용이 다음과 같을 때 스스로 제기하거나 다른 이가 제기한 문제이다.

첫째, 의미가 불분명(未了義)하여 분명히 해야 할 필요가 있을 때.

둘째, 앞에서 한 말과 뒤에서 한 말이 서로 모순(相違)될 때.

셋째, 도리(yukti)가 서로 모순될 때. 예컨대 사종도리四種道理(주145)와 서로 모순되는 뜻이 드러나 있는 경우.

넷째, 동일한(한 가지) 종류의 뜻을 여러 갈래(異門, prayāya)로 나타내면서 결정적으로 나타내지 않았을 때.

다섯째, 예컨대 내적 자아처럼 직접적으로 바로 관찰(現見)되지 않는 것에 대해 설하였을 때.

『유가론』에 따르면 설법사는 이 중 첫 번째의 경우에는 〔예증과 같은 선교의〕 방편(upāya)을 사용하여 분명하게 나타내야 하고, 세 번째의 경우는 서로 모순된 도리와는 다른 〔별도의〕 교설(異教)로써 이를 판결해야 하지만, 그 밖의 서로 모순된 경설이나 그 뜻이 결정적으로 나타나지 않은 경우, 혹은 직접적으로 바로 관찰되지 않는 것에 대해 설한 것일 경우에는 "그것을 설하게 된 의도/의취(意趣, abhiprāya)를 분명하게 나타내어 수순회통隨順會通해야 한다."[72]

여기서 '수순회통'이 anulomayati의 역어이고, '이치에 맞게 이해시켜야 한다'는 뜻임은 두 말할 나위도 없다. 앞서 『십문화쟁론』「공유空有화쟁문」에서 인용한 『유가사지론』의 '회통'(주45)은 바로 설법사의 불경의 해석법에 따른 것이었다. 요컨대 '회통'이란 서로 모순된 경설이나 동일한 뜻임에도 그 의미가 불분명한 여러 갈래의 경설에 대해 그것을 설하게 된 의도/의취를 밝혀 서로의 이해를 통하게 하는 (혹은 '서로의 오해를 불식시키는') 경전 해석법의 하나였다.

여기서 우리는 원효의 회통 역시 설법사(說法師, dharma-kathika: 법의 해설자)로서의 역할에 따른 것이었다고 이해할 수 있지 않을까? 그 또한 앞서 언급한 『열반종요』「불성문佛性門」에서의 회통會通(주40)

---

72 『유가사지론』 권81(대정장 30, pp.753c22~754a8), "釋難者, 若自設難, 若他設難, 皆應解釋. 當知! 此難略由五相. ①一者, 爲未了義得顯了故. 如言 '此文有何義耶?' ②二者, 語相違故. 如言 '何故世尊先所說異, 今所說異?' ③三者, 道理相違故. 如有顯示, 與四道理相違之義. ④四者, 不決定顯示故. 如言 '何故世尊於一種義, 於彼彼處種種異門, 差別顯示?' ⑤五者, 究竟非現見故. 如言 '內我有何體性, 有何色相, 而言常恒無有變易, 如是正住?' 如是等類難相應知. 於此五難, 隨其次第應當解釋. ①謂於不了義難, 方便顯了. ②於語相違難, 顯示意趣隨順會通. ④⑤如於語相違難, 顯示意趣隨順會通, 如是於不決定顯示難, 於究竟非現見難, 當知亦爾. ③於道理相違難. 或異教而決判之, 或復示現四種道理, 或復示現因果相應."

을 '초통문이初通文異 후회의동後會義同', 먼저 서로 다른 주장의 근거가 된 성전의 언설상의 차이에 대해 해명하고(=通), 〔불성과 발보리심의 경우처럼〕 뜻(義, *artha)이 동일한 종류임에도 언설(설명)이 다른 경우 동일한 뜻으로써 여러 언설들을 이해시키는 것(=會)이라고 해설하였기 때문이다.[73] 이에 따르는 한 '회會'는 바로 여러 갈래의 이설을 동일한 종류의 뜻으로 이해시키는 설법사의 네 번째 해석법이고, '통通'은 서로 모순된 경설에 대해 해명하는 두 번째 해석법이다.

또한 『본업경소本業經疏』에서는 회통을 '선회권교先會權教 후통실리後通實理', 즉 먼저 인과에 관한 여러 학설을 방편(權)인 성교聖教로써 이해시키는 것을 '회會'라고 하였고, 그 후 진실(如實)의 인과도리(道理)로써 해설하는 것을 '통通'이라 하였다.[74] 이 역시 '현시의취顯示意趣 수순회통隨順會通'이라는 『유가론』의 논설(주72)에 따른 불경의 해석법이라 말할 수 있는 것이다.

현장玄奘 역시 『유가사지론』에 따라 회통을 강조하였다. 『대자은사삼장법사전』에 의하면, 인도에서 구법求法하던 중 대덕 사자광師子光이 『중론』과 『백론』을 강의하면서 『유가론』을 비판하자, 이러한 제론에 능통한 현장은 이같이 반론하였다.

---

73 『열반종요』(『한불전』 1, p.543c15f; p.544c1f), "第六會通. 於中有二. 初通文異. 後會義同. 通異文者, …"; "次會義同者, 於同類義, 有異文句, 以義類而會諸文. 佛性之義有無量門…."

74 『본업경소』(『한불전』 1, p.511c19f; 512a4; a10), "第三會通. 於中先會權教, 後通實理. …此是教會. 次通道理…是謂如實因果道理也."

성인이 교설을 펼칠 때 각기 한 가지 의도/의취에 따랐기 때문에 〔제 경론의 교설은〕 서로 모순되거나 방해하는 것이 아니다. 그러나 혹 어떤 자는 이를 능히 회통會通하지 못한 채 서로 상반된 것이라고 말한다. 그러니 과실은 이를 전승한 이에게 있는 것이지 어찌 법에 있다고 하겠는가?[75]

이상의 논의로 볼 때 원효의 '화쟁'은 회통의 뜻이며, 따라서 이는 일차적으로 백가百家 이집異執 사이의 이해(和會) 소통을 통한 다툼의 종식을 의미한다.[76] 하리발마가 말한 대로 "불타는 올바른 뜻(正義)에 대해 뜻에 따른 말(隨義語)을 안치하고, 올바른 말(正語)에 대해 말에 따른 뜻(隨語義)을 안치하는 것을 허락하였기" 때문에(주25), 불법의 다양성은 필연적인 것이고, 이에 따른 상호간의 이해 소통은 필수적이며, 이는 당연히 서로에 대한 배척(부정)이 아닌 용인(긍정)을 전제로 한다. 비록 물과 젖이 자성을 달리할지라도 화합하듯이, 백가의 이집 또한 주장과 입장을 달리할지라도 그들은 다 동일한 목적(열반)을

---

75 『대당대자은사삼장법사전』 권4(대정장 50, p.244b29~c3), "法師妙閑中百, 又善瑜伽. 以爲聖人立敎, 各隨一意, 不相違妨. 惑(→'或')者不能會通, 謂爲乖反. 此乃失在傳人, 豈關於法也?"; 三枝充悳, 심봉섭 옮김, 『불교학세미나② 인식론·논리학』(불교시대사, 1995), p.313 참조.

76 여기서 '일차적'이라 말한 것은, 필자는 異執 사이의 이해 소통인 會通 자체가 화쟁의 목적은 아니라고 생각하기 때문이다. 그것은 여래장, 즉 『기신론』의 '眞如一心'을 천명하기 위한 것이다. 『유가론』 「섭석분」에 따르면 說法師는 道理가 서로 모순된 경우 이와는 다른 제3의 교설(異說)로써 판결해야 하였는데, 원효는 필경 이를 『기신론』에서 찾았을 것이다. 그래서 『기신론』을 '群諍이 評主'로 평가하였을 것이다.(본고 V-2)

추구하는 동일한 스승의 제자이기 때문에 화합해야 하였다.

의미상의 차이가 없지 않겠지만, 『십송율』「비니증일毘尼增一」 중의 오법五法에서는 달리타闥利吒 비구들의 멸쟁滅諍의 5법을 열거하는데, 여기서 '화쟁'은 멸쟁의 한 방식으로 언급되고 있다.

> 오법五法이 있어 달리타闥利吒 비구들은 다툼을 종식시킨다. 즉 ① 다툼을 종식해야 할 일(滅諍事)을 능히 잘 파악할 것, ② 다툼이 일어나게 된 인연을 능히 잘 알 것, ③ 화쟁和諍, 즉 다툼을 능히 잘 조정할 것, ④ 다툼을 능히 잘 종식시킬 것, ⑤ 다툼이 종식되면 다시는 일어나지 않게 할 것이 바로 그것으로, 이것이 달리타 비구들의 5멸쟁법이다.[77]

만약 여기서 ②의 다툼이 일어나게 된 인연이 경설 상의 차이에서 비롯된 이집異執 이견異見이라면 ③의 '화쟁'은 바로 이에 따른 오해의 회통會通이었을 것이다. 화쟁, 즉 다툼을 조정하기 위해서는 무엇보다 당사자들의 오해가 해소되지 않으면 안 된다. 설혹 주장이 서로 다를지라도 성전에 근거한 이상 '정리·법성에 어긋나지 않는 것'이라는 불설정의에 따라 그것의 이론적 타당성을 인정하는 것, 그리하여 다만 다르다는 이유만으로 서로를 배척하지 않는 것, 이것이 화쟁의 일차적 의미이다.

---

77 『십송율』 권49(대정장 23, p.361b2~5), "復有五. 闥利吒比丘能滅諍. 能善取滅諍事. 善知諍起因緣. 能善和諍. 能善滅諍. 滅已更不令起. 是名五闥利吒比丘能滅諍."

따라서 원효에게 있어서 화쟁의 일차적 논거는 아이러니컬하게도 쟁송의 원인이기도 하였던 성전(āgama)이었다. 결국 성전의 말씀을 어떻게 이해해야 할 것인가? 하는 성전관(혹은 불설론)이 쟁송과 화쟁의 단초였다.

Ⅳ. 화쟁의 논거와 아비달마

1. 성전聖敎과 도리正理

원효는 대립/모순적인 어떠한 이설도 성전에 근거한 이상 그것은 모두 진실眞實이라고 평석하였다. 이미 살펴본 『십문화쟁론』 중 「불성유무화쟁문」이 그러하였다.(주51) 『대혜도경종요大慧度經宗要』 제2 「경종經宗」에서는 실상반야實相般若에 관한 유有·공空·역유역공亦有亦空·비유비공非有非空의 네 이설에 대해 "이러한 여러 논사들의 학설은 모두 성전과 상위하는 것이 아니기 때문에 진실"이라 하였고,[78] 『열반종요』에서는 『열반경』을 설하게 된 인연의 유무에 관한 두 이설에 대해 "이러한 두 설은 다 경전에 근거한 것일뿐더러 '결정코 그러한 것은 아니(非定然)'라는 〔궁극의〕 관점에서 볼 때 서로를 방해하지(서로 모순되지) 않기 때문에 모두 옳다"라고 하였으며,[79] 『법화종요』에서는 '『법화경』=불요의/요의'설에 대해 "두 설 모두 경론에 근거한 것으로

---

78 『대혜도경종요』(『한불전』 1, p.481a3~5), "問: 諸師所說何者爲實? 答: 諸師所說皆實. 所以然者? 皆是聖典不相違故."

79 『열반종요』(『한불전』 1, p.525b8~9), "二說皆得. 皆依經典 不相妨故. 雖非不然故說有無, 而非定然故不相違."

근기에 따른 것인데, 어찌 진실하지 않은 것이 있겠는가?"라고 힐문하기도 하였다.[80]

우리는 이를 원효 특유의 화쟁론이라 말하지만, 서로 대립/모순적인 이설이 상반된 경향성의 성전에 근거한 것임에도 이에 대한 결택決擇 없이 '성전'에 설해진 것이라는 사실만으로 그 모두를 '진실'이라 말하는 것은, "사람(권위)에 의지하지 말고 법에 의지하라(依法 不依人)"는 불교의 근본정신에 반하는 교조주의의 전형으로, 이를 통해 '화쟁'이 성취되었다고는 말하기 어렵다.

이와 관련하여 최연식은 "원효에게 있어서 모든 불교의 경전은 동일한 부처의 가르침이며, 부처의 가르침은 절대적으로 옳은 것이므로 이에 근거한 모든 견해들은 모두 긍정되어야 하는 것"이라 하였고,[81] 김영일은 "원효는 경전의 내용은 '원칙적'으로, 설혹 방편으로 시설한 것일지라도 모두 옳은 것이라는 신념을 가졌다"고 하였다.[82] 또한 박태원은 "상이하거나 상반되어 보이는 불교이론의 경우, 그것이 부처라는 동일 원천에서 솟아나온 통찰이라는 점에서 모순된 의미일 수가 없는 것인 동시에, 다층의 다양한 청법인聽法人들을 이해시키기 위해서는 동일한 의미일지라도 다양한 방식과 여러 의미의 맥락으로 설명할

---

80 『법화종요』(『한불전』 1, p.497b14~18), "問: 二師所通一據相違, 何者爲實? 何者爲勝? 答: 皆是經論, 有何不實? 所以然者? 爲護一向趣寂者意, 則如初師所通爲實. 爲護不定種姓人意, 則如後師所說爲實. 皆當物機, 各得和通故."

81 최연식, 「원효의 화쟁사상의 논의방식과 사상사적 의미」(『보조사상』 제25집, 2006), p.426.

82 김영일, 「원효의 화쟁논법 연구」(2008년도 동국대 대학원 박사학위 청구논문), p.215.

수밖에 없다는 사정을 반영한 것"이라고 이해하였다.[83]

일찍이 조명기는 "성전에 근거한 것이기 때문에 모두 다 진실"이라는 원효의 화쟁론에 대해 "결국 중생의 근기에 문제가 있고 경전에는 우열이 없다"고 하였고, 삼승별교別教·삼승통교通教·일승분교分教·일승만교滿教로 구성된 그의 교판론 역시 그러하여 중생의 근기에 맞으면 다 옳다고 하였다. 그러면서도 그는 원효의 교판을 대소 승열에 근거한 것이 아니라 경전 발달에 따른 분류로 이해하였다.[84] 고영섭 또한 원효의 교판은 우열에 의한 것이 아니며, 모두 올바른 진리에 부합하기 때문에 평등무차별로 동일하지만, 실천을 위한 순서적 차등일 뿐이라고 하였다.[85]

우리는 여전히 8만 4천 무량법문을 일불소설一佛所說로 간주하고, 그것의 일미성一味性에 사로잡혀 있는 것인가?[86] 그럼으로써 우리는 당시 치열하였을 역사의 현장을 잊고 있는 것은 아닌가? 필경 오늘날에 서조차 우리나라 대다수 불교도가 동의하는 이러한 불교인식이 불교의 역사성을 망각하게 한 단초였을 것이다. "원효의 교판이 대소 승열에 근거한 것이 아니라 경전 발달에 따른 분류"였다면, 불교 경전의 발달은

---

83 박태원, 「화쟁사상을 둘러싼 쟁점검토」(『한국불교사연구』 제2호, 2012), p.83.

84 조명기, 『新羅佛教의 理念과 歷史』(신태양사, 1962), p.107; p.123f.

85 고영섭, 『한국불학사』(연기사, 1999), p.149.

86 스에키 후미히코의 『근대일본과 불교』(이태승 등 역, 그린비, 2009, p.221; p.99)에 의하면, 불교의 一味性의 문제는 敗戰 때까지 다수의 일본 불교학자들의 전제였고, 근대일본의 불교해석이 빠진 함정이었다. 불교의 일미성(일관성) 비판에 대해서는 권오민, 「선전과 구호의 불교학을 비판한다」(『문학/사학/철학』 제19호, 2009), pp.131~136 참조.

다만 중생 근기의 대소 승열에 따른 것이라고 해야 하지만, 설일체유부가, 중관론자가, 법상유식론자가 그들의 아비달마가, 반야경전이, 일련의 유심경론이 불요의의 방편설이라는 데 동의하는가? 그들에게 그것은 그 자체로서 정리 법성이었고, 진실의 요의였다.

앞서 살펴보았듯이, 혹은 후술하듯이 성전(āgama)이 성전일 수 있는 것은, 그것이 "'불타'라는 절대자의 말씀"이기 때문이 아니라, "성전으로 전해져 온(ā-√gam) 것"이기 때문이 아니라 "정리(혹은 道理)·법성에 어긋나지 않는 것"이기 때문이다.(주13; 주118 참조) 원효 또한 『무량수경종요』에서 자수용신自受用身의 무색·유색설에 대해 "두 논사의 학설에는 다 도리道理가 있으니, 경론에 어긋나지 않기 때문이며, 여래의 법문에는 장애(논리적 모순)가 없기 때문"이라 하였다.[87]

원효가 서로 모순되는 제설을 각각의 '성전'(혹은 경론/경전)에 근거하여 '진실'이라 말한 것은 '불설=정리·법성에 어긋나지 않는 것'이라는 불설정의를 전제로 한 것이다. 그것을 지식의 근거로서 신뢰할 만한 성전(āpta-āgama-pramāṇa, 至教量)으로 간주한 것은 그것이 불타에 의해 설해진 것이기 때문이 아니라 정리·법성에 어긋나지 않는 것이기 때문이었다. 원효가 『십문화쟁론』에서 인용(주45)하기도 하였던 『유가론』「보살지 보리분품菩提分品」에서는 4의依 중 '의법依法 불의인不依人'에 대해 이같이 해설하였다. "보살은 정리(正理, *yukti)를 의지처로 삼지 장로, 즉 대중들에게 잘 알려진 〔유명한〕 사람(pudgala)에

---

87 『무량수경종요』(『한불전』 1, p.555b23~c3), "二師所說, 皆有道理. 等有經論不可違故, 如來法門無障碍故…."

의지하지 않으니, 불타나 승가에 의해 설해진 법이기 때문에 바로 신수信受한다고 하는 것이 그러한 경우이다."(주17) 원효가 이 글을 읽었을 것임은 두말할 나위도 없다. 원효에게 있어 〔대승〕경經은 다름 아닌 '정리에 부합하는 것'이었다.(주101)

그러나 제경諸經의 법성은 표면상 명백하게 드러나 있지 않기 때문에, 다시 말해 경에서 설한 그대로의 뜻(yathārutārtha: 如說義)이 바로 요의了義의 법성은 아니기 때문에 원효는 경설 이면에 담겨 있는 별도의 의도(abhiprāya: 意趣, 密意), 즉 도리/정리를 화쟁의 논거로 제시하기도 하였다. 이것이 회통(anulomayati)의 일차적 의미였다.

> 〔경에서〕 말한 대로 취(이해)할 경우 〔이설은〕 모두 인정되지 않지만, 뜻(意趣, 意旨)을 얻어(밝혀) 말한다면 인정하지 못할 것이 없다.[88]

> 〔경론에서〕 말한 대로 취(이해)할 것 같으면 〔의보토依報土의 불공유不共有·공유共有의 두 설은 모두〕 성립하지 않지만, 뜻으로 만나게 되면 (이해하게 되면) 거기에는 다 도리가 있다.[89]

> 만약 〔경에서〕 말한 대로 취(이해)할 것 같으면 서로 다투는 〔열반과涅槃果의 허虛·실實/공空·불공不空의〕 두 설은 불타의 뜻(意)을 상실

---

88 『금강삼매경론』(『한불전』 1, p.638a19~21), "如言而取 皆不許故, … 得意而言無不許故."(주52)

89 『무량수경종요』(『한불전』 1, p.556c2f), "如若言取, 但不成立. 以義會之, 皆有道理."

하여 그른 것이지만, 만약 결정코 〔경의〕 말에 집착한 것이 아니라면 두 설은 모두 옳으니, 〔여래의〕 법문에는 장애(논리적 모순)가 없을 뿐더러 서로 모순되지 않기 때문이다.[90]

〔제법실상에 관한〕 네 학설(주77)을 〔말한 그대로의 뜻에 대한〕 집착을 떠나 설하면 부당不當함이 없기 때문에 모두가 실상이지만, 만약 말한 대로만 〔그 뜻을〕 취(이해)하여 집착하는 경우라면 비판(破壞)되지 않을 바가 없기 때문에 실상이 아니다.[91]

온갖 경 중의 제설諸說은 그것이 성립하게 된 배경(입장)이나 맥락이 다르기 때문에 서로 모순되지만 그 자체로서는 도리(혹은 正理), 즉 논리적 타당성을 갖는다는 것이다. 예컨대 원효는 『이장의二障義』에서 인人·법法에 관한 4종 견해 – ① 인공법유人空法有 설, ② 인유법공人有法空 설, ③ 인유법유설人有法有 설, ④ 인공법공人空法空 설 – 에 대해 각각에 상응하는 경증經證과 함께 ①은 자아에 집착하는 외도에 대해, ②는 삼세의 오온에 집착하는 이승에 대해, ③은 심심교(甚深教: 반야경론)에서 말하고 있는 대로만 뜻을 취하여 존재하는 것을 존재하지 않는다고 부정하는(=損減執, apavada-anta) 보살에 대해, ④는 법상교(法相教: 유식의 제경론)에서 말하고 있는 대로만 뜻을 취하여 존재하지 않는

90 『열반종요』(『한불전』 1, p.529a13~15), "若如言取, 二說皆失. 互相異諍, 失佛意. 若非定執, 二說俱得, 法門無礙不相妨故."

91 『대혜도경종요』(『한불전』 1, p.481a7~10), "案云. 此說'四句是實相'者, 如其次第, 許前四說, 離著而說, 無不當故. 若有著者, 如言而取, 無不破壞, 故非實相."

것을 존재한다고 주장하는(=增益執, samāropa-anta) 보살에 대해 설한 것이기 때문에 나름의 도리가 있으며, 도리가 있기 때문에 인정하지 않을 수 없고, 그렇기 때문에 이해하지 못할 것도 없다고 말한다.[92]

혹은 오성차별五性差別 설과 개유불성皆有佛性 설 또한 각기 『현양성교론』, 『유가사지론』과 『열반경』 등에 근거한 현실적 측면과 이상적 측면의 진실로서, 근본적으로 서로를 배척(방해)하는 상호 모순된 학설이 아니라고 논설하였다.(주51)

원효는 『대승기신론소』에서 알라야식의 자상(識相)은 오로지 염오의 인연(染緣: 즉 惑業)에 의해 일어난다고 하는 견해(그럴 경우 染緣이 멸할 때 識相도 멸하기 때문에 斷見에 떨어짐)와 비록 무명업상에 의해 일어났을지라도 무無에서 일어난 것은 아니기 때문에 반드시 그렇지는 않다는 견해(그럴 경우 識相은 멸하지 않기 때문에 常見에 떨어짐)에 대해 이같이 회통하였다.

어떤 이는 말하였다. 두 논사의 말은 모두 도리道理에 맞으니, 그것들

92 『이장의』(『한불전』 1, p.814a5~22), "所設諸難, 皆有道理. 有道理故, 悉無不許. 無不許故, 無所不通. 是義云何? ①若對外道所執是一是常是我. 卽許有五蘊而無一我, 離蘊法外無神我故, 如經言, '無我·無造·無受者. 以因緣故, 諸法生.' 又言. '如第三牛('牛'→'手'), 如第二頭. 五陰中我亦復如是故.' ②若對二乘所執三世五蘊之法. 卽許有一我而無五蘊, 離眞我外無五法故. 如經言, '卽此法界, 流轉五道, 說名衆生.' 又言 '一切衆生皆有佛性.' 卽是我義者, 卽是如來藏義故. ③若對菩薩依甚深教, 如言取義, 起損減執. 卽許我法, 皆悉是有. 如論說云, '又此假我, 是無常相; 是非有相; 非安保相; 乃至廣說'故. ④若對菩薩依法相教, 如言取義, 起增益執. 卽許人法皆無所有. 如經言, '尙無我·無衆生 乃至智者·見者, 何況當有色受想行識'故."; 은정희 역주, 『이장의』(소명출판, 2004), pp.260~262 참조.

은 다 성전聖典에서 설한 것이기 때문이다. 즉 앞의 논사의 설은 『유가론』의 뜻에 따른 것(『別記』에 의하면 '顯了門에 근거한 것')이고, 뒤의 논사의 뜻은 『기신론』에서 얻은 것(『別記』에 의하면 '隱密門에 근거한 것')이다. 그렇다고 할지라도 〔성전에서〕 말한 대로만 뜻을 파악하여서는 안 된다. 왜냐하면 만약 앞의 성전에서 설한 대로만 뜻을 취할 경우 그것은 바로 법아(法我, dharma-ātman: 법의 실체성)에 대한 집착이며, 만약 뒤의 성전에서 설한 대로만 뜻을 취할 경우 이는 곧 인아(人我, pudgala-ātman: 자아의 실체성)에 대한 집착이다. 또한 전자를 주장할 경우 단견斷見에 떨어지고, 후자를 주장할 경우 상견常見에 떨어지게 된다. 그러니 두 사실 모두 〔성전에서 말한 대로〕 말해서는 안 됨을 마땅히 알아야 한다. 그러나 비록 그같이 말해서는 안 될지라도 역시 그렇게 말할 수 있으니, 비록 그러한 것이 아니라 할지라도 그러하지 않은 것도 아니기 때문이다.[93]

즉 두 주장은 각각 『유가론』과 『기신론』(혹은 顯了門과 隱密門)의 도리에 근거한 것이지만, 성전에서 설한 대로 이해할 경우 법집과 아집, 혹은 단견과 상견에 떨어질 수 있기 때문에 다른 주장을 배제(배척)해서는 안 된다는 것이다.[94]

---

93 『대승기신론疏記會本』 권4(『한불전』 1, p.767c1~9), "或有說者. 二師所說, 皆有道理. 皆依聖典之所說故. 初師所說, 得瑜伽意(別記云依顯了門). 後師義者, 得起信意(別記云依隱密門). 而亦不可如言取義. 所以然者? 若如初說而取義者, 卽是法我執. 若如後說而取義者, 是謂人我見. 又若執初義, 墮於斷見 執後義者 卽墮常見. 當知! 二義皆不可說. 雖不可說而亦可說, 以雖非然而非不然故."

94 이와 동일한 내용이 『별기』에서도 언급된다. 여기서는 "『유가론』 등에서는 알라야

유부 비바사사毘婆沙師를 비롯하여 '법성 중심의 불설론'(주13)을 주장한 인도의 제 논사와 마찬가지로 원효의 화쟁 논거 역시 성전과 도리, 말하자면 경증(經證, sūtra 혹은 教證, āgama)과 이증(理證, yukti)이었다. 다음 절에서 논의하듯이 그에게 대승경이 불설佛說인 까닭은 그것이 정리·법성에 어긋나지 않기 때문으로, 당연히 경의 뜻 또한 경에서 설하고 있는 그대로가 아니기 때문에 설하고 있는 내용만으로써 서로를 배척해서는 안 된다는 것이다.

이러한 그의 화쟁관 역시 아비달마 비바사사의 성전관/요의경관에서 비롯된 것이라고 말할 수 있다. 예컨대 유부의 논사 중현衆賢은, 세친이 『구사론』에서 경량부(上座일파)의 성전관(예컨대 '요의경=標釋을 갖춘 경': 주67)에 따라 『연기경』 설에 근거하여 유부 분위分位연기설

식을 한결같이 생멸상이라고 하였으면서 『기신론』에서는 어떤 이유에서 생멸·불생멸의 두 상을 갖추고 있다는 것인가?"는 물음에 대해 각기 논설(추구)하려는 바가 다르기 때문에 모순된 것이 아니라고 하면서 "『유가론』의 경우 『해심밀경』에 근거하여 알라야식은 업과 번뇌에 의해 초래되는 것이라는 사실(業煩惱所感義門)에 기초하여 단일(一)·상주(常)의 견해를 제거하기 위해 생멸하는 것이라 하였고, 『기신론』의 경우 『능가경』에 근거하여 알라야식은 무명에 의해 운동(動)하는 것이라는 사실(無明所動義門)에 기초하여 眞俗이 별체라는 주장을 대치하기 위해 불생멸과 생멸의 和合相이라 설한 것이지만, 무명에 의한 운동은 바로 업과 번뇌에 의해 초래된 것이기 때문에 두 성전의 〔언설상의〕 뜻은 다를지라도 알라야식 자체는 다른 것이 아니"라는 것이다.; "(別記) 問: 如瑜伽論等, 說阿梨耶識, 是異熟識, 一向生滅. 何故此論乃說, 此識具含二義? 答: 各有所述, 不相違背. … 彼所論等, 依深密經, 爲除是一是常之見. 約業煩惱所感義門. 故說此識一向生滅. 心心數法差別而轉. 今此論者, 依楞伽經, 爲治眞俗別體之執. 就其無明所動義門. 故說不生滅與生滅和合不異. 然此無明所動之相 亦卽爲彼業惑所感. 故二意雖異 識體無二也."(『한불전』 1, p.745b24~c14).

을 비판한 데 대해 "이 경은 '경에서 설하고 있는 그대로가 경의 뜻(經義, 卽如所說, yathānirdeśam eva sūtrārthaḥ)'[95]이 아니기 때문에 별도의 이치(*abhiprāya)를 추구해 보아야 한다"고 비판하고서 "이에 따라 마땅히 『아급마(阿笈摩, āgama)』, 즉 성교聖教는 정리(yukti, nyāyā)에 어긋나는 것이 아님을 믿고 따라야 하니, 이것(정리에 의한 분위연기설)이 바로 이 경의 뜻(sūtrārtha)"이라고 논설하였다.[96]

성교가 정리에 어긋나지 않는 것이 되기 위해서는 그것의 의도/의취가 드러나지 않으면 안 된다. 만약 경에서 설한 그대로가 바로 경의 뜻이라면 그것은 논리적 정합성(정리)이 결여되었기 때문에, 다시 말해 서로 모순(相妨)되기 때문에 이는 바로 세존의 말씀은 정리에 어긋나는 것, 지혜에 따르지 않은 것이라고 비방하는 것이다.(주70 참조) 그러나 경은 정리·법성에 어긋나는 것이 아니다. 따라서 경설은 그것을 설하게 된 의도/의취가 해석되지 않으면 안 되며, 이것이 진정한 불설이다.

유부에서는 이러한 성전관에 따라 '경經의 정리·법성을 드러낸 '아비달마=요의의 불설'로 간주하였으며,[97] 대승에서도 역시 그러하였다.

---

95 『구사론』 권9(대정장 29, p.50a27); *AKBh.*, p.137. 7.

96 『순정리론』 권28(대정장 29, p.496b5f; b8f), "…故非'如說卽是經義.' 然更於中, 應求別理."; "豈不經義非卽如說? 經無如是分別說故. 由此應信順阿笈摩, 不違正理. 是此經義." 보다 자세한 전후의 논의는 권오민, 「了義經에 관한 衆賢과 上座 슈리라타와 世親의 對論」(『불교원전연구』 제16호, 2013) 참조.

97 유부(중현)에 의하면 "論(abhidharma)은 法性에 따른 것이지만, 經(sūtra)은 교화방식(化宜)에 따른 것이다. 혹은 論은 了義이나 經은 不了義이다. 혹은 論에서는 有情과 無情 모두에 대해 설하였던 것이지만, 經에서는 다만 유정수에 근거하여 설하였을 뿐이다.(何緣論說與經有異? 論隨法性, 經順化宜. 故契經中, 分別緣起, 隨所化者機宜異說. 或論了義, 經義不了. 或論通說情及非情, 契經但依有情數

예컨대 무착은 『대승장엄경론』 제2 「성종품成宗品」에서 '대승=요의불설'론의 여덟 논거(不記·同行·不行·成就·體·非體·能治·文異) 중 제8 '문이文異'에서 대승경은 경설과는 다른 별도의 의도/의취를 갖기 때문에 다만 경설만으로 비불설非佛說이라고 해서는 안 된다고 하였고, 제3 '불행不行'과 관련하여 사람들이 무상보리無上菩提에 두려워하는 것에 대해 널리 설명하면서 법공(法空: 즉 『반야경』)을 불요의설이라 하였다.

> 대승〔경〕은 매우 심오하여 '말한 그대로의 뜻(如文義, yathā-rutārtha)'이 아니기 때문에 한결같이 말에 따라 뜻을 취하여 이는 불설(佛語)이 아니라고 말해서는 안 된다.[98]

> '말한 그대로의 뜻(如文義)이 아니다'고 함은 대승〔경〕은 매우 심오하여 말한 그대로의 뜻이 아니라는 말인데, 어떠한 까닭에서 말에 따라 뜻을 취(이해)하여 '공空'을 두려워하는 것인가?[99]

說.": 『순정리론』 권25, 대정장 29, p.480c15~18). 혹은 "경은 은밀한 의도(abhiprāya)를 갖지만 아비달마는 은밀한 의도를 갖지 않는다.(然此契經〔緣起法과 緣已生法을 설한 경: 현존본은 잡아함 제296경〕說有密意, 阿毘達磨無密意說".: 동, p.498c18f). 『대비바사론』에도 '論隨法性, 經順化宜'의 정의가 언급된다.("謂未入正法令入正法故, 說素怛纜. 已入正法令受持學處故, 說毘奈耶. 已受持學處, 令通達諸法眞實相故, 說阿毘達磨.": 대정장 27, p.2a8~11).

98 『대승장엄경론』 권1(대정장31, p.591a28~29), "第八文異者, 大乘甚深, 非如文義. 不應一向隨文取義, 言'非佛語'." 『성유식론』에서는 文異에 대해 이같이 논의한다. "대승에서 설해진 意趣는 매우 심오하여 말에 따라 그 뜻을 취하여 佛說이 아니라고 비방해서는 안 된다.(七義異文故. 大乘所說, 意趣甚深, 不可隨文, 而取其義, 便生誹謗, 謂非佛語.": 대정장 31, p.15a12~14).

원효 자신도 이러한 사실을 확인하고 있다. 즉 그는 『법화종요』 제5 「교섭문教攝門」에서 '『법화경』=불요의'를 주장한 어떤 이의 논거로서 "경(修多羅)은 언설의 말(文, vyañjana)이 뛰어나고(다시 말해 '방편이 교묘하고'), 아비달마는 정리(nyāya)가 뛰어난 것(다시 말해 '진실법성을 본질로 하는 것')으로, '성문들도 당래 부처가 될 수 있다'는 『법화경』의 말은 다만 중생들의 바람(āśaya: 意樂)에 따라 설한 것이지 진실의 도리로서 설한 것이 아니"라는 『[대승]아비달마론』의 논설을 인용하고 있으며,[100] 『십문화쟁론』 「공유 화쟁문」에서 "제 유정은 매우 심오한 공성空性과 관련된 경전 상의 은밀한 의도(abhiprāya)를 알지 못하여 '일체법 무자성'을 듣고서 놀라 두려운 마음에서 이 경전을 비불설이라 비방한다"는 『유가론』의 설을 인용하기도 하였던 것이다.(주44)

원효가 화쟁의 논거로 성전과 도리를 제시한 것은 아비달마불교에서 수립된 성전관에 따른 것이었으며, 그의 대승불설론 역시 그러한 것이었다.

2. 원효의 대승불설론

『판비량론』 산일문에 의하면, 원효는 다음과 같은 '대승경=불설' 론의 논증식을 제시하였다.

---

99 『대승장엄경론』 권1(대정장 31, p.592b12~13), "非有如文義者, 大乘甚深, 不如文義, 何因隨文取義, 而怖空耶?"

100 『법화종요』(『한불전』 1, p.493b15~18), "是故阿毘達磨□(論)云, 是('諸聲聞當得作佛')隨衆生意樂而說, 非是直說眞實道理. 修多羅者, 以文爲勝, 阿毘達磨以理爲勝."

〔주장(宗)〕 모든 대승경은 정리(正理, *nyāya)에 부합한다.

〔이유(因)〕 누가 보더라도(極成, prasiddha) 비불설非佛說에는 포함
되지 않는 말씀이기 때문에.

〔비유(喩)〕 예컨대 『증일아함』 등이 그러한 것처럼.[101]

'대승경=불설'론의 논증식은 일련의 법상유식학자들에 의해 제시되었다. 이를테면 『섭대승론(무성)석』에서는 반힐도리(反詰道理: 부정적 논증, *vyatireka-yukti. 예컨대 "만약 알라야식이 존재하지 않는다면, 잡염도 청정도 불가능하다")로써 알라야식을 논증한 후 순성도리(順成道理: 긍정적 논증, *anvaya-yukti)로서 '대승교(mahāyāna-vacana, -śāsana)=불설'론을 제시한다.

〔주장〕 대승교는 진실로 불어(佛語, buddhavacana)이다.

〔이유〕 일체〔의 대승경〕은 보특가라補特伽羅의 무아성無我性에 위배
되지 않기 때문이다.

〔비유〕 불타의 그 밖의 다른 말(窺基에 의하면 '증일아함')이 그러한
것처럼.[102]

그러나 규기窺基에 의하면 이 논증의 논거(이유)는 대승이 무아의

---

101 주107.

102 『섭대승론석』 권3(대정장 31, p.396c19~22), "大乘教眞是佛語. 一切不違補特伽羅無我性故.…如佛餘言." 이는 현존 『판비량론』 중 제8식의 논증에서도 인용한다.: "無性攝論, 以無我故, 如四阿含."(『한불전』 1, p.815a14)

이치에 위배된다고 생각하는 적대자에게는 인정되지 않기 때문에(즉 隨一不成因의 오류) 『성유식론』에서는 다음과 같은 논증을 제시하였다.

〔주장〕 대승경은 지교량至教量에 포섭된다.
〔이유〕 대승을 좋아하는 자는 〔대승경은〕 전도됨이 없는 이치를 현시하는 계경에 포섭된다고 인정하기 때문에.
〔비유〕 『증일아함』이 그러한 것처럼.[103]

즉 『성유식론』은 성교聖教로써 알라야식을 논증한 후 인용한 성교가 경증經證이 될 수 있음을 확인하기 위해 "대승경도 지교량(至教量, āpta-āgama-pramāṇa), 즉 믿을 수 있는 성전에 포함된다"는 주장의 논증을 시도하였던 것이다.

그런데 규기는 현장이 입축入竺 구법求法 시 스승이기도 하였던 승군勝軍 논사[104]의 논증식과 이에 대한 현장의 비평을 언급하고 있다.

〔주장〕 대승경은 불설이다.
〔이유〕 누가 보더라도 비불설에 포함되지 않기 때문에.

---

103 『성유식론』 권3(대정장 31, p.14c21~25), "諸大乘經…(중략)…, 樂大乘者, 許能顯示無顚倒理契經攝故, 如增壹等, 至教量攝."

104 『대당서역기』 권9(대정장 51, p.920a15ff); 『대자은사삼장법사전』 권4(대정장 50, p.244a7~24). 이에 따르면 勝軍(闍耶犀那, Jayasena) 논사는 賢愛 논사로부터 因明을, 安慧 보살로부터 聲明과 대·소승론을, 戒賢 법사로부터 『유가론』 등을 배운 거사로 마가다의 국사였다. 현장도 승군으로부터 『唯識決擇論』, 『意義理論』, 『成無畏論』 등을 배우고 瑜伽와 因明 등에 관한 의심을 해소하였다.

〔비유〕『증일아함』이 그러한 것처럼.[105]

그러나 소승의 『발지경發智經』(즉 가다연니자의 『아비달마발지론』)도 누가 보더라도 비불설에 포함되지 않지만, 대승이나 경량부에서는 불설로 인정하지 않기 때문에 이 논증식의 논거는 진위부정의 오류(不定因)를 범한 것이다. 이에 따라 현장은 "누가 보더라도(兩俱極成) 비불설에 포함되지 않기 때문에"라는 승군의 논거를 "우리가 보기에(自許極成) 비불설에 포함되지 않기 때문에"로 수정하였다.[106]

〔주장〕대승경은 불설이다.
〔이유〕우리가 보기에 비불설에 포함되지 않기 때문에.
〔비유〕예컨대 『증일아함』 등이 그러한 것처럼.

이에 대해 원효는 이는 결정상위인決定相違因이라고 비판하였다. 동일한 논거로써 정반대의 주장도 가능하기 때문이다. "대승경은 불설이 아니다. 우리가 보기에 불설에 포함되지 않기 때문에. 예컨대 승론勝論 등의 〔경〕이 그러한 것처럼." 이에 따라 원효 또한 승군勝軍의 논증식에 더(箋)하여 앞서 인용한 논증식(주101)을 제시하였던 것이다.[107]

---

105 규기, 『인명입정리론소』 권중(대정장 44, p.121b21~23), "諸大乘經皆是佛說. 宗. 兩俱極成非諸佛語所不攝故. 因. 如增一等阿笈摩. 喩." 이는 『성유식론술기』 권4本(대정장 43, p.352a20~22)에서도 인용된다.

106 규기, 『인명입정리론소』 권중(대정장 44, p.121c12f); 『성유식론술기』 권4本(대정장43, p.352b7f).

107 善珠, 『因明論疏明燈抄』(대정장 68, p.346b), "今謂, 此(현장)因還有決違. 謂彼立

원효의 논증식은 승군의 주장명제 "대승경은 불설이다"를 "대승경은 정리에 부합한다"로 바꾼 것에 지나지 않는다. 원효가 현장의 논거를 결정상위인으로 비판하였다지만 그것은 사실상 이미 승군에 의해 지적된 것이었다. 즉 『성유식론』에 따르는 한 "대승을 좋아하지 않는 자는 대승경이 '전도됨이 없는 이치를 현시하는 경'에 포함된다고 인정하지 않기 때문에", 혹은 "소승을 좋아하는 자는 대승경이 '전도됨이 없는 이치를 현시하는 경'에 포함된다고 인정하지 않기 때문에"[108] 반대 입장의 논증도 가능한 것으로, 승군의 논증은 바로 『성유식론』의 결정상위인을 비판한 것이라 할 수 있다.

그렇다면 원효의 논증식에는 승군이 지적당한 것과 같은 진위부정의 오류(不定因)가 없는 것인가? 승군의 경우와 마찬가지로 "『발지경』은 누가 보더라도 비불설에 포함되지 않지만, 대승이나 경량부에서 이를 정리正理에 부합하는 것으로 인정하지 않는다"면 이 역시 진위부정의 오류를 범한 것이다. 승군과 원효의 차이는 무엇인가? 원효 논증식의 특징은 무엇인가?

승군이나 현장의 논증식은 상식적 차원의 논증식이 아니다. "대승경은 불설이 아니다"는 적대자의 논란에 대해 "대승경은 ('우리가 보기에' 혹은 '누가 보더라도') 비불설에 포함되지 않기 때문에 불설"이라고

言: 諸大乘經 非至教量. 自許佛經所不攝故. 如勝論等. …(중략)… 是故今箋勝軍比量云: <u>諸大乘經 契當正理. 極成非佛語所不攝之教故. 如增一等</u>. 如是則離相違決定."(김성철, 『원효의 판비량론 기초연구』, p.74; p.189)

108 태현, 『성유식론학기』 권中本(『한불전』 3, p.552c19~21), "諸大乘經 非至教量. 樂小乘者, 不許顯示無顚倒理契經攝故, 如外道論."; 김성철, 「원효저 판비량론의 대승불설 논증」(『불교학연구』 제6호, 2003), p.27 주41)

논증하기 때문이다. 더욱이 『증일아함』을 예증으로 삼은 것은 자타(대승과 소승) 모두 이것이 그와 같은 것("비불설에 포함되지 않기 때문에 불설")이라고 인정함을 전제로 한 것이다.

'대승경=불설' 논증은 앞서 설명한 불설정의(주13)에 따른 것이다. 즉 여기서 '비불설'은 "경에 들어 있고 율을 드러내며, 법성에 위배되지 않으면 불설"이라는 불설정의에 어긋나는 것(이를 '闇說' 혹은 '大黑說, mahākṛṣṇāpadeśa'이라 한다)이다.

따라서 '대승경=불설'이라는 말은 그것이 불설정의에 부합하는 것(이를 '明說' 혹은 '大白說 mahāśuklāpadeśa'이라 한다)이라는 의미이다.

무착은 "대승경은 일체법의 무자성을 교수敎授하여 '경에 들어 있고 율을 드러내며, 법공(범본은 dharmatā, 法性)에 위배되지 않은 것'이라는 불설의 세 정의에 어긋나기 때문에 불설(佛語)이 아니다"는 적대자의 논란에 대해 이같이 해명하였다.

> 〔대승〕 자신의 수트라(sūtra)에 들어 있기 때문에, 자신의 번뇌 비니(vinaya: 즉 번뇌의 調伏)를 드러내기 때문에 ― 보살은 분별分別을 번뇌로 삼기 때문이다 ―, 광대 심심의 보살의 법공은 대보리를 얻는 데 위배되지 않기 때문에 대승〔경〕은 불설의 세 정의와 어긋나지 않으며, 〔따라서 불설이다.〕[109]

109 『대승장엄경론』 권1(대정장 31, p.591c7~17), "今此大乘亦不違三相. 入自大乘修多羅故. 現自煩惱毘尼故, 由菩薩以分別爲煩惱故. 廣大甚深卽是菩薩法空, 不違此空得大菩提故. 是故此乘與三相不相違."

정리의 법성은 성전의 진위 기준이었을 뿐만 아니라 불타 멸도 후 불제자들의 의지처였다.(주16; 17) "대승경은 〔누가 보더라도〕 비불설에 포함되지 않기 때문에 정리에 부합하는 것"이라는 원효의 대승불설론은 "불설(즉 經)=정리·법성에 어긋나지 않는 것"이라는 불설정의를 전제로 한 것이다. 그럴 경우 소승경이든 대승경이든 '정리·법성에 어긋나는 것'이 아니라는, 다시 말해 '비불설에 포함되지 않는 것'이라는 사실만 논증하면 되기 때문에 진위부정의 오류가 없다는 것이다. 그리고 그 예를 『증일아함』에서 구하고 있는 것이다. 『증일아함』의 경우 이미 자타 공히 "비불설(정리·법성에 어긋나는 것)에 포함되지 않기 때문에 불설"이라고 인정하고 있기 때문이다. 거칠게 말해 "소승경(아비달마)이 정리·법성에 부합하기 때문에 불설이라면, 대승경 역시 그러하기 때문에 불설"이라는 것이다.

김성철은 '정리에 부합하면 불설'이라는 사실을 전제로 한 원효의 대승불설론을 원효 자신이 고안한 이증적理證的 논증식이라고 하였지만,[110] 이는 명백히 아비달마 비바사사毘婆沙師에 의해 정립된 불설정의에 따른 것으로, 무착이나 세친(釋軌論主), 청변 등의 대승불설론 역시 이에 근거한 것이었다. 김성철은 계속하여 『판비량론』에서의 원효의 대승불설 논증과 관련하여 "대승의 '불설'의 여부는 원효가 논증하였듯이 그 경전이 '부처의 교설'(佛說), 즉 '성스러운 가르침'(聖教)에 속한다는 점을 논증함으로써 확인될 수 있는 것이 아니라 그 가르침이 '올바른 이치'(正理)에 부합되는지 여부를 논증함으로써 확인될 수 있는 것"이라

---

110 김성철, 『원효의 판비량론 기초연구』(지식산업사, 2003), p.209.

하였는데,[111] 이는 다름 아닌 유부 비바사사에 의해 논설된 '아비달마=불설'론이었다.[112]

중현은 "경經을 의지처로 삼아야 한다"는 『대반열반경』의 경설(4依 중 제1依)에 근거해 '아비달마=불설'론을 불신한 세친(俱舍論主)에 대해,

---

111 김성철은 원효의 '대승경=불설'론의 논증식에 대해 다시 이같이 평가하고 있다. "[원효 논증식의] 주장명제가 '불어'나 '궁극적 가르침'에서 '올바른 이치에 부합되는 것'으로 바뀌어져 있다는 점에서 원효의 불교관을 엿볼 수 있다. 우리가 대승경전을 신봉하는 것은 그것이 부처의 직설이기 때문이 아니라 올바른 이치에 부합되기 때문이라는 것이다. 원효가 추구하는 불교는 인물이나 제도나 종파를 넘어선 '진리 그 자체'였던 것이다."(「원효의 논리사상」, 『보조사상』 제26집, 2006, p.295) 이미 반복하여 논의하였듯이 어떠한 불교에서도(요즘의 일부 초기불교 편집광을 제외하고) 어떤 교설이 부처의 직설이기 때문에 그것을 진리로 신봉하는 일은 없다. 經을 量(pramāṇa)으로 삼는다는 경량부조차 불타의 顯了定說, 標釋을 갖는 것만을 요의의 불설로 간주하였다. "사람에 의지하지 말고 법에 의지하라"는 것은 불타의 유훈으로, 이를 원효의 독창적 불교관이라 말하는 것은 난센스이다.

112 아비달마 불설론에 대해서는 권오민, 「衆賢의 '阿毘達磨=佛說'論」(『불교원전연구』 제15호, 2012); 「了義經에 관한 衆賢과 上座 슈리라타와 世親의 對論」(『불교원전연구』 제16호, 2013) 참조. 대승 불설론과 아비달마 불설론의 관계에 대해서는 권오민, 「불설과 비불설」(『문학/사학/철학』 제17호, 2009); 『상좌 슈리라타와 경량부』(씨아이알, 2012), pp.684~696 참조. 참고로 高崎直道는 "대승경전이 요의·불요의를 문제로 삼고 4依를 설한 것은 유부 敎判論의 逆用이며, 대승경(『열반경』 『승만경』)에서의 요의·불요의의 판단은 성문승으로 일컬어진 유부 아비달마 등의 환골탈태였다"고 하였으며(「如來藏思想をめぐる論爭」, 『佛教思想史 3-佛教內部おける對論』, 平樂寺書店. 1980, p.228f), 本庄良文 또한 法性과 [隱沒과] 密意라는 관점에서 대승 불설론은 아비달마 불설론을 계승한 것이라고 논의하였다.(「阿毘達磨佛說論と大乘佛說論」, 『印度學佛教學研究』 38-1. 1989, p.63)

여기서 '경'은 요의경, 즉 중경衆經의 결정적인 뜻(定義, *arthaviniścaya)을 결택 판별하는 아비달마로 규정하고 이같이 해설하였다.

> 아비달마는 일체 성교聖教에 어긋남이 없는 〔정〕리(nyāya, 혹은 yukti)의 말씀을 모두 포섭한 것(saṃgraha)이다. 따라서 이러한 〔정〕리에 부합하는 것이 요의경이고 〔정〕리에 어긋나는 것이 불요의경이다. 즉 불요의란 법성(dharmatā)에 어긋나는 것으로, 정리와 〔그 밖의 다른 성〕교에 근거하여 마땅히 그것의 취지(abhiprāya: 별도의 意趣)를 추구해 보아야 한다.[113]

혹은 "'아어취我語取=상上 2계의 번뇌'라는 유부학설은 어떠한 성교聖教에서도 설한 일이 없다", 즉 비불설이라는 상좌 슈리라타의 힐난에 대해 이같이 논박하기도 하였다.

> 상좌는 이 같은 해석을 배척하여 "여기서 해석한 이치는 법성에 위배된다"고 말할 수 있을지언정 "성교(āgama) 중에서 설한 일이 없다"고 총체적으로 부정해서는 안 된다. 세존께서는 언제나 "제 유정이 설한 바로서 법성의 〔정〕리에 부합하는 것이라면 지식의 결정적인 근거(pramāṇa)로 삼을 만하다"고 말하였다. 예컨대 계경(즉 『대반열반경』)에서 "계경(수트라)에 부합하고 비나야(律)를 드

113 『순정리론』 권1(대정장 29, p.330a21~24), "阿毘達磨名能總攝, 不違一切聖教理言. 故順此理, 名了義經. 與此理違, 名不了義. 不了義者, 恐違法性, 依正理教, 應求意旨."

러내며, 법성에 위배되지 않는 것이라면, 이와 같은 설은 바야흐로 의지처(pratisaraṇa)로 삼을 수 있다"고 설한 바와 같다. 아비달마는 일체 성교에 위배되지 않는 정리(nyāya)의 말씀을 총섭(總攝, *samgraha)한 것이라고 이미 말하였다. 따라서 〔아비달마에서〕 해석한 이치는 법성에 위배되는 일이 없다.[114]

제 유정이 설한 것으로 (혹은 '누가 설한 것이든') '법성에 어긋나지 않는 것', 그것이 불설(buddhavacana)이었고, 불타 반열반 후 불제자들의 의지처(pratisaraṇa)였으며, 지식의 근거(pramāṇa)였다. 이에 따라 비바사사毘婆沙師는 "세존께서는 불타가 설한 것이든 제자가 설한 것이든 법성에 위배되지 않으면 모두 〔불설로〕 수지하는 것을 허락하였다"고 하였고,[115] 하리발마訶梨跋摩 또한 "불타의 설이든 제자의 설이든, 변화인이나 제천諸天 등 누구의 설이든 일체 세간에 존재하는 좋은 말(善語, subhāṣita)은 다 불설이다"고 하였다.[116] 『대지도론』에서도 "불법은 다만 불타의 입으로 설해진 것만이 아니다. 일체 세간의 진실하고 좋은 말은 모두 다 불법에 포함된다"고 논설하였다.[117]

나아가 청변(淸辯, Bhāvaviveka)은 "베단타의 말일지라도 정리에

---

114 『순정리론』 권26(대정장 29, p.489a20~24), "上座於此, 乍可斥言 '此所釋理, 違於法性', 不應總撥 '聖教中無'. 世尊每言, 諸有所說, 順法性理, 堪爲定量. 如契經說, '隨順契經, 顯毘奈耶, 不違法性, 如是所說, 方可爲依.' 阿毘達磨已名總攝不違一切聖教理言. 故所釋理, 無違法性."

115 『대비바사론』 권1(대정장 27, p.1b21~23).

116 『성실론』 권1(대정장 32, p.243c2~5).

117 『대지도론』 권2(대정장 25, p.66b2~20).

어긋나지 않는 것이면 불설"이라고 말하기까지 하였다. 즉 그는 "대승은 베단타 학설과 마찬가지로 불설 중에 포함되지 않기 때문에 불설이 아니다"는 소승의 힐난(이는 앞서 바로 원효가 지적한 현장 논증식의 상위결정의 예증이었다: 주107)에 대해 "베단타의 말일지라도 잘 설해진 것(sūktaṃ: 正理에 어긋나지 않는 것)이면 불설(buddhabhāṣitaṃ)이기 때문에 비유명제가 성립하지 않는다"고 응대하였던 것이다.[118]

불설이 오로지 여래 소설所說만이 아니라는 사실은 원효 자신도 확인하고 있다. 즉 율장 바일제법 제4조 미수계인동송계未受具戒人同誦戒에서는 불설(혹은 불법)에는 "여래가 설한 것과 성문(혹은 제자)·선인·천인·변화인(이상 '5能說人')이 설한 것"이 있다고 해설하였는데, 원효는 『무량수경종요』에서 "불설무량수경佛說無量壽經이라는 경명經名에서 굳이 '불설'이라 말한 것은 능설의 5인 중 불타가 상수上首이기 때문"이라고 해설하였다.[119] 또한 『본업경소』에서 4의依에 대해 해설하

---

118 『중관심송』 IV. v.56.; 권오민, 『上座 슈리라타와 經量部』, pp.614~615 참조. 淸辯에 의하면 성전(āgama)이 성전일 수 있는 것은 다만 '전해져 온 것(ā-√gam)'이기 때문이 아니라 그것이 이론적 타당성(yukti)을 갖는가, 갖지 않는가, 眞實智와 해탈을 지향하는 논리적 사고(tarka)와 상응하는가 상응하지 않는가에 달려 있으며(『중관심송』 제4장 제18~19송), 이를 검토하는 방법이 추론(anumāṇa)이었다.(江島惠敎, 「Bhāvavivekaの聖典觀」, 『印度學佛敎學硏究』 17-2, 1969; 「Bhāvavivekaの小乘聖典批判」, 『印度學佛敎學硏究』 18-2, 1970 참조). 陳那(Dignāga) 일파 역시 聖敎(āgama)의 聖敎性(āgamatva: 즉 진리성)은 〔佛說이라는 권위에 의해서가 아니라〕 現量이나 比量에 의해 확인되는 것이었다.(武邑尙邦, 『佛敎論理學の硏究: 知識の確實性の論究』, 경도: 百華苑, 1968, p.61)

119 『무량수경종요』(『한불전』 1, p.554a13~15), "但以能說五人之中佛爲上首…故言佛說."

면서 『현양성교론』에 따라 '사람에 의지하지 말고 법에 의지하라'에서 의 법을 여래가 설한 것이나 제자가 설한 12분교로 해설하기도 하였다.[120]

3. 원효의 언어관

대개의 원효 연구자들은 백가의 시비쟁론은 언어의 잘못된 이해에서 비롯된 것이라 말하며,[121] "〔경론에서〕 말한 대로 취(이해)할 것 같으면 〔두 설은 모두〕 성립하지 않지만, 뜻으로 이해(會)하게 되면 거기에는 다 도리가 있다"(주89)는 화쟁의 관용구를 원효의 언어관을 밝히는 근거로 삼기도 한다.[122] 혹은 원효의 화쟁 논리(원리)를 그의 언어관에서 찾기도 한다.[123] 원효는 『십문화쟁론』에서 말과 뜻(絶言之法)의 관계를 손가락과 달(離指之月)의 관계에 비유하였다. 달이 손가락과는 별도의 존재이듯이, 뜻 또한 말과는 별도의 존재, 이언離言 또는 절언絶言의 세계라는 것이다.

원효에 의하면, 모든 언설言說은 다만 언어적 개념(假名)일 뿐이기

---

120 『본업경소』 권하(『한불전』 1, p.514a5~6), "一依法不依衆生, 謂若法是如來所說, 或弟子說, 十二分教, 隨學隨聽…." 이는 『현양성교론』 권2(대정장 31, p.490c5ff)에서 인용한 것이다.

121 최유진, 「원효의 있어서 화쟁과 언어의 문제」(『경남대 철학논집』 제3집, 1987), p.27.; 고영섭, 『한국불학사』(연기사, 1999), p.113.

122 김상현, 『원효연구』(민족사, 2000), p.223.; 김영일, 「원효의 화쟁논법 연구」(2008년도 동국대 박사학위 청구논문), p.141.

123 박태원, 「원효의 언어이해」(『신라문화』 제3·4합집, 동국대 신라문화연구소, 1987), p.17.; 박태원, 「원효 화쟁사상의 보편적 원리」(『철학논총』 제38집, 새한철학회. 2004), pp.42~46.

때문에 참된 존재(實性)와 단절되지 않은 것이라 할 수 없을 뿐더러 다만 망념妄念에 따른 것이기 때문에 참된 지혜(眞智)와 무관하지 않은 것이라 할 수 없다.[124] 그렇다고 할지라도 말을 떠나서는 "일체법의 진여실성眞如實性은 언설상言說相뿐만 아니라 명자상名字相, 심연상心緣相을 떠난 것"[125]이라는 사실조차 나타낼 수 없다. 『기신론』에서는 이를 "말에 의해 말을 버리는 것〔떠나는 것〕(因言遣言)"이라 하였고, 원효는 이를 "소리로써 소리를 그치는 것(以聲止聲)"이라고 해설하였다.[126] 대중들로 하여금 조용하게 하기 위해서는 이 역시 소음의 하나일지라도 '조용히 하라'고 말해야 하는 것이다.

그러나 이러한 언어관은 불교일반의 이해로, 이미 4의설依說에서 "말(語, vyañjana)에 의지하지 말고 뜻(義, artha)에 의지하라"고 하여 말(能詮, *abhidhāna)과 말에 의해 드러나는 의미대상(所詮 abhidheya, 혹은 所詮義 abhidheya-artha, 所詮性 abhidheyatva)을 별도의 법으로 분별하였다. 불법에 있어 의미대상은 불타의 의도, 즉 그의 깨달음(自證

---

124 『대승기신론소기회본』 권2(『한불전』 1, p.744a13~15), "諸言說唯是假名. 故於實性不得不絶. 又彼言說但隨妄念. 故於眞智不可不離."

125 『대승기신론』(대정장 32, p.576a11f), "一切法, 從本以來, 離言說相, 離名字相, 離心緣相…." 원효는 여기서 〔일체법은〕 '言說相을 떠났다'고 한 것은 말소리에 의해 설해진 것과 같은 것이 아니기 때문이며, '名字相을 떠났다'고 한 것은 단어나 문장에 의해 드러난 것과 같은 것이 아니기 때문이며, '心緣相을 떠났다'고 한 것은 名言의 분별이 마음의 대상이 될 수 없기 때문(『義記』에 의하면 '非意言分別故': 대정장 44, p.252b28)이라 해설하였다.("離言說相者, 非如音聲之所說故. 離名字相者, 非如名句之所詮故. 離心緣相者, 名言分別所不能緣故.": 『한불전』 1, p.744a2~5)

126 『대승기신론소기회본』 권2(『한불전』 1, p.744a22f).

法)이기에 그것을 드러내는 말씀(能詮의 敎法)에 비해 훨씬 중요하다고 할 수 있겠지만, 아비달마 비바사사는 '말씀(敎法)'에 대해서도 역시 각별한 의미로 해석하였다. 그의 말씀은 유일 절대자 야훼의 말씀과는 다르기 때문이다.

불타말씀(buddhavacana: '佛敎' '佛語' '佛說' 등으로 한역)의 본질(svabhāva), 즉 교체敎體는 무엇인가? 당연히 목구멍, 목젖, 입천장, 혀 등을 통해 울려나는 말소리(vāc, 혹은 śabda. 이하 '소리')라고 해야 하겠지만, 불교에서의 말소리는 미맘사학파처럼 상주하는 본질적 형상(akṛti)을 지닌 것이 아니기 때문에 의미를 드러내는 (혹은 포함하는) '말'이라는 개념을 도입해야 하였고, 그것은 다시 개념(想, saṃjñā)으로서의 말(名, nāma), 시제·동작·성질 등을 갖춘 문장(章, vākya)으로서의 말(句, pada), 그리고 이것의 극소단위인 음소(字, akṣara)로서의 말(文, vyañjana)로 구분되었다. 불교학 전통에서 '소리'는 색법(물질)에, '말'은 불상응행법에 포함되는 것으로, 소승이든 대승이든 교체敎體에 관한 한 이와 관련하여 이루어지는 것이 상례였다.[127]

두말할 것도 없이 말(名·句·文의 총칭)과 그 말에 의해 지시되는 뜻은 별개이다. "'불'을 말한다고 해서 입이 타지 않는다." 유부 이론에 의하면 식識이 대상의 영상影像을 띠고 생겨나듯이 '불'이라는 말소리(語音, 語聲, vāc, śabda)에 의해 '불'의 영상(ākāra: 行相)을 띤 말(名, nāma)이 생겨나며, 이러한 말에 의해 의미(義, artha)가 드러나고 우리

---

127 敎體에 관한 대·소승의 자세한 논의는 원효, 『열반종요』「敎體」(『한불전』 1, pp.545c16~546b11); 원측, 『佛說般若波羅密多心經贊』「宗體」(『한불전』 1, p.1a20~c6) 참조.

는 이를 지각(覺慧, buddhi)하지만, 이때 지각은 물론 현실의 불과는 다른 것이다.[128] 불타말씀(能詮)에 의해 불타의 깨달음(所詮)이 바로 지각된다면 수행은 필요 없는 것이다.

원효 역시 『금강삼매경』 「무생행품無生行品」에서 무인무생심無忍無生心의 비유로 예시한 '나무 중의 화성火性'에 대해 이같이 해설하였다.

'화성火性'이라는 말(名 nāma)로써는 〔그 말이 지시하는〕 의미대상(義, artha: 즉 '따뜻함')을 얻을 수 없다. 이렇듯 화성(따뜻함)을 얻을 수 없을지라도 〔실제〕 나무 중에 화성이 없는 것은 아니다. 〔"나무 중에도 화성이 존재한다"는〕 이러한 도리를 드러내고자 '화성'이라는 말을 발설한 것이지만, 이 말을 분석하면 다만 〔ㅎ과 ㅗ와 ㅏ 등의〕 다수의 글자(字: 즉 자음과 모음의 음소, vyañjana, 文)만 존재할 뿐으로, 다수의 글자를 더욱 추구할지라도 어떤 글자에서도 〔그것의 의미대상인 '따뜻함'은〕 얻을 수 없다.[129]

우리는 대개 "언어 문자에 집착하지 마라"는 메시지를 선종이나 대승 혹은 원효의 전유물로 여기지만, 그것은 유부 계통에서 확립된

---

128 『입아비달마론』(대정장 28, p.987c25~29), "如眼識等, 依眼等生, 帶色等義影像而現, 能了自境, 名等亦爾. 非即語音親能詮義. 勿說火時便燒於口. 要依語故, 火等名生. 由火等名, 詮火等義. 詮者謂能於所顯義, 生他覺慧, 非與義合."; 『대비바사론』 권126(대정장 27, p.659b9f), "如世子孫展轉生法. 謂語起名, 名能顯義." 참조.

129 『금강삼매경론』 권중(『한불전』 1, p.624c19~23), "火性名下, 義不可得. 如是火性, 雖不可得. 而其木中 非無火性 欲詮此理 說火性名 推析此名 但有諸字 轉求諸字 皆無所得."

불설론(성전관)에서 기원한다. 필자는 이해할 수 없다. "소승(설일체유부)은 언어·문자에 집착하였다"는 세간의 이해를. 그 같은 정보가 어디서 유래한 것인지도 알지 못한다.[130] '언어·문자에 집착하라'는 불교는 없다. 설혹 그것이 부처의 말씀이라도. 문聞·사思·수修의 세 가지 지혜 ─ 청문(śruta)에 의해 성취된 문소성혜聞所成慧와 사유(cinta)에 의해 성취된 사소성혜思所成慧, 수습(bhāvana: 즉 samādhi)에 의해 성취된 수소성혜修所成慧는 말(nāma)과 뜻(artha) 중 무엇을 대상으로 삼느냐에 따른 차별이며, 그 가운데 문혜가 사혜나 수혜의 방편이라는 것은 불교일반의 상식이다.

앞서 밝힌 대로 유부가 말(名)과 문장(句)과 음소(文)의 실재성을 주장하기는 하지만, 실유를 주장하는 것과 집착하는 것은 성격이 전혀 다르다. 유부나 유가행파가 탐貪·진瞋 등 번뇌심소의 개별적 실재성을 주장하였다고 해서 그것에 집착하라고 가르치는 것은 아니다. 실재성을 주장하기 때문에 '끊어라'고 가르치는 것이다. 그리고 끊기 위해서는 당연 번뇌의 종류와 자성뿐만 아니라 인연(因緣, hetupratyaya)을 알아야 하였고, 이를 이론적으로 정리 해석한 것이 아비달마였다.

따라서 아비달마 비바사사에게 있어 경經은 다만 중생을 교화하기 위한 방편의 잡설雜說로(주97), 설해진 대로가 아닌 별도의 뜻을 갖는 불요의(neyārtha)였다. 그들은 이 같은 경설만을 좇아 자신들의 학설(98

130 "소승은 언어문자에 집착하였다"는 세간의 이해는 추측하건대 靑目이 지은 중론의 造論 이유에서 비롯되었을 것이다. 그러나 이같이 불타의 의도(abhiprāya), 즉 법성(dharmatā)을 추구해야 한다는 주장은 유부로부터 비롯되었으며, 유가행파의 법성에 의하면 『중론』 역시 畢竟空에 집착한 損減見이었다.

수면설 내지 아비달마)을 비불설로 부정한 이를 '언어·문자에 집착하는 사문(著文沙門)', '경에서 말한 대로만 이해하는 자(但如文而作解者)'로 힐난하였고,[131] 남방 상좌부에서는 이렇듯 경설의 문맥적 의미를 파악하지 못하고 문자적 해석에 치우쳐 『카타밧투(Kathavatthu)』도 비불설로 부정한 이를 '궤변론자(vitaṇḍavādin)'로 비난하기도 하였다.[132]

원효의 경우에도 경(성전)의 뜻을 거기서 설한대로만 취(이해)하는 것이 쟁송의 원인이었고, 그러한 경설의 의취意趣, 즉 경설의 근거가 된 도리가 화쟁(=회통)의 논거였다.(주88-91) 물론 원효는 대승교가와 마찬가지로 명名·구句·문文의 실재성을 부정하였을 뿐만 아니라 소전성所詮性, 즉 그것에 의해 드러나는 의미의 실재성도 부정하였다는 점에서 세계를 이해하는 방식이 유부 아비달마와는 전혀 다르다. 그럴지라도 이러한 사실을 천명하기 위해서라도 아비달마불교의 언어이론이 필요하였다. 예컨대 원효는 "실제實際에 들어 온갖 차별상을 떠나〔空〕 능소能所가 평등한〔如〕 법은 비명非名·비상非相·비의非義"라는 『금강삼매경』 「입실제품入實際品」의 일구에 대해 이같이 해설하였다.

> 여기서 '비명非名'이라 함은 명·구·문의 능전상能詮相을 떠난 것이기 때문이며, '비상非相'과 '비의非義'라 함은 말(名)에 의해 드러나는

131 『대비바사론』 권50(대정장 27, p.259b20~26), "問: 何故說此九十八隨眠耶? 答: …復次爲止著文沙門意故. 謂有沙門執著文字, 離經所說, 終不敢言. 彼作是說, '誰有智慧過於佛者? 佛唯說有七種隨眠, 如何强增爲九十八?' 爲遮彼意."; 『순정리론』 권57(대정장 29, p.659b21f).; 권27(대정장 29, p.494c22).

132 김경래, 「스리랑카 테라와다의 정통성 확립과정에 대한 비판적 연구」(2012년 동국대 대학원 박사학위 청구논문), pp.110~115 참조.

> 행상(相, ākāra: 즉 지각의 대상이 되는 영상 이미지)과 말에 대응하는 뜻(義)을 떠난 것이기 때문이다.[133]

『금강삼매경』에서 진여의 법(일심)을 이렇듯 온갖 언설명상名相이 끊어진(그래서 '眞性空'임), 다시 말해 능전能詮과 소전所詮을 떠난 '비명非名·비상非相·비의非義'의 존재로 묘사하였을지라도 이러한 묘사 또한 말(名相)을 통해 드러날 수밖에 없기 때문에, 비록 차원을 달리하는 것이라 할지라도 여전히 말소리(語音, vāc, śabda)-말(名 nāma·句·文)-영상(行相, ākāra)-뜻(義, artha)-지각(智, buddhi)이라는 아비달마적인 언어분석이 적용될 수밖에 없다.

나아가 『금강삼매경』에서는 "이러한 자설自說은 다만 언설로서의 말이 아닌 의미 있는 말(義語非文)이지만, 사리자나 범부의 말은 의미 없는 언설로서의 말(文語非義)일 뿐"이라고 설하였는데, 원효는 이에 대해 이같이 해설하였다.

> '다만 언설로서의 말이 아닌 의미 있는 말(義語非文)'이라 함은 〔『금강삼매경』의〕 말이 진실의眞實義와 부합하기 때문이고, 공허한 말이 아니기 때문이며, '의미 없는 언설로서의 말(文語非義)'이라고 함은 〔사리자나 범부의〕 말이 다만 말뿐인 공허한 말이기 때문이고, 진실의와는 무관하기 때문이다.[134]

---

133 『금강삼매경론』 권중(『한불전』 1, p.643a12~14), "非名者, 離名·句·文能詮相故. 非相義者, 離名所詮相, 當名之義故."

134 『금강삼매경론』 권하(『한불전』 1, p.653a13f; b5~8), "「我所說者, 義語非文.

이는 곧 『금강삼매경』에서의 말은 명(名, nāma)과 의(義, artha)가 서로 부합하는 진실의眞實義의 말, 즉 의미 있는 말(義語, *artha-vacana)이고, 중생들(무위와 유위를 법체와 법상으로 이해하는 외도 二乘)의 말은 그렇지 못한 의미 없는 공허한 언설로서의 말(文語, *vyañjana-vacana)일 뿐이라는 것으로, 이를 특별한 원효의 언어관이라 말하기 어렵다.[135]

아비달마 논사들이 아비달마를 완전한 뜻(了義)의 불설(즉 義說, 義語)로 이해하고 다른 이들의 주장을 '말만 그럴듯할 뿐 아무런 뜻도 없는 말(有言無義)'이나 '벙어리가 잠꼬대한 것과 같은 말(如瘖瘂人於夢所說)', '애들이 저들 방에서 장난삼아 한 말(童豎居自室言)'로 비난하였듯이, 유식론자들이 『해심밀경』을 완전한 뜻의 대승(了義大乘)으로 이해하고 다른 학설(유부/경량부 설)을 역시 '말만 그럴듯할 뿐 아무런 뜻도 없는 말'이나 '도무지 진실한 뜻도 없는 허언(都無實義의 虛言)',

---

衆生說者, 文語非義.」… 義語非文者, 語當實義故, 非直空文故. 文語非義者, 語止空文故, 不關實義故."

135 참고로 『금강삼매경론』 「入實際品」에서 大力보살은 "말과 뜻을 갖지 않은 相은 不可思議하다. 왜냐하면 말을 갖지 않은 말이지만 말이 없는 것은 아니며, 뜻을 갖지 않은 뜻이지만 뜻이 없는 것은 아니기 때문이다(菩薩, 無名義相, 不可思議. 何以故? 無名之名, 不無於名. 無義之義, 不無於義)"(『한불전』 1, p.640a22~24)는 불설에 대해 "이와 같은 말과 뜻이 眞實如相…"이라 하였다. 이에 대해 원효는 "이와 같은 不可思議의 말과 뜻은, 말과 뜻이 相稱하여 전도됨도 없고 바뀌는 일도 없기 때문에 '眞實'이라 말하였고, 이와 같은 말과 뜻은 能所를 遠離하여 一味 平等하기 때문에 '如相'이라 말하였다.(如前所說 '不可思議之名義相', 名義相稱無倒無變故名眞實. 如是名義, 遠離能所, 一味平等故名如相)"(동, p.640c2~5)고 해설하였다. 비록 경우는 다를지라도 하리발마 또한 "말과 뜻이 청정한 여래정법에서 말은 뜻에 따른 것(隨義語)이고 뜻은 말에 따른 것(隨語義)"이라 하였다.(주25)

'다만 애들이나 꼬드길 수 있는 정도의 말(彼所說但誘嬰兒)'로 비판하였듯이,[136] 『금강삼매경』의 찬자撰者 역시 거기서의 여래 설법을 외도나 이승의 의미 없는 말(文語非義)과는 구별되는 여의如義, 즉 완전하고도 진실한 뜻의 말씀(義語非文)으로 간주하였다.

따라서 여기에 특별한 의미를 부가할 필요는 없을 뿐더러 이를 원효의 언어관으로 이해하는 것 또한 난센스라 하지 않을 수 없다. 자파의 '진실한 뜻의 말씀'을 적대자의 '덧없는 말'과 같다고 하는 학파는 없을 뿐더러 불교사상사를 통해 볼 때 자파의 교설이 요의了義이고 진실의眞實義의 말씀이라는 것은 하나마나한 말이기 때문이다.

Ⅴ. 화쟁과 일심一心

1. 소결: 원효의 '화쟁'과 아비달마

원효는 한국을 대표하는 사상가이지만, 한편으로 불교의 사상가이기도 하다. 그를 불교사상가로 이해한다면 이를 통해 그의 사상을 읽어야 함은 두말할 나위도 없다. 본고에서는 화쟁과 관련된 일련의 그의 사상을 불교사상사의 토대가 된 유부 아비달마를 통해 더듬어보았다.

'화쟁和諍'은 글자 뜻대로라면 서로 다른 견해의 대립으로 인한 다툼의 조정 화합을 의미하지만, 불교사상사를 통해 볼 때 실제적인 조정 화합은 일어나지 않았다.

초기불전에서의 파승破僧을 초래할 만한 법과 비법非法, 율과 비율非律

136 『섭대승론석』(대정장 31, p.168b11); 『성유식론』(대정장 31, p.13a9f; p.11c21)

등에 대한 언쟁言諍의 멸쟁(혹은 止諍, adhikaraṇa śamatha) 또한 실제적인 조정 화합을 의미하는 것은 아니었다.[137]

율장의 대표적인 파승사破僧事인 코삼비 사건이 일어났을 때 불타는 멸쟁법으로서 여초부지(如草覆地: 풀잎으로 더러운 것을 덮듯이 상호 합의 하의 소송의 기각)를 제시하고 부동주不同住의 포살·갈마를 여법한 멸쟁법으로 평가하였으며, "서로 투쟁하는 저들 중 누가 여법설자이고 누가 비법설자인지"를 묻는 사리불, 마하파자파티, 파사익 왕, 말리 부인 등의 4부의 대중에게 저들이 설한 14쟁사를 각자 알아서 판단하도록 하였다.[138] 초기경전에서도 역시 여기분소지쟁율如棄糞掃止諍律(즉 如草覆地)을 두 파로 분립한 후의 멸쟁법으로 제시하고, "다툼을 멈추고 물과 젖처럼 화합하라"고 말하였지만, 이때 '화합'은 물과 젖이 서로를 배척하지 않듯이 서로를 인정하라는 것이었으며, 이에 따라 각기 독자적인 12부경을 전승할 수 있었다. 불교의 경론은 이미 화합과 화해의 산물이었다. 초기불교도들에 의하면 불타 반열반 이후 '정법 파괴에 의한 승가분열(즉 破法輪僧)'은 결코 일어나지 않았다.(이상 Ⅱ-2-2)

137 平川彰는 그의 『비구계의 연구(1)』(민족사, 2002, p.537)에서 승잔죄 제10조 破僧違諫戒, 제11조 助破僧違諫戒에 대한 해설을 "실질적으로는 이 두 개의 조문이 승가 속에서 실제로 기능을 발휘했을 지의 여부는 불분명하다"는 말로 끝맺고 있다.

138 『선견율비바사』의 「拘睒彌犍度」(대정장 24, p.796c6~11)에 의하면, 불타가 諍事에 직접 관여하여 可否의 판단을 내릴 경우 불타의 지지를 얻은 이(得理者)들은 기뻐하겠지만, 지지를 얻지 못한 이들은 "불타가 저들 부파와 한패거리가 되었다"거나 "불타는 좋아하고 미워함에 따라 말한다"고 비방할 것이고, 불타를 비방하면 죽어 지옥 갈 것이기 때문에 가부의 판단을 내리지 않은 것이라 해설한다.(권오민, 「부파분열과 파승」, p.50 참조)

원효의 화쟁 역시 실제적인 조정 화합이 아니며, 통합·통일은 더더욱 아니다.[139] 각기 상이한 견해는 모두 자파에서 전승한, 혹은 요의了義로

---

139 원효의 화쟁이 異執·異部의 '대립 갈등을 화해 통일한 것'이라는 종래의 이해를 반성하는 일련의 글들이 있다. 박재현은 "원효의 화쟁을 화해를 통한 종합주의로 평가했던 기존의 연구들은 학설과 종파들 간의 대립과 다툼이라는 불분명한 사실관계를 전제로 도출된 것"이라 진단하고서 원효의 화쟁사상을 화해이론으로 파악하는 것은 부적절하다는 견해를 피력하고 있다. "원효는 당대 불교 내부의 이론적 혹은 종파적 대립과 다툼을 문제 삼았던 것이 아니라 이들 사이의 전면적인 단절의 상황을 문제 삼았던 것으로 보인다. 원효의 화쟁과 회통은 다툼과 대립의 화회라는 의미보다는 모아서(會) 서로 통하게 한다(通)는 의미, 즉 소통에 가깝다. 원효의 화쟁사상은 논쟁을 전제로 한 화해이론으로 볼 것이 아니라 이들의 집착을 깨트려 서로간의 소통로를 확보해주려는 것이었으며, 따라서 상이한 주장들을 모아(和合) 소통(會通)의 가능성을 열어보이고자 했던 것이다."(「원효의 화쟁사상에 대한 再考: 화쟁의 소통疏通적 맥락」, 『불교평론』 제8호, 2001, p.202) 최연식은 원효의 화쟁을 '이론적 다툼의 조화가 아니라 다양한 이론을 종합하기 위한 이론적 작업'으로 보아야 한다고 주장한다. "원효의 화쟁은 사람들 사이의 견해의 다툼이라기보다 경전에 제시된 상이한 내용들에 대한 화쟁이라고 볼 수 있으며, 이런 점에서 원효의 화쟁은 대립을 극복하기 위한 이론이라기보다 여러 異見들을 모두 만족시켜줄 수 있는 종합적인 이론을 수립함으로서 실제로 있을 의견의 대립을 사전에 해결하기 위한 것이었다고 생각된다."(「원효의 화쟁사상의 논의방식과 사상사적 의미」, 『보조사상』 25집, 2006, p.442) 이에 대해 박태원은 화쟁의 범주와 대상을 원효사상 전체가 아니라 '불교이론에 관한 상이한 견해들'과 '이로 인해 생겨난 배타적 대립과 불화 및 상호 불통 상황'으로 한정짓고, 그 성격을 불교 내부의 배타적 이론이나 경전상의 상이한 이론의 종합(차이의 모음)이 아니라 "차이들로 하여금 서로를 향해 열리고 상호 지지하며 포섭되어, 차이를 안으면서도 더 높고 온전한 지평을 열어가는 것, 말하자면 通攝이론으로서의 和會주의"로 규정하고 있다.(「화쟁사상을 둘러싼 쟁점검토」, 『한국불교사연구』 제2호, pp.157~158) 필자에 의하는 한 최연식이 말한 '종합적 이론 수립'이나

판석한 성전(āgama)에 기초한 것으로, 이는 이미 '성전=정리·법성에 어긋나지 않는 것'이라는 전제(즉 불설정의)가 함의된 것이었다. 비록 경설 자체로는 서로 대립할지라도 각각의 경은 그것이 설해지게 된 의도(abhiprāya)나 사상적 역사적 맥락을 갖기 때문에 그 자체로서 논리적 정합성(道理, yukti)을 갖는다는 것이 원효의 생각이었다. 따라서 이 같은 사실을 고려한다면, 불교 내부의 상이한 제 견해는 다만 관점의 차이로서 결코 적대적으로 대립하는 것이 아니며 용인하지 못할 바도 없다. 원효의 화쟁은 상이한 제 견해의 통합·통일이 아니라 초기불전에서의 멸쟁滅諍(혹은 止諍)과 마찬가지로, 물과 젖이 서로를 배척하지 않는 것처럼 서로를 이해하고 용인하는 것이었다. 원효의 화쟁은 상호 이해·소통을 통한 다툼의 종식, 바로 회통(anulomayati)의 의미였다.

이러한 원효의 사유는 기본적으로 설일체유부 계통의 아비달마불교에서 정립된 것이다. 그들은 "〔누가 설한 것이든〕 법성에 어긋나지 않으면 불설"이라는 불설정의를 확립하였을 뿐만 아니라 경經에서 설하고 있는 대로의 뜻(yathārutārtha: 如說義)이 경의 뜻이 아니며, 여기에는 별도의 의도/의취(abhiprāya: 別意趣, 密意)가 존재한다고 하였고, 이에 따라 경설을 정리·법성에 부합되게 해석한 것이 아비달마였다. 따라서 그들에게 있어 아비달마는 제법의 진실성상眞實性相을 밝힌 요의了義의 불설佛說이었다.

이러한 아비달마불교의 성전(佛說)관은 중관파와 유가행파로 이어

박태원의 '통섭'은 화쟁 자체의 의미라기보다 화쟁의 목적이다.(본고 V-2 참조)

졌으며, "모든 대승경은 정리에 부합한다"는 원효의 대승불설론도, 말(名·句·文의 能詮)이 아니라 뜻(所詮義), 즉 도리에 주목하라는 그의 언어관도 이에 기초한 것이었다. 이는 화쟁의 주요한 논거였다. "경에서 말한 대로만 이해한다면(如言而取) 모두 인정할 수 없지만, 그것의 의도를 고려하여 말한다면(得意而言) 인정하지 못할 바도 없다."(주52; 주88~91 참조)

그러나 우리는 아비달마불교로부터 원효에 이르는 이 같은 성전관의 연속성을 확인하지 못한 채, 한편으로는 불교사상을 구성하는 제 경론을 중생들의 근기에 따른 차별일 뿐이라 하여 각 경론의 고유성 독자성을 희석시키면서, 다른 한편으로는 "아비달마불교는 언어·문자에 집착하였다"고 선전하여 대승의 특수성을 부각시킨다. – 그러나 유부에서는 언어·문자에 집착하는 이를 '착문사문著文沙門'이라 비판하였고, 상좌부에서는 '궤변론자(vitaṇḍavādin)'로 비난하였다. – 불교사상사를 계승과 변용이 아닌 단절과 통합이라는 상반된 시각으로 이해하려 한다. 단절과 통합, 그 어디에도 '역사'는 없다. '이념'만 존재할 뿐이다. 우리가 「원효 속에 나타난 아비달마 이론」을 추구해 보려고 하였던 것도 필경 이에 대한 하나의 반성이었을 것이다. "그의 사상은 불교사상사라는 토대 위에서 이해되어야 한다. 원효만으로 원효를 읽는 것은 원효를 욕보이는 일이다."

2. 화쟁의 목적

필자 소견에 의하는 한 원효는 불교 내부의 모든 견해를 화쟁의 대상으로 삼은 것이 아니다. 주지하듯이 원효는 『기신론별기』 「대의」에서 『중관론』 등의 중관학파의 논서를 '두루 비판하고 비판한 것을 다시 비판하는 논'으로 이해하여 '가기만 하고 두루 미치지 않는 논(往而不遍論)'으로, 『유가론』 등의 유식학파의 논서를 '주장만 하고 주장한 바를 비판하지 않는 논'으로 이해하여 '주기만 하고 빼앗지 않는 논(與而不奪論)'으로 평가하였다. 그리고 『대승기신론』에 대해서는 "주장하지 않음이 없고 비판하지 않음이 없는 '제론諸論의 조종祖宗이며 군쟁群諍의 평주評主 — 모든 논서 중의 으뜸이고 온갖 논쟁을 평정한 주체 —'"로 평가하였다.[140]

『대혜도경종요』에서는 실상반야에 관한 유有·공空·역유역공亦有亦空·비유비공非有非空의 네 이설을 모두 성전에 근거한 '진실'로 회통(주77)하고서, 다섯 번째 견해로서 여래장을 『대반야경』의 실상반야로 천명하였다.[141] 혹은 『금강삼매경』 「진성공품」에서는, 온갖 공덕을 갖춘 진성眞性의 진여법(一心)은 명상名相이 끊어진 진공眞空이기 때문에 이에 대한 설법은 '말이 끊어진 도리의 뜻과 미묘하게 부합하는' 의어義語라고도 하였다.[142](주134 참조)

이는 곧 원효가 불교 내부의 서로 모순된 경향성의 성전이나 이설을 불요의不了義로 이해한 반면 『대승기신론』이나 여래장, 진성의 진여일

---

140 『대승기신론별기本』(『한불전』 1, p.678a10~19).

141 『대혜도경종요』(『한불전』 1, pp.480c2~481a16), "…(전략)… 或有說者, 依此大般若經, 以如來藏爲實相般若 …(하략)."; 이기영, 「元曉의 實相般若觀」(『정신문화』 제6호, 1980) 참조.

142 『금강삼매경론』 권하(『한불전』 1, p.653c7f), "〔如義語者,〕 如是妙契絶言之義. 所以不同無義之文."

심을 요의了義로 이해하였음을 의미한다. 불교 전통에서 요의(nītārtha) 경이란 말 그대로 그 의미가 완전하게 드러난 명료한(nīta) 경을, 불요의(neyārtha)경이란 이와 반대로 경설 상에 별도의 의도가 있어 그 의미를 추측해 보아야(neya) 하는 경을 말하기 때문이다.[143] 이런 까닭에 진여일심이 화쟁의 사상적 이론적 근거나 토대로 간주되기도 하였고, 화쟁의 목표나 지향점으로 고려되기도 하였다.[144]

앞에서도 잠깐 언급하였지만(주76) 원효의 '화쟁'을 다만 회통會通과 화회和會, 즉 성전과 도리에 근거한 상호 이해나 소통의 의미로 이해하는 한 이를 원효 교학의 본질적 측면이라 말하기 어렵다. 아비달마 논서에서 보듯이 회통은 보다 높은 차원의 진리설에서 이와 상충되거나 모순되는 학설을 해명하는 논의형식이었기 때문이다. 보다 높은 차원의 진리설이 불요의로 회통되거나 이것과 회석되는 일은 없다.

필자는 앞서 원효의 회통은 『유가론』「섭석분」에서 말한 설법사(說法師, dharmakathika)의 역할에 따른 것이었다고 논의하였다.(Ⅲ-3-2) 여기서 설법사는 경설을 해석할 때 자타에 의해 제기된 문제(問難) 중 전후의 말이 서로 모순된 경우 "그것을 설하게 된 의도/의취를 분명하게 나타내어 수순隨順 회통會通해야 한다"고 하였지만, 도리道理가 서로 모순되거나 4종 도리와 모순되는 뜻이 드러나 있는 경우 이와는

143 권오민, 『상좌 슈리라타와 경량부』(씨아이알, 2012), pp.657f.

144 최연식, 「원효의 화쟁사상의 논의방식과 사상사적 의미」, pp.431~434. 최연식은 일심은 화쟁사상의 근거이기도 하였지만 화쟁의 목적, 즉 현상세계의 차별성에 사로잡혀 본질적이고 궁극적인 동일성을 인식하지 못하는 일반인들에게 인식적 반성을 일으켜 궁극적인 동일성, 즉 일심을 깨닫게 하고자 하는 것이 원효가 생각하는 화쟁의 지향점이었다고 말한다.

다른 교설(異敎)로써 판결하거나 4종 도리를 바로 현시해야 한다고 하였다.(주72)[145] 원효는 필경 '다른 교설'을 『대승기신론』에서 찾지 않았을까? 그가 『기신론』을 '군쟁群諍의 평주評主'로 평가한 것도 바로 이 때문이었을 것이다. 앞서 말한 대로 그는 여래장如來藏을 유有·공空·역유역공亦有亦空·비유비공非有非空의 진실과는 다른 실상반야로 천명하였기 때문이다.

그럴 경우 원효 교학 상에서 '화쟁'은 세계를 이해하기 위한 또 하나의 키워드, 즉 '일심一心'을 천명하기 위한 절차적 과정으로 이해할 수 있다. 이미 살펴본 대로 단간으로 전해진 현존 『십문화쟁론』에서는 회통會通이 주된 내용이었지만, "거울이 만상을 수납하듯 〔백가百家의 이쟁異諍을〕 융통融通하여 서술하였기에 『십문화쟁론』이라 이름하였다"[146]는 서문을 통해 볼 때 이 또한 만상을 수납하는 거울, 즉 일심을 천명하기 위한 것이라고도 할 수 있는 것이다.

『금강삼매경론』「입실제품入實際品」에서 원효는 "보살은 대립하는 온갖 견해(諸智)에 '동조하지도 말고 반대하지도 말고서 진여에 상응하

---

145 여기서 4종 도리(yukti)는 ①長短이나 苦樂 등 상대적 가칭으로서 성취되는 觀待(혹은 相待, apekṣā)도리, ②인과적 관계로서 성취되는 作用(혹은 인과, kārya-kāraṇa)도리, ③現量·比量·聖言量에 의해 성취되는 證成(혹은 成就, upapatti-sādhana)도리, ④法性常爾로서 不思議의 法爾(혹은 法然, dharmatā)도리. 관대도리에 의해 세속과 승의와 인연을 헤아리고(尋思), 작용도리에 의해 제법이 갖는 작용을, 증성도리에 의해 세 가지 인식방법(三量)을 헤아린다. 그리고 법이도리에 의해 如實諸法의 成立法性·難思法性·安住法性에 대한 信解를 낳을 수 있다.(『유가사지론』 권30, 대정장 30, pp.451c19~452a1)

146 "鏡納萬形. 水分…(결락)…通融 聊爲序述, 名曰十門和諍論."(『한불전』 1, p.838a8~9)

는 교설로써 살반야薩般若의 바다로 들게 한다'"는 경설에 대해 "이는 백 가지 강물도 대해大海에 들면 한 맛(一味)이 되듯이, 공空이라 주장하고 유有라 주장하는 저들 도리에 수순하는 이들을 이끌어 동일한 깨달음(一覺)인 무상보리無上菩提의 일체지一切智의 바다에 들게 한 것"이라고 해설하였다.[147]

이에 따르면, 불교 내부의 도리에 수순하는 (혹은 '정리에 부합하는', 혹은 '성전에 근거한') 공론(중관)과 유론(유식) 등의 온갖 이설을 화쟁(=회통)한 것은 그들을 '살반야의 바다(sarvajñârṇava)', 일체지一切智인 부처의 세계로 들게 하기 위해서였다. '살반야의 바다', 그것은 다름 아닌 진여일심, 바로 여래장의 바다이다.

우파니샤드에서 동일성의 존재인 브라흐만(Brahman) 혹은 아트만(Ātman)을 바다에 비유하여 "모든 강은 바다에 이르면 그 이름을 버리고 바다와 하나가 된다"[148]고 읊었듯이, 『금강삼매경론』「여래장품」에서도 바야흐로 진속眞俗을 꿰뚫는 하나의 진실법(眞俗無二의 一實法)인 여래장을 바다에 비유하였다. "장강長江의 물도, 황하黃河의 물도, 회수淮水의 물도 바다에 들면 그 이름을 버리고 바닷물이 되듯이, 삼승의 법 또한 진여(즉 여래장)에 들면 오로지 불도佛道라고 말할

---

147 『금강삼매경론』 권중(『한불전』 1, p.637c16~18), "若後非時, 應如說法, 時(說)利不俱. 但順不順說, 非同非異. 相應如說, 引諸情智, 流入薩般若海."(동 p.638b1~5), "'諸情'者, 大小情欲差別故. '諸智'者, 空有知見差別故. 引接此輩, 皆順道流, 令入一覺一切智海, 無上菩提深廣義故. 如百川流, 同入大海大海深廣, 同一味故."

148 『문다카 우파니샤드』 Ⅲ. 2. 8.; 『찬도갸 우파니샤드』 Ⅵ. 10. 1.(이재숙 옮김, 『우파니샤드 Ⅰ』, 한길사, 1996, p.207; p.367)

뿐이다.”

불타께서 〔범행〕장자에게 말하였다. “장자여! 〔삼승과 진여의 일승법은〕 비유하자면 장강長江과 황하黃河와 회수淮水와 바다의 관계와 같으니, 대소大小가 다르고, 심천深淺이 다르며, 그 이름이 다르기 때문이다. 즉 물이 장강에 있으면 장강의 물이라 말하고, 회수에 있으면 회수의 물이라 말하며, 황하에 있으면 항하의 물이라 말하지만 그 모두 바다에 있으면 오로지 바닷물이라 말할 뿐이다. 법 역시 이와 마찬가지로 〔성문에 있으면 성문의 법이라 말하고, 연각에 있으면 연각의 법이라 말하며, 보살에 있으면 보살의 법이라 말하지만〕 그 모두 진여眞如 중에 있으면 오로지 불도佛道라고 말할 뿐이다.”[149]

이에 대해 원효는 이 같이 해설하였다.

여기서 ‘장강·황하·회수’는 3승의 행行에 비유한 것이고, ‘바다’는 불도佛道에 비유한 것이다. ‘대소가 다르다’고 한 것은 3승의 마음의 광협廣狹이 동일하지 않음에 비유한 것이고, ‘심천이 다르다’고 한 것은 3승의 지혜에 우열의 차이가 있음에 비유한 것으로, 이러한 두 뜻에 따라 그 이름도 각기 다른 것이다. ‘그 모두 바다에 있으면

149 『금강삼매경론』 권하(『한불전』 1, p.660b10~14), “佛言: 長者! 譬如江河淮海, 大小異故, 深淺殊故, 名文別故, 水在江中, 名爲江水. 水在淮中, 名爲淮水. 水在河中, 名爲河水. 俱在海中, 唯名海水. 法亦如是. 俱在眞如, 唯名佛道.”

오로지 바닷물이라 말할 뿐이다'고 한 것은, 그 같은 3승이 10지地의 법도 공空한 진여에 들면 3승이라는 이름을 버리고 오로지 불도라고 말할 뿐이라는 사실에 비유한 것이다. 마땅히 알아야 한다. '3승의 차별적인 행'이란 다 〔10〕지地 이전의 방편도에 있을 때로서, 〔그들 중〕 끝내 진여의 정관正觀 중에 들지 않는 이 없다. 그런 까닭에 3승은 끝내 각기 별도의 돌아가는 곳이 없다. 모든 교법이 그러하듯 다 같이 일미一味〔인 불도〕에 들어가는 것이다.[150]

3. 화쟁과 일심

1) 제 부파의 일심

(1) 상좌 슈리라타의 일심

원효를 불교사상가로 이해한다면 우리는 그의 사상을 '제론諸論의 조종祖宗, 군쟁群諍 평주評主'라는 평가에 따라 『기신론』의 여래장 계통으로 규정할 수도 있겠지만, 이러한 여래장의 일심一心 또한 제 부파가 '법성'으로서 추구하였던 다양한 '일심' 개념에서 그 자취를 찾을 수 있다.

먼저 경량부의 조사 상좌 슈리라타(Śrīrāta)는 종자설이라는 그들의 주장에 따라 종자 훈습처로서의 일심을 제시하였다. '종자(bīja)'란 쉽게 말해 결과를 낳게 하는 힘(śākti), 즉 인연(hetupratyaya)으로, 이를 주장하는 한 이것의 훈습처(vāsita, bhāvita, 所熏)에 대해 별도로 논의하지

---

150 『금강삼매경론』 권하(『한불전』 1, p.660b15~24), "'江河淮'者, 喩三乘行. 海喩佛道. '大小異'者, 喩三乘心寬狹不同. '深淺殊'者, 喩三乘智優劣有異. 隨前二義, 其名各別. '俱在海中, 唯名海水'者, 喩其三乘, 同入十地法空眞如, 唯名佛道, 沒三乘名. 當知! '三乘差別行'者, 皆在地前方便道中, 莫不終入眞如正觀. 所以三乘終無別歸. 如諸教法, 同入一味."

않으면 안 된다. 유가행파에서는 그것을 알라야식(ālayavijñāna, 藏識)이라 하였고, 그래서 그들의 종자설을 '알라야식 종자설'이라 말하는 것이다.

『구사론』 상의 종자설에서 세친은 그것을 '명색(名色, nāmarūpa)'이나 '〔색심色心〕 자체(ātmabhāva)'라고 하였고 상좌 또한 '6처處'로 언급하기도 하였지만, 이는 다만 유정의 상속을 의미한 것일 뿐, 상좌는 그것을 구체적으로 일심(ekacitta)이라 하였다.

> 일심은 종종계(種種界, nānādhātu)를 갖추고 있다. 일심 중에 다수의 계(bahudhātu)가 훈습(vāsanā)되고 있다. …(중략)… 마음 자체(ātmabhāva)는 〔무부무기성無覆無記性으로〕 동일할지라도 그 안에 〔선·불선 등의〕 수많은 계界가 존재한다.[151]

이는 "알라야식 중에 종종계種種界가 존재한다. 알라야식 중에 다수의 계界가 존재한다"[152]는 『유가사지론』 상의 논설과 동일한 형식의 문구로, 이로 본다면 상좌의 일심은 알라야식에 대응하는 개념이다.

여기서 '일심'이란 어떤 형식의 마음을 말함인가? 적어도 종자가 보존된 마음은 중연衆緣에 의해 생멸하지 않는, 따라서 소연과 행상도

---

151 『순정리론』 권18(대정장 29, p.442b1~4), "又彼上座, 如何可執言, '一心具有種種界. 熏習一心多界.' … '有心其體雖一, 而於其內, 界有衆多.'" 여기서 界(dhātu)는 종자의 이명임.

152 『유가사지론』 권51(대정장 31, p.581b19~21), "薄伽梵說, '有眼界色界眼識界乃至 意界法界意識界', 由於阿賴耶識中有種種界故. 又如經說惡叉聚喩, 由於阿賴耶識中有多界故."

갖지 않는, 언제 어디서나 (멸진정에 들어서도 무상천에 태어나서도) 항상 '동일한 종류(ekajāti)'로서 존재하는 마음, 어떠한 도덕적 성질의 종자도 수용할 수 있는 무부무기성의 이숙식이라 하지 않으면 안 된다. 『성유식론』에서는 이를 '미세일류항변微細一類恒遍의 식識'이라는 관용구로 언급하기도 한다.

유가행파에서는 이러한 마음(즉 알라야식)을 현행의 6식과는 별체, 즉 제8식으로 간주하였지만 이는 제6온, 제13처, 제19계가 '토끼 뿔'과 같은 허구의 개념을 지시하는 술어로 이해되던 당시로서는 대단히 위험한 개념이었고, 실제 중관학파의 청변은 이를 공화空華와 같은 것으로 간주하였다. 이에 경량부는 하나가 깨어 있으면 다른 하나는 잠자고 있는 일신이두一身二頭의 전설상의 새인 명명조命命鳥처럼 6식을 요별의 현행식과 불명료한 (혹은 '미세한') 잠재식이라는 이중구조로 이해하여 멸진정에 들더라도 이 같은 잠재식으로서의 동일 종류의 마음(ekajātīyacitta: 一類心) 혹은 세심(細心, sūkṣmacitta)은 여전히 존재한다고 주장하였다.[153]

(2) 일심상속론자의 '일심'

『대비바사론』에서는 유수면심有隨眠心, 즉 수면(anuśaya, 번뇌)을 갖는 마음에 대해 논의하면서 일심상속론자一心相續論者의 '일심'을 인용 비판한다.

---

153 이에 대해서는 권오민, 「상좌 슈리라타의 '일심'」(『인도철학』 제40집, 2014).; 「상좌 슈리라타의 '일심'과 알라야식」(『한국불교학』 제70집, 2014) 참조.

예컨대 일심상속론자는 단지 일심一心만이 존재한다고 주장하였다. 그들은 이같이 말하였다. "수면을 갖는 마음(有隨眠心)이나 수면을 갖지 않은 마음(無隨眠心)은 그 자성이 다르지 않다. 성도聖道가 현전하면 번뇌와는 상위할지라도 마음과는 상위하지 않는다. [성도는] 번뇌를 대치하기 위한 것이지 마음을 대치하기 위한 것이 아니다. 예컨대 옷을 세탁하고 거울을 닦고 금을 제련하는 등의 도구(예컨대 비누)는 때 등과는 상위하지만 옷 등과는 상위하지 않듯이 성도 역시 그러하다. 또한 이러한 몸 중에 만약 성도가 아직 현전하지 않았으면 번뇌가 끊어지지 않았기 때문에 마음은 수면을 갖지만, 성도가 현전하면 번뇌가 끊어지기 때문에 마음은 수면을 갖지 않는다. 이러한 마음은, 비록 수면을 갖고 갖지 않을 때는 다를지라도 자성은 동일하다. 예컨대 옷이 아직 세탁되지 않았고 거울이 닦여지지 않았으며 금이 제련되지 않았을 때를 유구의有垢衣, 즉 '더러운 옷' 등이라 말하고, 만약 이미 세탁되고 닦여지고 제련되었을 때 무구의無垢衣, 즉 '깨끗한 옷' 등이라 말하는 것과 같다. 즉 때(垢) 등이 있고 없는 때(時)는 비록 다를지라도 자성에는 차별이 없으니, 마음 역시 이와 같은 것이다."[154]

---

154 『대비바사론』 권22(대정장 27, p.110a10~20), "謂或有執: 但有一心. 如說一心相續論者. 彼作是說: 有隨眠心·無隨眠心, 其性不異. 聖道現前, 與煩惱相違, 不違心性. 爲對治煩惱, 非對治心. 如浣衣·磨鏡·鍊金等物, 與垢等相違, 不違衣等. 聖道亦爾. 又此身中, 若聖道未現在前, 煩惱未斷故 心有隨眠. 聖道現前, 煩惱斷故 心無隨眠. 此心雖有隨眠·無隨眠時異, 而性是一. 如衣·鏡·金等未浣·磨·鍊等時, 名有垢衣等, 若浣·磨·鍊等已, 名無垢衣等. 有無垢等時雖有異, 而性無別. 心亦如是."

이는 이른바 심성본정설心性本淨說로 일컬어지는 학설로 『대비바사론』과 『순정리론』 혹은 『성유식론』에서는 분별론자(分別論者, Vibhajyavādin)의 주장으로 전해지지만, 전통적으로 『이부종륜론』 등에 따라 대중부 설로 알려진다.

> 마음의 본래 자성(svabhāva)은 청정하지만 객진客塵인 번뇌에 더럽혀졌기 때문에 〔현실적〕 특성(相, lakṣaṇa)이 청정하지 않게 된 것이다. … 〔따라서〕 염오심과 불염오심은 그 자체 차이가 없다. 만약 〔마음과〕 상응한 번뇌가 아직 끊어지지 않았으면 '염오심'이라 말하지만, 만약 그때 〔마음과〕 상응한 번뇌가 끊어졌으면 '불염오심'이라 말한다. 예컨대 놋그릇에 때를 제거하지 않았을 때 '때 있는 그릇'이라 말하고 때를 이미 제거하였다면 '때 없는 그릇'이라 말하는 것처럼, 마음 역시 그러하다.[155]

일심상속론자의 '일심'은 본래 청정한 자성의 마음으로, 경량부(상좌)의 종자 훈습처로서의 무부무기성의 '일심'과는 그 유類가 다르다.

---

155 『대비바사론』 권27(대정장 27, p.140b24~26), "謂或有執: 心性本淨, 如分別論者. 彼說: 心本性清淨. 客塵煩惱, 所染污故, 相不清淨." … (동, p.140c17~22), "有作是說: 貪瞋癡相應心得解脫. 問: 誰作是說? 答: 分別論者. 彼說: 染污·不染污心, 其體無異. 謂若相應煩惱未斷, 名染污心. 若時相應煩惱已斷, 名不染心. 如銅器等, 未除垢時, 名有垢器等. 若除垢已, 名無垢器等. 心亦如是.";『순정리론』 권72(대정장 29, p.733a9~13);『성실론』 제30 「심성품」(대정장 32, p.258b3).;『이부종륜론』(대정장 49, p.15c27f).;『사리불아비담론』 권27(대정장 28, p.697b18~22).;『성유식론』 권2(대정장 31, p.258b3)에서도 心性本淨說을 인용 비판한다.

그것은 객진인 번뇌의 토대가 되는 마음이다. 즉 색色 등에 대한 지각 이후 〔잘못〕 파악된 그것의 상相으로부터 생겨난 번뇌가 마음을 더럽힌 것이기 때문에, '본래 청정한 마음'이란 다만 색 등을 지각하는 마음으로[156] 염오심과는 별도의 실체가 아니다. 그렇더라도 경량부와 마찬가지로 그들 역시 본래 청정한 자성으로서의 일심은 찰나 찰나 생멸하는 마음(念念滅心)이 아니라 상속하는 마음(相續心)이라 말한다. 즉 그들 심성본정론자는 "우리는 찰나 찰나에 소멸하는 마음(念念滅心)에 근거하여 이를 설한 것이 아니라 상속하는 마음(相續心)에 근거하여 '더러움에 물든다'고 설한 것"이라 해명하였다.[157]

(3) 심주론자心住論者의 일심

바야흐로 상속相續이 아닌 상주常住의 일심도 등장한다. 『논사(Kathā-vatthu)』 제7 「심주론(心住論, cittaṭṭhikathā)」에서는 안식眼識 내지 신식身識의 현행심은 지속하지 않지만 일심(ekam cittam)은 1일, 2일 내지 84천겁을 지속한다는 견해가 진술되고 있다. 일부만 옮겨보면 다음과 같다.

일심은 1일간 지속하는가?
그러하다.

---

156 『성실론』 권3(대정장 32, p.258b10~11), "心名但覺色等. 然後取相, 從相生諸煩惱. 與心作垢. 故說本淨."

157 『성실론』 권3(대정장 32, p.258b13f), "我不爲念念滅心故如是說, 以相續心故說垢染."

반일半日이 생生찰나이고 반일이 멸滅찰나인가?

진실로 그렇게 말해서는 안 된다.

일심은 2일, 4일, 1개월 내지 10개월, 1년(夏) 내지 16천년, 1겁 내지 84천겁 지속하는가?

그러하다.

24천겁이 생찰나이고 24천겁이 멸찰나인가?

진실로 그렇게 말해서는 안 된다.

일심은 1일간 지속하는가?

그러하다.

안식眼識 내지 신식身識, 악심惡心 내지 무참無慚과 함께 일어나는 마음은 1일간 지속하는가?

진실로 그렇게 말해서는 안 된다.[158]

붓다고사(Buddhagoṣa)에 의하면 이들은 안달파(安達派, Andhaka: 東山部·西山部·五山部·義成部 등의 총칭)로, 이들 역시 일심상속론자나 상좌 슈리라타와 마찬가지로 마음을 이중구조－'지속하는 마음'과 '찰나생멸하는 마음'－로 이해하였다고 말할 수 있다.

(4) 일심자一心者의 일심

한편 『존바수밀보살소집론尊婆須蜜菩薩所集論』「심건도心犍度」에서는 '어떤 부파의 승가명칭(一部僧名)'이라고 협주夾註한 '일심자一心者'의

---

158 佐藤密雄, 『論事 附 覺音註』(동경: 山喜房佛書林, 1991), pp.232~236.

주장이 인용되기도 한다.

> 일심자(一心者: '어떤 부파의 승가 명칭')는 이같이 말하였다. "만약 마음의 의意가 공空하여 점차 진실(實)이 존재하게 되면 허공〔처럼 텅 빈(객진번뇌가 사라진)〕 일심 그것도 바로 선택選擇하는 경우가 있다."
> 문: 일심은 어떤 경우에도 선택을 갖지 않는다. 〔마음의 의意가 허공처럼 될지라도〕 이러한 사실은 다름이 없다. 〔일심이〕 증익增益되는 경우가 있을지라도 (더욱더 공하게 될지라도) 선택에는 증익됨이 없기 때문이다.
> 혹 〔다른〕 어떤 이는 이같이 설하였다. "일심이 선택하는 것은 아니며, 수승한 의意가 존재할 경우 선택도 존재한다."[159] (불확실한 번역임)

여기서 '선택選擇'은 간택(簡擇, pravicaya)의 구역으로, 유부에 의하면 이는 혜(慧, mati, prajñā)의 자성이다. 내용의 이해가 쉽지 않지만, 여기서 일심자의 논의는 일심의 판단 분별 내지 지각성에 관한 것으로 생각된다. 앞서 상좌의 일심은 행상과 소연을 갖지 않는, 다시 말해 지각활동을 하지 않는 잠재의식이며, 일심상속론자(심성본정설자)의 경우 역시 인식과는 무관한 다만 마음의 청정한 본성이었다. 그렇지만

---

159 『尊婆須蜜菩薩所集論』 권3(대정장 28, p.740a1~6), "一心者(一部僧名), 作是說曰. 若心意空, 轉轉有實, 虛空一心, 彼便有選擇. 問: 一心無有選擇. 此事不異. 便有增益. 以選擇無增益. 或作是說: 非一心選擇. 有勝意, 有選擇."

여기서 일심자는 현행식의 종자/소의인 의(意, manas)[160]가 소멸하여 일심만이 존재할 때라도 선택, 즉 판단 분별의 작용을 갖는다는 것이다.

2) 원효의 일심

상좌上座 슈리라타는 일종의 현행식의 잠재의식적 측면이라 할 수 있는 동일 종류의 마음으로서 일심을 주장하였지만, 이는 소연과 행상을 갖지 않고서 그 자체 전변 상속하는 이숙식, 염정染淨의 일체 종자의 훈습처로서 무부무기성無覆無記性이었다. 이에 대해 일심상속론자는 마음은 객진客塵에 의해 더렵혀진 것일 뿐 마음(一心) 자체는 본래 청정하다는 자성청정심을 주장하였고, 『논사』의 심주론자는 상주불변의 일심을 주장하였으며, 『존바수밀보살소집론』의 일심자는 이것의 지각성도 인정하였다.

원효 역시 정도는 다를지라도 "마음은 일체 세간법과 출세간법을 포섭한다"는 『기신론』의 논설에 대해 "마음은 〔염정染淨의〕 제법을 모두 포섭하는 것으로, 제법 자체가 바로 일심"이라 해설하였고,[161] 『능가경』에 따라 일심을 여래장으로, 생멸심의 여래장을 자성청정심으로 이해하였다.[162] 나아가 이러한 일심은 허공과 같은 〔공허한〕 존재

---

160 上座의 제자 邏摩(Rāma)는 멸진정 중에서도 意處는 괴멸하지 않으며 이에 따라 意識이 생겨나는 경우가 있다고 하였고(대정장 29, p.485c24~27), 『유가론』 「섭사분」(대정장 30, p.814b11~13)에서는 意處를 의식의 種子 所依로 이해하였다. 이로 볼 때 一心者가 말한 心(citta: 所熏處)의 意(manas)는 현행식의 소의나 종자일 것이다. 아니면 단순히 '思量分別'의 의미일지 모른다.

161 "良由是心通攝諸法. 諸法自體唯是一心."(『한불전』 1, p.740a11~12)

162 "故言一心者, 名如來藏."(『한불전』 1, p.741a14); "自性清淨心, 名爲如來藏."(동,

가 아니라 그 자체 신령스러운 지성(神解, *ṛddhi-vidya)을 갖는 제법 중의 실체"라고도 하였다.[163]

그는 『범망경보살계본사기』에서 마음에 대해 이같이 해설하고 있다.

〔『범망경』에서의〕 '일체유심一切有心'은 불성佛性의 직접적 근거(正因)에 대해 논의한 것이니, 『열반경』에서 "일체중생은 다 마음을 갖는 자이기에 응당 아뇩다라삼막삼보리를 얻을 수 있다"고 말한 것과 같다. 무릇 존재하는 마음에는 두 종류가 있다. 첫째는 진여심眞如心이니, 이 마음은 본래부터 항하사恒河沙처럼 무량인 진여심 자체(性)의 공덕을 갖추고 있으므로 '불공여래장不空如來藏'이라 이름한다. 둘째는 심생멸심心生滅心이니, 이 마음은 번뇌로 인해 더러움에 가려졌기 때문에, 드러나지 않기 때문에, 감추어져 있다는 뜻에 근거하기 때문에 공空이라고 말한다. 그렇지만 더러움을 떠날 때 그것의 후덕厚德함이 유출되기 때문에 역시 '여래장'이라 이름한다. 비유하자면 마치 물이 비록 파랑을 성취할지라도 끝내 물의 자성을 상실하지 않는 것과 같다. 그래서 '여래장'이라 이름한 것이다. 이는 곧 〔번뇌에〕 감추어진 여래장이 드러나면 법신이 된다는 것이다. 중생은 모두 이 같은 두 종류의 마음을 가지고 있기 때문에 '일체유심'이라 말한 것이다.[164]

---

p.745c12)

163 "諸法中實, 不同虛空, 性自神解, 故名爲心."(『한불전』 1, p.741a22~23)

164 『범망경보살계본사기』(『한불전』 1, 590b13~24), "初言'一切有心'者, 論佛性正因. 謂如涅槃經云, '一切衆生凡有心者, 當得阿耨多羅三藐三菩提故'. 凡有心者, 有二種心. 謂一者, 眞如心. 此心從本以來, 具足恒河沙性功德. 故名不空如來藏. 二者,

원효의 일심은 잡염과 청정의 소의라는 점에서 상좌 슈리라타의 일심이기도 하고, 자성이 청정하다는 점에서 일심상속론자의 일심이기도 하며, 그 자체 신령스러운 지성(神解)을 갖는다는 점에서 일심자의 일심이기도 하고, 상주의 법신이라는 점에서 심주론자의 일심이기도 하다. 제 부파의 일심이든 원효의 일심이든 이에 관한 보다 면밀한 분석은 후일로 미룬다.

心生滅心. 謂此心者, 由煩惱以染覆故, 性不現故, 約隱義故, 名空. 然離染時, 流出厚義, 故亦名如來藏. 譬如水雖成波浪, 而終不失水性義. 故名如來藏. 此卽隱覆如來藏現爲法身. 衆生皆有如是二種心. 故名'一切有心'者."

약호와 참고문헌

AKBh.: *Abhidharmakośabhāṣya*. Edited by P Pradhan, 1976.

AKVy.: *Abhidharmakośavyākhyā*. Edited by U. Wogihara, 1989. reprint.

Bodhisattvabhūmi, ed., U. Wogihara, Tokyo, 1971. reprint.

대정장: 大正新修大藏經

『한불전』: 韓國佛教全書(동국대학교 출판부)

『장아함경』 제2분 제13「清淨經」(대정장 1)

『중아함경』 제196「周那經」(대정장 2)

『四分律』, 『五分律』, 『摩訶僧祇律』(대정장 22)

『十誦律』(대정장 23); 『善見律毘婆沙』(대정장 23)

『大智度論』(대정장 25)

『大毘婆沙論』(대정장 27)

『阿毘曇毘婆沙論』, 『入阿毘達磨論』, 『아비담심론경』, 『잡아비담심론』, 『尊婆須蜜菩薩所集論』(이상 대정장 28)

『俱舍論』, 『俱舍釋論』, 『順正理論』(이상 대정장 29)

『中論』, 『瑜伽師地論』(대정장 30)

『攝大乘論』, 『攝大乘論(세친)釋』, 『顯揚聖教論』, 『大乘莊嚴經論』, 『成唯識論』(이상 대정장 31)

『大乘起信論』, 『成實論』(이상 대정장 32)

『成唯識論述記』(대정장 43)

『因明入正理論疏』(대정장 44)

『異部宗輪論』(대정장 49)

『대자은사삼장법사전』(대정장 50); 『대당서역기』(대정장 51)

元曉 撰, 『大慧度經宗要』, 『法華宗要』, 『本業經疏』, 『涅槃宗要』, 『無量壽經宗要』,

『梵網經菩薩戒本私記』, 『本業經疏』, 『金剛三昧經論』, 『大乘起信論疏記會本』, 『大乘起信論別記』, 『二障義』, 『十門和諍論』, 『判比量論』 (이상 『한불전』 1)

圓測 撰, 『佛說般若波羅密多心經贊』 (『한불전』 1)

太賢 撰, 『成唯識論學記』 (『한불전』 3)

의천. 『대각국사문집』; 균여, 『釋華嚴敎分記圓通抄』 (『한불전』 4)

각묵스님 옮김, 『디가니까야3』, 초기불전연구원, 2006.

江島惠教, 「Bhāvavivekaの聖典觀」, 『印度學佛教學研究』 17-2., 1969

江島惠教, 「Bhāvavivekaの小乘聖典批判」, 『印度學佛教學研究』 18-2, 1970.

고영섭, 『한국불학사』, 연기사, 1999.

고영섭, 「분황 원효 저술의 서지학적 검토」, 『한국불교사연구』 제2호, 한국불교사연구소, 2012.

高崎直道, 「如來藏思想をめぐる論爭」, 『佛教思想史3-佛教內部おける對論』, 平樂寺書店, 1980.

권오민, 「5종성론에 대하여」, 『천태학연구』 제7집, 천태불교문화연구원, 2005.; 『불교학과 불교』, 민족사, 2009.

권오민, 「연기법이 불타 자내증이라는 경증 검토」, 『보조사상』 제27집, 보조사상연구원, 2007.; 『불교학과 불교』, 민족사, 2009.

권오민, 「불교학과 불교」, 『불교학과 불교』, 민족사, 2009.

권오민, 「선전과 구호의 불교학을 비판한다」, 『문학/사학/철학』 제19호, 한국불교사연구소, 2009.

권오민(2009), 「불설과 비불설」, 『문학/사학/철학』 제17호.

권오민, 「다양성과 유연성의 불교」, 『上月圓覺大祖師 탄신 100주년 기념 논문집』, 원각불교사상연구소, 2011.

권오민, 「우리의 元曉 讀法은 정당한가: 「교체설·체용설과 원효의 언어관」을 읽고」, 한국불교사연구소 제3차 집중세미나 분황 원효 연구의 몇 가지 과제들 1 자료집, 한국불교사연구소, 2012.

권오민, 「법성法性: 성전의 기준과 불설 정의」, 『문학/사학/철학』 제31/32호, 한국불교사연구소, 2012.

권오민, 『상좌 슈리라타와 경량부』, 씨아이알, 2012.

권오민, 「衆賢의 '阿毘達磨=佛說'論」, 『불교원전연구』 제15호, 동국대 불교문화연구원, 2012.

권오민, 「부파분열과 破僧」, 『불교연구』 38, 한국불교연구원, 2013.

권오민, 「了義經에 관한 衆賢과 上座 슈리라타와 世親의 對論」, 『불교원전연구』 제16호, 동국대 불교문화연구원, 2013.

권오민, 「부파불교 散考」, 『문학/사학/철학』 제36호, 한국불교사연구소, 2014.

권오민, 「상좌 슈리라타의 '一心'」, 『인도철학』 제40집, 인도철학회, 2014.

권오민, 「상좌 슈리라타의 '一心'과 알라야식」, 『한국불교학』 제70집, 한국불교학회, 2014.

권오민, 「상좌 슈리라타와 무착과 중현, 그리고 세친」, 『불교학리뷰』, 금강대 불교문화연구소, 2014.

김경래, 「스리랑카 테라와다의 정통성 확립과정에 대한 비판적 연구」, 동국대 대학원 박사학위 청구논문, 2012.

김상현, 『원효연구』, 민족사, 2000.

김성철, 「원효저 판비량론의 대승불설 논증」, 『불교학연구』제6호, 불교학연구회, 2003.

김성철, 『원효의 판비량론 기초연구』, 지식산업사, 2003.

김성철, 「원효의 논리사상」, 『보조사상』 제26집, 2006.

김영일, 「원효의 화쟁논법 연구」, 동국대 대학원 박사학위 청구논문, 2008.

武邑尙邦, 『佛教論理學の研究: 知識の確實性の論究』, 京都: 百華苑, 1968.

박재현, 「원효의 화쟁사상에 대한 再考: 화쟁의 疏通적 맥락」, 『불교평론』 제8호, 2001.

박종홍, 『박종홍전집 Ⅳ 한국사상사 1』, 민음사, 1998.

박태원, 「원효의 언어이해」, 『신라문화』 제3·4합집, 동국대 신라문화연구소, 1987.

박태원, 「원효 화쟁사상의 보편원리」, 『철학논총』 제38집, 새한철학회, 2004.

박태원, 『원효의 십문화쟁론』, 세창출판사, 2013.

박태원, 「화쟁사상을 둘러싼 쟁점검토」, 한국불교사연구소 제3차 집중세미나 분황원효 연구의 몇 가지 과제들 1 자료집, 2012.; 『한국불교사연구』 제2호, 한국불교사연구소, 2012.
福士慈稔, 「元曉の思想を和諍思想と捉えることに對して」,『佛教學』 46, 佛教思想學會, 2004.
사사키 시즈카, 이자랑 옮김, 『인도불교의 변천』, 동국대출판부, 2007.
三枝充悳, 심봉섭 옮김, 『불교학세미나② 인식론·논리학』, 불교시대사, 1995.
本庄良文, 「阿毘達磨佛說論と大乘佛說論」, 『印度學佛教學研究』 38-1, 1989.
스에키 후미히코(末木文美士), 이태승·권서용 역, 『근대일본과 불교』, 그린비, 2009.
石井公成, 「元曉の和諍思想の源流」, 『印度學佛教學研究』 51-1, 2002.
심재룡, 「한국불교 연구의 한 반성: 한국불교는 회통적인가?」, 『동양의 지혜와 선』, 세계사, 1990.
은정희 역주, 『이장의』, 소명출판, 2004.
이기영, 「元曉의 實相般若觀」, 『정신문화』 제6호, 한국정신문화연구원, 1980.
이종익, 「원효의 십문화쟁론 연구」, 『원효연구논총』, 국토통일원 조사연구실, 1988.
이종익, 「元曉大師의 十門和諍論」, 『원효대사의 화쟁사상 1』, 중앙승가대학 불교사학연구소, 2000.
이도흠, 「교체설·체용설과 원효의 언어관」, 『한국불교사연구』 제2호, 한국불교사연구소, 2012.
이재숙 옮김, 『우파니샤드 I』, 한길사, 1996,
임승택 등 공역(2014), 『경전이해의 길, 네띠빠까라나』, 학고방.
임준성, 「원효의 언어관, 文語非義와 義語非文」, 『선문화』 2004 11월호.
長尾雅人, 『攝大乘論: 和譯と注解』, 講談社, 2001.
荻原雲來편, 전태수 역, 『漢譯對照 梵韓大辭典』, 대한교육문화신문출판부, 2007.
조명기, 『新羅佛教의 理念과 歷史』, 신태양사, 1962.
佐藤密雄, 『原始佛教教團の研究』, 東京: 山喜房佛書林, 1972.
佐藤密雄, 『論事 附 覺音註』, 동경: 山喜房佛書林, 1991.
中村元, 『佛教語辭典』, 東京書籍, 1981.
최병헌, 「고려 불교계에서의 원효 이해: 의천과 일연을 중심으로」, 『원효연구논총』, 국토통일원조사연구실, 1987.
최연식, 「원효의 화쟁사상의 논의방식과 사상사적 의미」, 『보조사상』 제25집, 2006.

최유진, 「원효의 있어서 화쟁과 언어의 문제」, 『경남대 철학논집』 제3집, 1987.
平川彰, 釋慧能 옮김, 『비구계의 연구 I』, 민족사, 2002.
河千旦, 「海東宗僧統官誥」, 『동문선』 권27, 민족문화추진회, 1977.
한정섭, 『縮譯 元曉全書』, 불교정신문화원, 2012.
Monier Williams Sanskrit Dictionary,
http://www.sanskrit-lexicon.uni-koeln.de/scans/MWScan/

천태사상과 원효사상*

- 무애행과 정토사상을 중심으로

이병욱(고려대, 중앙승가대 강사)

Ⅰ. 서론

천태지의(天台智顗, 538~597)는 중국불교의 주요한 인물이고, 원효(元曉, 617~686)는 한국불교의 주요한 인물이라고 할 수 있다. 이 두 사람의 사상에 포함되어 있는 '공통적 요소'에 대해 검토하려는 것이 이 글의 목적이다. 이 글에서 '공통적 요소'라고 한 것은 공통적 측면 가운데서 중요한 것이라는 의미다. 일반적으로 볼 때 천태사상과 원효사상에 주요한 공통적 요소가 쉽게 발견되지는 않는다. 왜냐하면 보통 천태사상을 원돈지관圓頓止觀이라는 틀 속에서 파악하는 경향이 있기 때문이고, 그래서 이 원돈지관이 원효사상과는 그렇게 일치점이 있다

* 이 글은 『불교학연구』 42호(불교학연구회, 2015)에 실린 것을 수정하고 보완한 것이다.

고 생각되지는 않기 때문이다. 따라서 이 글에서는 이 둘의 공통적 요소를 제시하기 위해서 천태지의의 원돈지관의 체계를 따르지 않고, 원효의 사상에 주안점을 두고 거기에 해당하는 내용이 원돈지관에 있는지 검토하고자 한다.

천태사상과 원효사상을 비교한 선행연구로는 이영자,[1] 최기표,[2] 이기운,[3] 이병욱[4] 등의 연구성과가 있다. 이 글에서는 선행연구에 수용하고 그 연구성과와는 다른 관점으로 이 두 사상의 공통적 요소를 제시하고자 한다. 그것은 무애행(무애도)와 정토사상에서 공통적 요소가 있다는 것이다. 나아가 공통적 요소의 관계에 대해 검토하고자 한다.

그런데 천태지의가 원효보다 80년 정도 앞서서 활동했으므로 천태지의의 사상이 원효에게 영향을 미쳤을 것이라고 짐작할 수 있다.[5] 그리고

---

1 이영자, 「원효의 천태회통사상연구」, 『한국천태사상의 전개』(민족사, 1988) pp.42~72: 원효의 교판론이 천태의 교판에 근거해서 화쟁으로 발전했다고 주장한다.

2 최기표, 「『기신론소』에 나타난 천태지관론」, 『한국불교학』 34집(한국불교학회, 2003), pp.107~129: 이 논문은 천태사상과 원효사상의 교섭에 관한 연구인데, 원효의 『기신론소』에 인용된 내용이 천태의 『천태소지관』이라는 주장도 있지만, 그것이 아니고 천태의『차제선문』을 인용한 것이라고 한다.

3 이기운, 「천태의 四一과 원효의 四法」, 『불교학연구』 11호(불교학연구회, 2005), pp.5~30: 천태의 『법화문구』에서 제법실상을 말하는 것과 원효의 『법화종요』에서 일승을 말하는 부분의 공통점을 검토하고 있다.

4 이병욱, 「천태의 사상과 원효의 사상의 공통점 연구」, 『선문화연구』 8집(한국불교선리연구원, 2010), pp.1~41: 천태사상과 원효사상의 공통점으로 3가지를 거론한다. 첫째, 천태의 일심삼관의 맥락이 원효의 사상에서도 발견된다는 것이다. 둘째, 원효의 화쟁사상의 내용이 천태사상에서도 발견된다는 것이다. 셋째, 4실단을 활용한다는 점에서 천태사상과 원효사상에는 공통점이 있다는 것이다.

『열반종요』에 원효가 천태지의에 대해 상당히 긍정적으로 평가한 대목이 있다. 원효는 "천태 지자대사는 선정과 지혜에 모두 통하여서 온 세상이 (지자대사를) 존중하고 있으며, 범부와 성인도 (지자대사의 경지를) 측량할 길이 없다"라고 말한다.[6] 그렇지만 천태지의가 원효에게 영향을 미친 것이 어느 정도인지 정확히 제시하기는 힘들다. 그래서 이 글에서는 원효가 천태지의에 영향을 받은 것은 인정하지만, 그렇다고 해서 천태지의가 원효에게 영향을 주었다고 가정하고 논의를 출발하지는 않을 것이다. 분명한 문헌적 근거가 있을 경우에만 한정해서 천태지의가 원효에게 영향을 미쳤다는 것을 수용하는 쪽으로 논의를 전개하고자 한다. 그렇지 않고 천태지의가 원효에게 영향을 미쳤다는 것을 가정하고 논의를 진행하면 여러 가지 가설을 세울 수는 있겠지만, 그 가설의 내용을 검증하기는 어려울 것이다.

글의 진행순서에 대해 간단히 말하자면, 2절에서는 천태사상에 대해 개괄적으로 소개하고, 3절에서는 천태지의의 무애도無礙道와 원효의 무애행無礙行을 비교하고, 4절에서는 천태지의의 정토사상과 원효의 정토사상을 비교하며, 5절 결론에서는 필자의 관점을 제시하고자 한다. 천태지의의 사상에 대해서는 주로 『마하지관』 2권상, 4권상, 8권에 의거해서 검토하고, 원효의 경우에는 무애행은 『보살계본지범요기』에

---

5 이영자, 「원효의 지관」, 『한국천태사상의 전개』(민족사, 1988), pp.77~82: 원효의 『대승기신론소』에서 천태의 『천태소지관』의 일부내용을 인용하고 있는 점에 대해 검토하고 있다.

6 『열반종요』(『한국불교전서』 1, p.547上), "然天台智者 禪惠俱通 擧世所重 凡聖難測."

근거해서 살펴보고, 정토사상은 『무량수경종요』에 의거해서 알아보고자 한다.

Ⅱ. 천태 사상의 개괄적 소개[7]

천태지의는 형주荊州에서 태어났다. 이름은 '지의'이고 자字는 '덕안'이다. 천태는 18세 때 출가하였고, 23세 때 혜사慧思의 문하에서 '법화삼매'를 배웠다. 혜사에게 법화삼매를 배운 지 14일 만에 『법화경』「약왕보살품」의 한 구절에 이르러 몸과 마음이 문득 고요해지는 선정을 체험했다고 한다. 혜사는 천태의 이러한 선정체험에 대해 그 의미를 인정해주었다. 천태는 31세 때 진나라의 수도 금릉으로 나왔고 여기서는 주로 이론불교를 공부하였다. 천태는 금릉에서 명성은 얻었지만 이것에 만족하지 않고 38세 때에는 천태산으로 들어가서 11년 동안 도를 닦았다. 혜사의 문하에서 실천불교를 공부하고, 금릉에서 이론불교를 공부한 것이 천태산의 수행을 통해서 더욱 원숙해졌다. 이론과 실천을 겸비한 대사상가가 탄생할 수 있는 여건이 드디어 마련된 것이다. 천태는 48세 때에 천태는 진나라 황실의 요청으로 인해 다시 금릉으로 내려왔다. 천태는 그동안 공부한 힘을 발휘해서 '천태의 삼대부'라고 불리는 『법화문구』, 『법화현의』, 『마하지관』을 강의하였다. 52세 때 진나라가 수나라에 의해서 망하자 천태는 여산에 은둔하였다. 수나라의 황실의 요청에 의해서 다시 세상에 나왔고, 뒷날 수나라의 양제가

---

7 2절의 내용은 이병욱, 『천태사상』(태학사, 2005)의 일부 내용을 정리한 것이다.

된 양광에게 『유마경』의 주석서를 보내주었다.

천태의 사상은 크게 나누면 교판론教判論과 3종지관三種止觀으로 이루어져 있다고 할 수 있다. 여기서는 그 내용을 편의상 3단락으로 나누어서 간단히 살펴보고자 한다.

1. 교판론教判論

교판론은 중국불교의 특징으로 꼽히는 것인데, 이는 불교경전을 정리하고 분류하는 안목이라고 할 수 있다. 중국에서는 인도의 소승과 대승불교의 역사적 변천과정을 모르고, 모두 다 동일한 부처님이 말씀한 내용으로 파악하였기 때문에 초기불교경전인 『아함경』과 여러 대승경전 사이에서 생기는 차이점을 어떻게 해소할지 고민하게 되었다. 그 결과 생겨난 것이 바로 교판론이다. 비유컨대 짝사랑하는 여인의 행동 하나하나를 자기 좋을 대로 상상하는 순진한 남자의 심정과 비슷하다고 할 수 있다. 물론 인도불교에도 교판론이 없는 것은 아니지만, 중국에 와서 꽃을 피우게 되었고, 그 대표적인 유형이 바로 천태의 5시8교五時八教이다. '5시'는 부처님이 가르침을 전한 순서를 5시기로 구분한 것이고, '8교'는 화의사교化儀四教와 화법사교化法四教로 구분되는데, '화의사교'는 부처님이 가르침을 전달하고 중생이 이해하는 방식에 따라 구분한 것이고, '화법사교'는 부처님의 가르침을 내용으로 구분한 것이다.

2. 3종지관三種止觀

3종지관은 점차지관漸次止觀, 부정지관不定止觀, 원돈지관圓頓止觀으로 구성된다. '점차지관'은 수행의 단계를 모두 밟아서 깨달음을 이루는 것이고, '부정지관'은 수행의 단계를 모두 이수하는 것이 아니고 어느 정도의 단계에서 깨달음의 세계로 비약하는 것이다. 그에 비해 원돈지관은 처음부터 완벽한 깨달음을 이루는 것이다. 예를 들자면, 초등학교 6학년 과정을 찬찬히 전부 밟아나갔으면 그것은 점차지관에 해당하는 것이고, 초등학교 3학년 정도까지 공부하다가 뛰어난 수재라고 인정받아서 6학년으로 건너뛰었다면 이는 부정지관에 속하는 것이다. 만약 1학년 입학과 동시에 졸업하는 학생이 있다면 그런 사람은 원돈지관의 경우에 속한다고 할 수 있다.

3. 원돈지관圓頓止觀

천태는 3종지관三種止觀을 말하고 있지만, 사상의 비중은 원돈지관圓頓止觀에 있다. 『마하지관』에서는 주로 원돈지관에 대해 설명하고 있다. 원돈지관에서 '원圓'은 완벽하다는 의미이고, '돈頓'은 아주 빠르다는 것이다. 그러니까 원돈지관은 보통의 지관이 아니고 완벽하면서도 아주 빠른 지관이라는 것이다. 이는 현실의 지관이라기보다는 이념적 형태이다. 이 세상에서는 빨리 이루어진 것은 반드시 실수가 포함되어서 완벽할 수 없고, 아주 완벽하기 위해서라면 천천히 오랜 시간 공을 들어야 한다. 그래서 완벽한 것과 아주 빠른 것은 서로 함께 갈 수 있는 것이 아니다. 그런데도 이 둘을 함께 내세운 것은 천태종의 지관이 그만큼 뛰어난 것이라는 종파의식에 기초한 것이다. 따라서 원돈지관이라는 말에 그렇게 의미를 부여할 필요는 없다고 본다. 길거리를 가다보면 자기의 종교를 믿어야만 구원을 얻는다는 유인물을 흔히

접하는데, 그때 그 유인물의 내용을 자기 종교를 포장하는 말로 생각하지 진실이라고 보지 않는 것처럼 말이다. 어느 종교나 종파든지 자신의 종파가 최고라는 그런 의식이 깃들어 있기 마련인가 보다. 원돈지관은 25방편, 4종류 삼매, 실상론, 십경십승관법으로 이루어져 있다.

1) 25방편

'25방편'은 본격적인 수행에 들어가기 전에 몸과 마음을 다스리는 방법에 대해 말한 대목이다. 25방편은 모두 5항목으로 이루어져 있고, 이 항목마다 5가지 내용이 있기 때문에 25방편이라고 한다. 그 내용은 3부분, 곧 총론 부분과 부정적인 마음을 버리는 부분과 긍정적인 덕목을 닦는 부분으로 구분될 수 있다.

2) 4종류 삼매

4종류 삼매(四種三昧)는 삼매를 외적인 형식에 맞추어서 4종류로 분류한 것으로, 그 항목은 상좌삼매, 상행삼매, 반행반좌삼매, 비행비좌삼매이다. 우선 상좌삼매常坐三昧는 90일 동안 앉아서 수행하는 것이다. 이는 좌선수행을 강조하고 있으며 보조적인 수행으로 염불을 인정하고 있는 것이다. 상행삼매常行三昧는 90일 동안 몸을 계속 움직이면서 삼매에 들어가는 것이다. 이는 염불수행에 중점을 둔 것이다. 반행반좌삼매半行半坐三昧는 앞에서 소개한 상좌삼매와 상행삼매의 중간적 형태이다. 반행반좌삼매는 법화삼매와 방등삼매로 이루어져 있는데, 법화삼매法華三昧는 『법화경』을 근거로 해서 삼매에 들어가는 것이고, 방등삼매方等三昧는 밀교적 수행을 의미하는 것이다. 비행비좌삼매非行非坐

三昧는 외적 형식에 구애되지 않고 수행을 하는 것이다. 일상 활동에서 발생하는 선, 악, 무기(無記: 선도 악도 아닌 중간상태)의 마음을 분석해서 그것이 실체가 없음(空)을 깨닫는 것이고, 그리고 모든 경전에서 소개하고 있는 수행법도 비행비좌삼매에 포함되는데, 그 내용은 공空을 관조하는 것으로 돌아간다. 천태는 4종류 삼매를 통해서 당시에 유행하던 모든 종류의 수행법을 종합하려는 의도를 가지고 있었다. 바꾸어 본다면, 4종류 삼매에는 어떤 수행이든지 간에 깨달음의 세계로 이끌어준다는 생각이 담겨 있다고 해석할 수 있다. 좌선수행만이 아니라 염불수행과 밀교적 수행도 깨달음의 세계로 이끌어줄 수 있고, 수행의 형식이 아니라 내용이 중요하다는 점을 비행비행삼매를 통해서 알 수 있다.

3) 실상론實相論

실상론은 십경십승관법의 첫 번째 항목인데, 이 부분이 철학적으로 중요하기 때문에 따로 떼어서 서술하고자 한다. 실상론은 두 부분으로 나누어지는데, 그것은 '일념삼천설'과 '일심삼관'이다. 일념삼천설一念三千說은 인간의 한 마음에 삼천 가지의 가능성이 간직되어 있다는 말이다. 삼천 가지는 상징적 의미를 가지는 것이지 실제로 인간의 마음에 삼천 가지의 가능성이 있다는 것은 아니다. 바꾸어 말하자면, 인간은 착한 사람이 될 수도 있고 악한 사람도 될 수 있는 가능성이 있으며, 인간은 부처가 될 수 있는 가능성도 있고 지옥에 떨어질 가능성도 있다는 말이다. 이러한 일념삼천설의 내용을 일상생활에 적용하면 주변 사람들에게 관대한 마음을 품을 수 있고 자신에게는 엄격해 질 수 있다. 저 사람이 지금은 좋지 않은 일을 했지만, 언젠가는 좋은 일을 할 수 있는 가능성이 있음을 인정할 수 있게 된다. 죄가 미운 것이지 사람이 미운 것이 아니라는 말이 이 경우에 잘 맞는다. 그리고 지금 내가 좋은 일을 하고 업적을 내고 있지만, 동시에 언제 나쁜 일을 할지도 모른다는 경각심을 가진다면, 자신이 한 일이나 업적에 안주하지 않고 끊임없이 노력할 수 있는 계기가 될 것이다.

일심삼관一心三觀은 한 마음에 3가지 관觀이 연결되어 있다는 것인데, 이는 공空, 가假, 중中이 하나라는 말이다. 더 구체적으로 말한다면, 공空 속에 '가'와 '중'이 있고, 가假 속에 '공'과 '중'이 들어 있고, 중中 속에 '공'과 '가'가 있다는 것이다. 하지만 중점에 둘 것은 공空 속에 '가'와 '중'이 있다는 대목이다. '공'을 한마디로 정리한다면 집착의 마음을 비우는 것이라고 할 수 있다. 인도에서는 피안彼岸이 강조되기 때문에 버리고 떠나면 그만이었다. 하지만 중국에서는 현실의 대상이 중시되었고, 인도의 불교가 중국화 되기 위해서는 이 문제를 어떤 식으로든지 해결할 필요가 있었다. 그래서 부각된 것이 가假이다. 이 '가'는 현실의 대상이 범부가 집착하는 대로 이 세상이 존재하는 것은 아니지만 집착의 마음을 버리고 바라보면 그 존재 자체가 부정되는 것은 아니라는 의미이다. 다시 말하자면, 현실세계는 가유假有라는 의미이고, '가유'는 존재하기는 하지만 집착의 대상은 아니라는 뜻이다. 이처럼 '가유'를 인정하면 잘못하면 여기에 빠져들 수도 있다. 그래서 '공'의 집착하지 않음에 떨어지지 않고 '가'의 현실세계 인정에도 기울어지지 않는 중도中道의 맥락이 제시된 것이다. 이처럼 천태의 일심삼관에는 중국의 현세간주의가 깃들어 있다.

4) 십경십승관법十境十乘觀法

십경십승관법은 천태의 수행방법이 구체적으로 제시된 것이다. '십경'은 지관止觀의 대상이 되는 열 가지 경계이고, '십승관법'은 지관을 닦는 사람이 행하는 열 가지 방법이다. 천태가 지관의 대상으로 열 가지 경계를 제시한 것은 수행을 하다가 장애에 부딪칠 경우를 예상하였기 때문이다. 보통 지관을 수행할 때는 그 대상은 현재의 세계이다. 하지만 수행을 하다가 번뇌에 빠질 수도 있고, 뜻밖에도 병에 걸릴 수도 있으며, 좋은 업도 짓고 나쁜 업을 지어서 그 경계가 나타나서 수행을 장애할 수도 있다. 또 도가 높으면 마魔의 유혹도 거세어지고, 선정에 들어간 수행자라 할지라도 선정의 안온함에 빠질 우려도 있다. 선정을 통해서 지견知見이 열리는 것은 좋은데 이것에도 집착하면 문제가 된다. 또 사람은 수준이 높아지면 교만심을 낼 수도 있고, 소승의 경지에만 매몰될 수도 있고, 대승의 수행자라면 보살의 자비정신을 잘못 발휘할 수도 있다. 이처럼 장애가 나타날 때는 각각 그 장애를 지관의 대상으로 삼아서 이 장애를 물리쳐야 한다는 것이 천태가 '10경'을 제시한 이유이다.

십승관법은 지관을 닦는 사람이 행하는 열 가지 방법이지만, 이것을 내용으로 본다면 5단락으로 구분할 수 있다. 첫째, 바른 진리의 가르침을 알아야 한다는 것이다. 이는 천태 실상론의 내용을 말하는 것이지만, 꼭 천태의 실상론만에 국한될 필요는 없다고 본다. 진리의 말씀이라면 어떤 가르침도 무방하다고 생각한다. 둘째, 지식만 가지고는 곤란하고 자비의 마음이 필요하다는 것이다. 올바른 수행자가 되기 위해서는 지식과 자비를 동시에 갖추어야 한다. 셋째, 지관을 닦아야 한다.

이는 불교의 본격적인 수행이라고 할 수 있다. 넷째, 수행자 자신이 어느 정도 수행이 익었는지 가늠할 수 있는 안목이 필요하다는 것이다. 수행자는 빨리 깨달음의 세계에 도달하고자 하는 열망이 강하기 때문에 조그마한 체험에도 큰 의미를 부여하기 쉽다. 이런 것을 예방하기 위해서 자신의 이룬 경지를 냉철하게 바라볼 수 있는 안목이 요청된다. 다섯째, 진리에 대한 애착마저도 버려야 한다는 것이다. 수행의 마지막 경지에서는 이제까지 진리라고 믿어왔던 것마저도 놓을 수 있어야 한다는 것이다. 그럴 때 비로소 어디에도 걸리지 않는 자유인이 될 수 있기 때문이다. 이렇게 정리하면, 천태의 십승관법에는 수행자가 갖추어야 할 덕목이 잘 제시되어 있다고 볼 수 있다.

Ⅲ. 천태의 무애도와 원효의 무애행

3절에서는 천태지의의 '무애도'와 원효의 '무애행'을 비교하고자 한다. 원효의 '무애행'은 계율문제에서 출발하는 것이므로 이 둘을 비교하기 전에 우선 천태지의의 계율관과 원효의 계율관을 비교한다. 이 둘의 계율관은 서로 중도中道를 강조하고 있다는 점에서 공통점이 있다. 그리고 나서 천태지의의 '무애도'와 원효의 '무애행'을 검토하고자 한다. 천태지의의 '무애도'와 원효의 '무애행'은 서로 정신을 같이 하는 것이지만, 이 둘에는 차이점도 있다.

1. 천태의 무애도無礙道

1) 천태의 계율관

천태지의는 25방편의 지계청정持戒淸淨에서 자신의 계율관을 밝히고 있다. 천태지의는 계율을 객계客戒와 성계性戒로 구분한다. 객계는 삼귀의, 5계, 250계를 말하는 것인데, 이는 부수적인 것이라고 할 수 있다. 그에 비해 성계는 근본적인 것이다. 성계는 『대지도론』에서 말하는 10가지 계를 내용으로 하는 것이다. 일반적으로 계율을 받았을 경우 그것을 지키면 복덕이 되고 계율을 어기면 죄가 된다. 그렇지만 계율을 받지 않았다면 복덕도 없고, 따라서 계율을 지키지 않았다고 해서 죄가 되는 것도 아니다. 그러나 천태지의가 말하는 성계는 계율을 받았거나 받지 않은 것을 따지지 않는다. 성계를 지키지 않으면 그것은 죄가 되고, 지키면 선善이 되는 것이다.[8]

그 다음에 천태지의는 성계를 각각 인연소생법因緣所生法, 공空, 가假, 중中의 관점에서 풀이한다.[9] 10가지 '계' 가운데 중中에 해당하는 것이 수정隨定과 구족具足이다. 이는 수능엄정(首楞嚴定: 장군이 군대를 이끌고 적을 무찌르는 것처럼, 번뇌의 마군을 물리치는 선정)의 상태에서 벌어지는 것이다. 수행자가 모든 위의威儀를 잘 갖추고 있는 것이 구족具足의 의미이고, 그렇다고 해서 '위의'에 집착하는 것이 아니고 선정의 상태를 유지하고 있는 것이 수정隨定의 의미이다. 다시 말하자면 계율의 사항을 잘 준수하지만, 그렇다고 분별에 빠지는 것이 아니고

---

8 이병욱, 『천태사상』(태학사, 2005), p.63. '지계청정'에 대한 더 자세한 설명은 혜명, 『마하지관의 이론과 실천』(경서원, 2007), pp.218~223을 참조하기 바람.

9 佐佐木憲德, 『天台教學』(京都: 百華苑, 소화36/38), pp.222~223.

늘 삼매에 머문다는 것이다.[10]

2) 천태의 무애도無礙道

천태지의는 10경 가운데 '번뇌경'에서 '무애도'를 제시하고 있다.[11] 구체적으로 말해서 번뇌경에서 제시된 관부사의경觀不思議境의 내용이 무애도無礙道이다. 이는 번뇌를 따라서도 안 되고 번뇌를 끊어서도 안 된다는 것이다. 번뇌를 따르면 이는 악도惡道를 향하는 것이고, 번뇌를 끊는다고 하면 증상만增上慢을 이룬다. 그래서 번뇌를 조복하는 것에도 머물지 않고 번뇌를 조복하지 않음에도 머물지 않는다고 한다. 이 내용에 관한 인용문은 다음과 같다.

> 부사의경不思議境은 다음과 같다. 『무행경』에서 "탐욕 그대로 도道이고 성냄과 어리석음도 그러하다. 이와 같은 3가지 법(탐욕, 성냄, 어리석음) 가운데 모든 불법佛法을 갖추고 있다"고 하였다. 이와 같은 4가지 번뇌(탐욕, 성냄, 어리석음, 이 3가지가 균등하게 일어난 것)는 그대로 도道이지만 (이 4가지 번뇌를) 다시 따라서는 안 된다. (4가지 번뇌를) 따르면 사람을 악도惡道로 향하게 만든다. (4가지 번뇌를) 다시 끊어서도 안 되니, (4가지 번뇌를) 끊으면 증상만을 이룬다. 어리석음과 애착을 끊지 않고 모든 밝음과 해탈을 일으켜야 도道라고 이름한다. (이것이 번뇌를) 조복함에도 머물지 않고 (번뇌

10 『마하지관』 4권상(대정장 46, p.36下).

11 이병욱, 「천태의 번뇌 대치對治의 특색」, 『불교사상과 문화』 4호(중앙승가대 불교학연구원, 2012), pp.208~216.

를) 조복하지 않음에도 머물지 않는 것이다.[12]

어리석은 사람(凡夫)은 욕심을 내고 욕심에 물들어서 4가지 번뇌를 따른다. 그래서 어리석은 사람은 번뇌를 조복하지 않음에 머문다. 이승二乘의 사람은 생사를 두려워해서 수행을 한다. 그래서 이승의 사람은 번뇌를 조복함에 머문다. 그에 비해 대승의 사람인 보살은 생사에 대해 용감하고 열반에 대해 집착하지 않는다. 보살은 생사에 대해 용감하므로 태어나지만(生) 무생無生이고, 열반에 집착하지 않으므로 공空도 공이 아님을 알아서 공에도 집착하지 않는다.[13]

그런데 위에서 말한 '번뇌를 조복함에도 머물지 않고 번뇌를 조복하지 않음에도 머물지 않는다'는 말에 듣고 두 가지 잘못된 행동유형이 생긴다. 그것은 어리석은 사람의 행동과 이승二乘의 수행자의 행동이다.

우선, 어리석은 사람은 이러한 가르침을 듣고 잘못 판단해서 번뇌를 조복하는 것도 무방하고 번뇌를 조복하지 않음도 무방하다고 생각한다. 그래서 이 어리석은 사람은 무애도無礙道라고 주장하면서 태연하게 음행을 행하고 공공연하게 옳지 않은 일(非法)을 행하고서도 부끄러워하지 않는다.[14]

---

12 『마하지관』 8권(대정장 46, p.103中), "不思議境者. 如無行云. 貪欲卽是道 恚癡亦如是. 如是三法中 具一切佛法. 如是四分 雖卽是道 復不得隨 隨之將人 向惡道. 復不得斷 斷之成增上慢. 不斷癡愛 起諸明脫. 乃名爲道. 不住調伏 不住不調伏."

13 『마하지관』 8권(대정장 46, pp.103中-下).

14 『마하지관』 8권(대정장 46, p.103下).

그 다음으로, 이승의 수행자는 탐욕에 즉해서 도道라는 것을 알지 못하고 탐욕을 끊어야 도道라고 생각한다. 그래서 이승의 수행자는 조복함에도 머물지 않고 조복하지 않음에도 머물지 않는다는 말을 듣고 2변二邊을 깨뜨리고자 수행을 한다.[15]

그러면 무애도의 내용에 대해 더 자세히 살펴본다. 무애도의 목표는 자신과 중생을 구제하는 데 초점을 맞춘 것이다. 앞에서 말한 것처럼, 대승의 보살은 번뇌를 조복하기도 하고 번뇌를 조복하지 않기도 한다. 번뇌를 조복해서 번뇌가 공空임을 깨달아서 생사의 집착에서 벗어나는 것이다. 또한 번뇌를 조복하지 않아서 그것을 단서로 해서 탐욕의 정체를 잘 알아서 중생의 근기에 맞추어서 교화하고 그러한 관조의 힘으로 생사에서 벗어난다. 번뇌를 조복하는 쪽은 자신의 수행을 강조하는 쪽이라면, 번뇌를 조복하지 않는 쪽은 중생을 교화하는 데 중점을 둔 것이다. 또한 보살은 조복함과 조복하지 않음을 다 부정하기도 하고, 조복함과 조복하지 않음을 다 인정하기도 한다. 이러한 무애도의 목표는 자신과 남을 다 이롭게 하자는 데 있다. 이 내용에 관한 인용문은 다음과 같다.

> 이와 같이 체달體達하는 것을 무애도無礙道라고 이름한다. 모든 무애인無礙人이 일도一道로 생사에서 벗어난다.[16] 어떻게 (생사에

15 『마하지관』 8권(대정장 46, p.103下).

16 『삼국유사』 4권 「원효 얽매이지 않다(元曉不羈)」 조항에서 동일한 표현이 나온다. "원효는 우연히 광대가 춤추며 놀던 큰 박(大瓠)을 얻었는데, 그 형상이 진기하였다. 원효는 그 형상대로 도구를 만들고, 『화엄경』에서 '모든 무애인은 일도一道에서

서) 벗어나는가? 어떤 때에는 탐욕이 필경에는 청정해서 얽매임도 없고 번뇌(染)도 없는 것이 마치 허공과 같다고 체달해서 생사에서 활연히 벗어난다. 이것을 조복함에 머물러서 이익을 얻는 것(住調伏得益)이라고 이름한다. 어떤 때에는 마음을 풀어놓아서 이 탐욕의 본말本末의 인연을 관조해서 어떤 종류가 병이 되고 어떤 종류가 약이 되는지 판단한다. (이는) 마치 화수밀다和須蜜多가 이욕離欲에 들어갈 즈음해서 중생을 제도해서 해탈하게 하는 것과 같다. 이렇게 관조할 때 활연히 생사에서 벗어난다. 이것을 조복하지 않음에 머물러서 이익을 얻는 것(住不調得益)이라 이름한다. 어떤 때에는 두 가지(조복함과 조복하지 않음)에 머물지 않기 때문에 이익을 얻는다. 어떤 때에는 두 가지(조복함과 조복하지 않음)를 관조해서 이익을 얻는다. 이와 같이 뛰어나게 응당 머물기도 하고 응당 머물지 않기도 해서, 나와 남이 모두 이익을 얻으며, 보살의 가르침에 대해서 부족함이 없다. (보살은) 4실단으로 스스로 판단한다.[17]

그래서 무애도는 결국 4실단(세계, 위인, 대치, 제일의)의 활용으로

생사에서 벗어난다'라고 한 것으로 인해 그 도구를 무애無礙라고 이름하였다. 그러고 나서 무애가歌를 만들어 세상에 유포시키고 이 도구를 가지고 여러 곳에서 노래하고 춤을 추었으며, 가르침을 펼쳐서(化詠) 많은 사람을 불교에 귀의하도록 하였다."(『한국불교전서』 6권, pp.348上-中)

17 『마하지관』 8권(대정장 장46, p.104上), "如是體達 名爲無礙道. 一切無礙人 一道出生死. 云何出耶. 有時 體達貪欲 畢竟淸淨 無累無染. 猶如虛空. 豁出生死. 是名住調伏得益. 或時縱心 觀此貪欲本末因緣. 幾種是病 幾種是藥. 如和須蜜多 入離欲際 度脫衆生. 作是觀時 豁出生死. 是名住不調得益. 或時二俱非故得益. 或時俱觀得益. 如是善巧 應住不應住. 自他俱益. 於菩薩法 無所損減. 以四悉檀 而自斟酌."

귀결된다. 4실단의 의미를 잘 안다면 번뇌를 조복하거나 번뇌를 조복하지 않거나 어떤 경우에도 잘못이 없지만, 만약 4실단의 의미를 모른다면 번뇌를 조복하거나 번뇌를 조복하지 않거나 그 어떤 경우라도 문제가 되어서 스스로도 구제하지 못하고 다른 사람도 구제하지 못한다.

> 실단(의 의미)을 잘 관조한다면 자신이거나 다른 사람이거나 가깝거나 멀거나 조복함에 머물거나 조복하지 않음에 머물거나 (이러한 일에) 모두 잘못이 없다. 조복함에 머무는 것과 조복하지 않음에 머무는 것 등이 모두 잘못이 없다. 만약 4실단의 뜻을 알지 못한다면 (조복함과 조복하지 않음에) 머물거나 머물지 않더라도 스스로 애착의 그물을 만들어서 다른 사람의 나무람과 업신여김을 일으킨다. 그래서 스스로 장애되고 다른 사람을 장애하니 〔이는〕 무애법無礙法이 아니다.[18]

2. 원효의 무애행無礙行

앞에서 소개한 것처럼, 천태지의의 '무애도'가 중생을 구제하는 데에 초점을 맞춘 것이라면, 원효의 '무애행'은 중생의 구제를 포함하기는 하지만 주로 계율의 문제에 중점을 둔 것이다.[19] 먼저 원효의 계율관을

---

18 『마하지관』 8권(대정장 46, p.104上), "巧觀悉檀 若自若他若近若遠. 住調伏不調等. 皆當無失. 不住調不調等亦皆無失. 若不得四悉檀意. 若住不住 自織愛網 起他譏慢. 自礙礙他 非無礙也."

19 원효의 '무애행'은 두 가지로 해석될 수 있다고 생각한다. 하나는 『보살계본지범요기』에 근거하면, 무애행은 중생의 구제를 포함하기는 하지만 주로 계율에 관한 것이라고 할 수 있다. 다른 하나는 『삼국유사』 「원효불기元曉不羈」에 나오는

소개하고, 그것이 원효의 행동강령이라고 할 수 있는 '무애행'으로 구체화한 것을 검토한다.

1) 원효의 계율관

원효의 계율관은 공空의 입장에서 해석하는 것이라고 할 수 있다.[20] 원효는 『중론』의 4구에 근거해서 이 점을 말한다. 이는 자성自性에서 생긴다는 관점, 타성他性에서 생긴다는 관점, 자성과 타성이 만나서 생긴다는 관점, 아무 원인 없이 생겨난다는 관점에서 계율에 접근해서는 안 된다는 것이다. 원효는 이런 관점을 계율에다 적용한다. 그 내용은 다음과 같다.

> 계율은 스스로 생기지 못하고 반드시 많은 연緣에 의지해야 한다. 그러므로 (계율에는) 결정코 자성을 가진 모습(自相)이 없는 것이다. (따라서) 연緣에만 의미를 두면(卽) (그것은) 계율이 아니고, (그렇다고 해서) 연緣을 벗어나면 계율은 존재하지 않는다. 그리고 한쪽에 의미를 두는 것(卽)을 제거하고, 벗어나는 것(離)을 제거해서는 중간도 얻을 수 없다. 이와 같이 계율을 구해도 (계율이) 존재하는 것은 영원히 아니다. (그 이유는) 자성自性은 얻을 수 없는 것이라고 말할 수 있기 때문이다(많은 연緣에 의지하고 있기 때문이다). 그러나

'무애'는 중생을 교화하는 것에 비중을 두는 것이다. 이 글에서는 『보살계본지범요기』의 내용에 근거해서 원효의 무애행을 설명하고자 하므로, 무애행의 의미를 계율에 관한 것에 초점을 맞추고자 한다.

20 이병욱, 「원효 무애행의 이론적 근거」, 『원효학연구』 6집(원효학연구원, 2002), pp.331~335.

> 많은 연緣에 의지한다고 해서 계율이 없는 것은 아니다. (그 이유는) 토끼 뿔과 같이 인연이 (전혀) 없는 것은 아니기 때문이다. (이처럼) 계율의 존재방식을 말한 것과 같이 죄의 존재방식도 그러하고, 계율의 존재방식과 같이 사람의 존재방식도 그러하다.[21]

이러한 계율의 모습을 잘못 아는 경우는 다음의 2가지이다. 하나는 계율이 없다는 쪽에 치우친 것이고, 다른 하나는 계율이 있다는 쪽으로 기울어진 것이다. 계율이 없다는 쪽에 치우친 것은 계율의 현실적인 공능을 무시하는 것이다. 그러므로 이런 견해를 가지고 계율을 아무리 잘 지킨다고 해도 계율을 영원히 잃게 된다. 그리고 계율이 있다는 쪽으로 기울어진 것은, 이는 계율이 가지고 있는 본래의 모습을 놓친 것이다. 그래서 이런 관점에서 열심히 계율을 지킨다고 해도, 이것도 계율을 범하는 결과로 이어진다. 이 내용에 대한 인용문은 다음과 같다.

> 만약 이 가운데에서 (결정코) 있는 것이 아니라는 말에 의지해서 (계율이) 모두 없다고 보고 있는 사람이라면, 비록 (이 사람이 계율을) 범함이 없다고 해도 영원히 계율을 잃게 된다. (그 이유는) 계율의 현실적인 공능(唯事相)을 비방하여 없애었기 때문이다. 또한

21 『보살계본지범요기』(『한국불교전서』 1, p.585上), "然戒不自生, 必託衆緣, 故決無自相. 卽緣非戒, 離緣無戒, 除卽除離, 不得中間.如是求戒,永不是有, 可言自性不成就故. 而託衆緣, 亦不無戒, 非如兎角, 無因緣故. 如說戒相, 罪相亦爾; 如戒罪相, 人相亦然."

이 가운데에서 (계율은) 없는 것이 아니라는 말에 의지해서 (계율이) 존재하는 것이라고 생각하는 사람이 있다면, 비록 (이 사람이 계율을) 잘 지킨다고 해도 그 지키는 것이 (계율을) 범하는 것이 된다. (그 이유는) 계율의 본래 모습(如實相)에 어긋나기 때문이다.[22]

그렇다면 어떤 것이 계율을 잘 지키는 것인가? 원효에 따르면 그것은 공空의 관점을 지킨다고 해도 유有의 관점을 버리지 않는 것이고, 유有의 관점을 지키면서도 공空의 관점을 버리지 않는 것이다. 이는 중도의 맥락이라고 할 수 있다.

보살이 계율을 닦는 것은 이와 같은 것(앞에서 말한 것)과는 다르다. 비록 (계율을) 지키는 주체와 지키는 대상이 있다고 생각하지는 않는다 해도 계율의 현실적인 공능을 비방하여 없애지는 않는다. 그러므로 계율을 잃게 되는 큰 허물은 끝내 없게 되는 것이다. 비록 죄와 죄가 아님(의 구분)이 없음을 보지 않더라도(죄와 죄가 아님의 구분이 있음을 보더라도) 죄의 실상에 어긋나지 않는다. 그러므로 계율을 범하는 미세한 죄를 영원히 벗어날 수 있다.[23]

---

22 『보살계본지범요기』(『한국불교전서』 1, p.585上), "若於此中, 依不是有, 見都無者, 雖謂無犯, 而永失戒, 誹撥戒之唯事相故. 又於此中, 依其不無, 計是有者, 雖曰能持, 持卽是犯, 違逆戒之如實相故."

23 『보살계본지범요기』(『한국불교전서』 1, pp.585上-中), "菩薩修戒, 則不如是. 雖不計有能持所持, 而不誹撥戒之唯事, 是故終無失戒巨過. 雖不見無罪與非罪, 而不違逆罪之實相, 是故永離犯戒細罪."

2) 원효의 행동강령: 무애행의 논리적 근거

원효는 앞에서 소개한 공空의 계율관에서 한 걸음 더 나간다.[24] 계율의 문제에서 공空의 시각을 강조하면 단순히 외형적으로 계율을 지키는 것만을 강조하기 어렵게 될 것이다. 자연히 행위자의 내면의 세계를 중시하게 될 것이고, 이는 결국 외부의 행위는 계율에 어긋나는 것처럼 보여도, 중요한 것은 내면의 세계에서 계율에 부합하는 것이라는 '무애행'을 제시하는 것으로 이어진다.

원효는 '무애행'을 설명하는 내용을 『보살계본지범요기』에서 밝힌다. 자세히 말하자면, 스스로를 칭찬하고 다른 사람을 깎아 내리는 일은 대승불교의 계율을 전하는 『범망경』에서 하지 말라는 10가지 중죄에 속하는 바라이죄에 해당하는데,[25] 원효는 이것을 새롭게 해석한다. 원효에 따르면 이 바라이죄를 이해하는 방법에 크게 두 가지가 있다. 하나는 얕게 이해하는 것(淺識持犯過)이고, 둘은 깊게 이해하는 것(深解持犯德)이다.

먼저, '계를 얕게 이해하는 것'은 그 행위의 내면세계를 살피지 않고, 그 행위가 표면적으로 드러난 부분만을 가지고 계행戒行을 판단하는

---

24 이병욱, 앞의 논문, pp.335~343.

25 『보살계본지범요기』(『한국불교전서』 1, p.584中), "如多羅戒本云 常代衆生, 受加毁辱, 惡事自向己, 好事與他人. 若自讚揚己德, 隱他人好事, 令他受毁辱者, 是爲波羅夷罪."

예컨대, 다라계본多羅戒本에 말하기를 "항상 중생을 대신해서 험담과 불명예를 받으니 나쁜 일은 저절로 자기에게 돌아오게 하고, 좋은 일은 다른 사람에게 준다. 만약 자기의 덕을 칭찬하여 드러내고 다른 사람의 좋은 점은 숨겨서 다른 사람이 험담과 불명예를 받게 한다면, 이것이 바라이죄波羅夷罪이다"라고 했다.

것이다. 그래서 계행을 지켜서 복을 닦으려고 하지만, 오히려 복행福行은 적고 죄업이 더 많아지는 결과를 초래한다는 것이다.

> 하사下士가 이 말을 듣고서 말과 같이 이해해서 자기는 낮추고 다른 사람을 칭찬하는 것(自毁讚他)은 반드시 복업福業이고, 자기를 칭찬하고 다른 사람을 낮추는 것(自讚毁他)은 결정코 죄를 짓는 것이라고 한다. 이와 같이 한결같이 말의 자취를 좇아서 이해한다. 그러므로 그 복은 닦으려고 하지만 복행福行은 적고 죄업罪業은 많으며, 그 죄를 버리려고 하지만 하나의 죄를 버리고는(善行을 하고) 오히려 3개의 복을 버리는 꼴이 된다. 이것이 계를 지키고 범하는 것을 얕게 아는 허물이다.[26]

그 다음으로 '깊게 계를 이해하는 것'을 살펴본다. 원효는 자신을 칭찬하고 다른 사람을 낮추는 것(自讚毁他)의 의미를 4가지 경우로 나누어서 분석하고, 중요한 것은 그 행위의 내면세계이지 행위의 표면적 측면이 아니라고 주장한다. 이것이 원효의 무애행의 논리적 근거라고 판단된다.

첫째, 자신을 낮추고 남을 칭찬하는 것(自毁讚他)이 복福이요, 자신을 높이고 다른 사람을 낮추는 것(自讚毁他)이 죄罪인 경우이다. 여기서 중요한 것은 그 행위의 의도이다. 자신을 낮추고 다른 사람을 칭찬하는

26 『보살계본지범요기』(『한국불교전서』 1, p.584中), "下士聞之, 齊言取解, 自毁讚他, 必是福業; 自讚毁他, 定爲犯罪. 如是一向隨言取故, 將修其福, 福行少而罪業多; 欲捨其罪, 却罪一而除福三. 是謂淺識持犯過."

것이 다른 중생을 위한 마음에서 나온 것이면 이것은 복이 된다. 자신을 칭찬하고 다른 사람을 낮추는 것이 자신의 명예를 올리려는 의도에서 나온 것이면 이것은 죄가 된다.

> 어떤 사람은 중생이 불명예를 받는 것을 매우 가엽게 여겨서 다른 사람이 받을 불명예를 자기에게 오도록 하고, 자기가 누려야 할 명예를 다른 사람에게 주고자 한다면, 이 경우에는 스스로 낮추고 다른 사람을 칭찬하는 것(自毁讚他)이 복이요, 자기가 그 명예를 받고 다른 사람이 불명예를 받게 한다면, 이 경우에는 스스로 칭찬하고 다른 사람을 낮추는 것(自讚毁他)이 죄이다.[27]

둘째, 자신을 낮추고 다른 사람을 칭찬하는 것(自毁讚他)이 죄요, 스스로 칭찬하고 다른 사람을 낮추는 것(自讚毁他)이 복인 경우이다. 여기서도 그 행위의 내면세계가 중요하다. 세상의 인심이 자신을 낮추고 남을 높이면 그 사람을 공경하고 대우해줄 것이라는 것을 알고, 자신을 낮추고 다른 사람을 칭찬하면 이것은 중죄가 된다. 그 반대로 다른 사람이 잘못된 신념을 받들고 있고, 자신이 알고 있는 것이 진리(道)라는 올바른 확신에 기초해서 자신의 행위는 칭찬하고 다른 사람을 낮추는 것은 큰 복이라는 것이다. 이 내용에 대한 인용문은 다음과 같다.

---

27 『보살계본지범요기』(『한국불교전서』 1, p.584中), "如人深愍衆生受辱, 欲引他所受辱向己, 推自所應受榮與他. 此意自毁讚他是福. 若欲自受其榮, 令他受辱, 此意自讚毁他是罪."

예컨대, 그때 세간의 풍속과 배운 것이, 대개는 자기를 칭찬하고 다른 사람을 낮추는 사람을 미워하고, 늘 자기를 낮추고 남을 높이는 선비를 공경한다는 말을 듣고, 또 내가 저 사람을 낮추면 저 사람이 반드시 나를 헐뜯을 것이요, 내가 저 사람을 칭찬하면 저 사람도 다시 나를 칭찬할 것을 안다. 이 앎 때문에 교묘하게 스스로 높이는 것을 구해서 스스로 낮추고 남을 칭찬하는 것(自毁讚他)은 중죄이다. 다른 사람이 집착한 것이 이치에 맞지 않는 것이어서 버려야 할 것이라고 알고, 또 자기 마음속에서 이해한 것이 도여서 닦아야 할 것이라고 알고서, 바로 불법을 건립하고 중생을 충분히 이롭게 하고자 하여, 자기를 칭찬하고 남을 낮추는 것(自讚毁他)은 큰 복이다.[28]

셋째, 자기를 낮추고 남을 높이기도 하고(自毁讚他), 자기를 높이고 남을 낮추는 것(自讚毁他)이 복이 되기도 하고 죄가 되기도 하는 경우이다. 여기서도 중요한 것은 행위의 내면적 세계이다. 어떤 간교한 사람이 남의 장점을 깎아 내리고 자신의 단점을 덮고자 하는 의도에서, 자신의 조그마한 장점을 낮추고 남의 단점이 장점이라고 올려주고, 자신의 커다란 허물을 장점이라고 미화하고 다른 사람의 장점을 깎아내린다. 원효는 이런 경우 겉모습이 어떻든 간에 모두 속이고 아첨하는 죄가

---

28 『보살계본지범요기』(『한국불교전서』 1, pp.584中-下), "如知時世風俗所習, 多憎自讚毁他之人, 每敬自謙揚他之士; 又知毁彼, 彼必我呰; 我若讚他, 他還美我. 由此知故, 巧求自高, 自毁讚他, 是爲重罪. 若知他人所執, 非理可捨, 自內所解, 是道應修, 直欲建立佛法, 饒益有情, 自讚毁他, 是爲大福."

된다고 한다. 이와 반대로 어떤 사람은 성품이 소박하고 곧다. 이 사람은 세상사람을 바르게 인도하려는 의도에서, 자신의 단점을 알게 되면 스스로 반성하고, 다른 사람의 장점을 보면 진심으로 칭찬하며, 자신의 덕德을 알게 되면 스스로 드러내고, 다른 사람의 죄를 알게 되면 곧바로 깎아내린다. 원효는 이런 사람의 행동은 모두 충직한 복이 된다고 주장한다. 여기에서 『보살계본지범요기』에서 말하는 무애행에 중생구제의 의미도 포함되어 있다는 것을 알 수 있다. 이 내용에 대한 인용문은 다음과 같다.

> 예컨대, 어떤 한 부류의 사람은 성품에 거짓됨이 많다. 그래서 세간의 모든 사람을 속이고 미혹케 해서 다른 사람의 장점을 깎아 내리고 자기 자신의 단점을 가리고자 한다. 이러한 의도 때문에 속이고 어지럽히는(矯亂) 말을 해서 자기의 조그마한 장점을 낮추어서 허물이라고 하고, 다른 사람의 단점을 칭찬하여 공덕이라고 하며(自毁讚他), 자기 자신의 많은 단점을 내세워서 덕德이라 하고, 다른 사람의 장점을 억눌러서 잘못이라고 한다(自讚毁他). 또 어떤 한 부류의 사람은 품성이 바르다. 그래서 세간의 모든 사람을 이끌어서 선과 악을 구별해서 죄는 버리고 복은 닦게 하고자 한다. 이러한 뜻 때문에 곧이곧대로 말하고 피하는 것이 없다. 자기의 나쁜 점을 보면 반드시 꾸짖고 다른 사람의 좋은 점을 들으면 곧 찬탄하고(自毁讚他), 자기의 덕을 알아차리면 또한 칭찬하고 저 사람의 죄를 알면 바로 깎아 버린다(自讚毁他). (이 경우) 앞 사람의 스스로 낮추고 다른 사람을 칭찬하는 것(自毁讚他)과 스스로 칭찬하고 다른 사람을

내리는 것(自讚毁他)은 바로 속이고 아첨하는 죄이요, 뒷사람의 스스로 내리고 다른 사람을 칭찬하는 것(自毁讚他)과 스스로 칭찬하고 다른 사람을 내리는 것(自讚毁他)은 모두 충직忠直한 복이다.[29]

넷째, 자신을 낮추고 다른 사람을 칭찬하는 것도 아니고(不自毁讚他), 스스로를 칭찬하고 다른 사람을 낮추는 것도 아닌 것(不自讚毁他)이 복이 되거나 죄가 되는 경우이다. 여기서도 중요한 것은 행위의 내면적 세계이다. 예를 들어 지능이 매우 낮은 바보가 있다고 하자. 이 사람은 판단능력이 없기 때문에 다른 사람을 칭찬하거나 낮추는 일을 할 수 없고, 자신을 칭찬하거나 낮추는 일도 할 수 없다. 이 사람의 행동은 어리석음에 기초한 것이므로 복이 될 수 없다. 그에 비해 높은 수행경지의 사람은 그 마음이 저 대우주와 하나가 된 크나큰 생명의 바다 속에서 거닐고 있다. 이런 사람도 스스로를 낮추거나 칭찬하는 일을 넘어섰고, 다른 사람을 비판하거나 칭찬하는 일도 하지 않는다. 이 사람이 하는 행동은 모두 순박한 것이고, 이는 전부 복에 근거한 것이다. 이 내용에 대한 인용문은 다음과 같다.

예컨대, 어떤 고사高士는 성품이 넓고 깊고(弘懿), 마음을 크게 가지

29 『보살계본지범요기』(『한국불교전서』 1, p.584하), "如有一類, 性多誑僞, 爲欲誑惑世間諸人, 陵他所長, 覆自所短. 由此意故, 作矯亂言, 毁己小長爲過, 讚他所短爲功; 揚己多短爲德, 抑他所長爲失. 又有一類, 稟性質直, 爲欲開導世間諸人, 識善別惡, 捨罪修福. 由斯志故, 直言無僻, 見自惡而必呰, 聞他善而卽歎; 覺己德而還褒, 知彼罪而直貶. 前人毁讚抑揚, 直是誑諂之罪; 後士呰讚褒貶, 並爲忠直之福也."

고(放神), 순박함을 간직하고 있으니(抱朴) 그 끝을 알지 못하겠고, 화禍와 복福을 혼융해서 하나로 돌리고, 남과 나(彼我)를 잊어서 둘이 없다(無二)고 생각한다. 그러므로 그 정신은 항상 즐겁고, 이러한 경지에 노닐고 있으므로 스스로를 낮추고 다른 사람을 칭찬하지 않고(不自毁讚他), 스스로를 올리지 않고 다른 사람을 내리지도 않는다(不自揚抑彼). (그에 비해) 어떤 미련한 사람은 품성이 순박해서 옳고 그른 것(是非)을 알지 못하고, 콩과 보리를 구별하는 것도 어렵다. 그래서 선善이 왜 선이 되는지 알지 못하고, 악惡이 왜 악이 되는지 알지 못한다. 그 정신이 항상 혼미해서 미워함과 사랑함을 잊으므로 스스로 낮추고 다른 사람을 칭찬하는 일도 없고, 스스로를 높이고 다른 사람을 낮추는 일도 없다. 이것은 미련한 사람의 어리석은 죄요, 전자는 슬기로운 사람의 순박한 복이다.[30]

3. 소결

3절의 내용을 정리한다. 천태의 계율관과 원효의 계율관은 서로 중도를 말하고 있다는 데 공통점이 있다. 천태지의는 성계性戒를 4가지 관점에서 해석하는데, 그 가운데 핵심은 중도에 있다. 원효의 계율관도 공空의

---

30 『보살계본지범요기』(『한국불교전서』 1, pp.584下-585上), "如有高士, 性是弘懿放神苞(抱)朴, 不知端兒, 混禍福而歸一, 忘彼我爲無二. 其神常樂, 游是處故, 亦不自毁讚他, 亦不自揚抑彼. 又有下愚, 稟性純朴, 莫知是非, 難別菽麥, 不識善之爲善, 不了惡之爲惡. 其意常昏, 忘憎愛故, 亦無自謙美他, 復無自褒貶他. 此爲下愚昏鈍之罪, 彼是上智純朴之福也."
괄호 안의 한자 '抱'는 『한국불교전서』 1권, p.585의 주8에 있는 것이다. 여기서는 해석의 일관성을 위해서 '抱'자로 해석하였다.

관점을 지키면서도 유有의 관점을 버리지 않는 것이고 이는 곧 중도를 말하는 것이다. 그리고 천태의 '무애도'와 원효의 '무애행'은 외면의 행위가 아니고 내면의 세계가 중요하다는 인식에서 서로 공통점이 있다. 그래서 천태지의는 중생을 구제하기 위해서 탐욕을 긍정하는 모습을 보이기도 하며, 원효는 계율을 지킬 때 외형으로는 계율에 어긋나는 것처럼 보여도 내면의 세계가 청정하면 그것이 진정한 의미의 계율을 지키는 것이라고 한다. 또 천태의 '무애도'와 원효의 '무애행'은 중생구제를 말하는 대목에서 일치점을 나타내고 있다. 그렇지만 전체적 내용을 감안하면, 이 둘의 차이점은 천태의 '무애도'는 중생구제에 초점을 주로 맞추고 있다면, 원효의 '무애행'은 계율문제에 초점을 맞추고 있다는 점이다.

Ⅳ. 천태의 정토사상과 원효의 정토사상

천태지의는 공空을 자각하는 것이 아미타불의 나라에 태어나는 것이라고 주장하고 있으므로 이는 유심정토설에 속하는 것이다. 원효도 유심정토설을 주장하고 있지만, 그것을 4단계로 더 세분하고 있다.[31] 그리고

---

31 천태지의도 4가지 '국토' 또는 '정토'를 말한다. 천태지의가 말하는 4가지가 '국토'를 말하는 것인지 '정토'를 말하는 것인지 학계의 견해가 다르다. 田村芳朗·梅原猛 공저, 『천태법화의 사상』, 이영자 옮김(민족사, 1989), pp.74~77에서는 '국토'로 설명하고 있고, 望月信亨 저, 『중국정토교리사』, 이태원 역(운주사, 1997), pp.114~119에서는 '정토'로 보고 있다. 이러한 해석의 문제는 천태학의 대가 安藤俊雄의 저서에서도 나타난다. 安藤俊雄, 『天台思想史』(京都: 法藏館, 소화 34, 1959), pp.397~400에서는 4가지 '정토'로 보고 있고, 安藤俊雄, 『天台學』(京都:

천태지의는 염불하는 수행에 대해 구체적으로 설명하고 있고, 원효는 『무량수경』에서 제시한 내용, 곧 '10번 염불하면 극락정토에 태어난다는 것'을 자신의 관점에서 설명하고 있다. 이런 내용에 대해 더 구체적으로 알아본다.

1. 천태의 정토사상

천태지의의 정토사상은 상행삼매常行三昧에서 잘 나타난다.[32] 상행삼매는 염불수행법을 내용으로 하는데, 소리 내어 염불하거나 마음속으로 염불을 해서 아미타불을 생각하는 마음이 계속 이어지게 하는 것이다. 그 자세한 내용을 살펴본다.

이 수행법은 『반주삼매경般舟三昧經』에 소개되어 있다. 그 방법은 90일 동안 몸은 항상 움직여(常行) 휴식하지 않고, 90일 동안 입으로는 아미타불의 이름을 항상 부르고 휴식하지 않으며, 90일 동안 마음으로는 아미타불을 항상 염念하여 휴식하지 않는 것이다.[33]

구체적 염불하는 방법은 소리 내어 염불하는 것(唱)과 마음속으로 염불하는 것(念)을 번갈아 사용한다. 그래서 천태지의는 이 점을 다음과 같이 설명한다. "혹은 소리를 내어 염불하는 것(唱)과 마음속으로

平樂寺書店, 1968/1969), pp.160~161에서는 4가지 '국토'로 보고 있다. 그래서 이 문제는 별도의 논문으로 따로 접근하고자 한다.

32 천태지의의 정토사상에 관해서 한국학계에서 2편의 연구성과가 있다. 김은희, 「천태지의의 정토관 연구」, 석사학위논문(동국대 대학원, 1991); 김은희, 「천태정토사상의 특징에 대한 연구」, 『천태학연구』 4집(천태불교문화연구원, 2004).

33 『마하지관』 2권상(대정장 46, p.12中), "九十日, 身常行, 無休息; 九十日, 口常唱, 阿彌陀佛名, 無休息; 九十日, 心常念阿彌陀佛, 無休息."

염불하는 것(念)을 함께 운용하고, 혹은 먼저 마음속으로 염불하고(念) 나중에 소리 내어 염불하며(唱), 혹은 먼저 소리 내어 염불하고(唱) 나중에 마음속으로 염불한다(念). 이와 같이 소리 내어 염불하는 것(唱)과 마음속으로 염불하는 것(念)이 서로 이어져 휴식의 때가 없다."[34] 천태지의에 따르면, 상행삼매의 요점은 몸으로 걸음을 옮기고, 입으로 소리를 내고, 마음속에서 생각할 때마다 오직 아미타불을 잊지 않고 자신 안에 있게 하는 것이다.[35]

그리고 천태지의는 '의지관意止觀'의 항목에서 염불을 공空을 자각하는 것, 곧 모든 존재가 꿈과 같다고 파악하고, 또한 이렇게 공을 자각하는 것을 통해서 아미타불의 나라에 태어난다고 해석하고 있다. 이는 정토신앙을 반야般若의 입장에서 재해석한 것이다. 이 내용에 대한 인용문은 다음과 같다.

> 모든 존재가 모두 꿈과 같다고 스스로 염念할지니, 마땅히 이와 같이 염불하여 자주 자주 염念하여 휴식하지 말라. 이 같은 염念을 사용해서 아미타불의 나라에 태어나는 것이다.[36]

---

34 『마하지관』 2권상(대정장 46, p.12中), "或唱念俱運, 或先念後唱, 或先唱後念, 唱念相繼, 無休息時."

35 『마하지관』 2권상(대정장 46, p.12中), "擧要言之, 步步·聲聲·念念, 唯在阿彌陀佛."

36 『마하지관』 2권상(대정장 46, p.12下), "自念一切所有法如夢, 當如是念佛, 數數念, 莫得休息! 用是念, 當生阿彌陀佛國."

2. 원효의 정토사상

원효의 정토사상에 대해 여러 가지를 지적할 수 있겠지만, 여기서는 『무량수경종요』에 근거해서 정토를 4단계로 구분하는 점과 10번 염불하면 극락정토에 태어난다는 것에 대한 원효의 해석을 검토하고자 한다.[37]

우선, 원효는 정토淨土를 4단계로 나누어서 설명한다. 그것은 부처의 경지, 보살의 10지 가운데 8지八地 이상의 경지, 보살의 10지 가운데 초지初地 이상의 경지, 정정취正定聚의 경지이다.

첫째 단계에서는 부처가 머무는 곳만이 정토이고, 그 아래에 있는 수행단계에 있는 보살이 머무는 곳은 정토라고 하지 못하고 과보토果報土라고 한다는 것이다.

> 첫째, (정토를) 원인과 결과로 구분한다는 것은 다음과 같다. 금강(金剛: 금강삼매) 이전은 보살이 머무는 경지이니 과보토果報土라고 이름하고 정토淨土라고 이름하지 않는다. 왜냐하면 고제苦諦의 결과인 근심(果患)에서 아직 벗어나지 못했기 때문이다. 오직 부처가 머무는 경지를 정토라고 이름한다. 왜냐하면 모든 수고스러운 근심(勞患)이 남김없이 없어졌기 때문이다.[38]

---

37 원효의 정토사상에 관해서는 안계현, 『신라정토사상사연구』(현음사, 1987), pp.11~98; 김경집, 「원효의 정토사상에 나타난 왕생의 원리」, 『한국불교학』 23집(한국불교학회, 1997); 김경집, 「원효의 정토관 연구」, 『보조사상』 11집(보조사상연구원, 1998) 등을 참조하기 바람.

38 『무량수경종요』(『한국불교전서』 1, p.554中), "所言 因與果相對門者 謂金剛以還菩薩所住 名果報土 不名淨土 未離苦諦之果患故 唯佛所居 乃名淨土 一切勞患

둘째 단계에서는 8지八地 이상의 보살이 머무는 곳이 정토이고, 그 아래에 있는 보살이 머무는 곳은 정토가 아니다. 8지 이상의 보살의 마음은 4가지 조건이 갖추어져 있는데, 그것은 한결같이 청정하고(淨) 즐겁고(樂) 잃음이 없고(無失) 자재自在하다는 것이다. 그에 비해 7지七地 이하의 보살은 그 마음속에 이 4가지 조건을 갖추고 있지 못하다는 것이다.

둘째, (정토를) 한결같은가(一向) 그렇지 않은가로 구분한다는 것은 다음과 같다. 8이 이상의 보살이 머무는 곳은 정토라고 할 수 있다. 왜냐하면, 한결같이 삼계의 현상(三界事)에서 벗어나기 때문이다. 또한 (8이 이상의 보살이 머무는 곳은) 4가지 한결같다(四句一向)는 의미를 충족하고 있기 때문이다. 7이 이전의 경지는 아직 정토라고 이름하지 못한다. 왜냐하면 한결같이 삼계를 벗어나지 못했기 때문이다. 혹 원력願力에 의지해서 삼계를 벗어나는 경우도 있지만, (이 경우에는) 4가지 한결같다(一向四句)는 의미를 충족하고 있지 못하기 때문이다. (4가지 한결같음은) 한결같이 청정하고(淨), 한결같이 즐겁고(樂) 한결같이 잃음이 없고(無失) 한결같이 자재自在한 것이다. 7이 이전의 경지에서는 (수행을 하다가) 관觀에서 나왔을 때에 보무기심(報無記心: 과보로서 주어진 無記의 마음)을 일으키기도 하여 말나식(末那識: 제7식)의 4가지 미혹(我癡·我見·我慢·我愛)이 때로는 나타나기도 하여 (4가지 한결같음 가운데) 한결같이 깨끗한 것(淨)도 아니고 한결같이 잃음이 없는 것(無失)도 아니지만, 8이

無餘滅故."

이상의 보살에서는 그런 일이 없다.[39]

셋째 단계에서는 보살이 머무는 곳은 정토(청정세계)라고 할 수 있고, 범부나 성문과 연각이 함께 머무는 곳은 정토(청정세계)라고 할 수 없다. 다시 말하자면 보살의 10지 가운데 초지初地에 머문 경지가 정토(청정한 세계)가 되고, 범부나 성문과 연각의 경지는 순수하고 청정하지 못하다는 것이다.

셋째, (정토를) 순수하게 보살만이 존재하는가(純) 범부와 성문과 연각이 함께 존재하는가(雜)에 따라 구분한다는 것은 다음과 같다. 범부와 이승이 서로 함께 머무는 곳은 청정세계라고 이름할 수 없고, 오직 대지(大地: 보살 10지의 첫 번째 단계)에 들어간 보살이 태어나는 곳이라야 청정세계라고 이름할 수 있다. 왜냐하면 범부와 이승이 함께 머무는 곳(彼)은 순수하고 청정하지 못하며, 보살 10지의 첫 번째 단계에 들어간 보살이 머무는 곳(此)은 순수하고 청정하기 때문이다.[40]

---

39 『무량수경종요』(『한국불교전서』 1, p.554中), "第二一向與不一向相對門者 謂八地以上 菩薩住處 得名淨土 以一向出三界事故 亦具四句一向義故 七地以還一切住處 未名淨土 以非一向出三界故 或乘願力出三界者 一向四句不具足故 謂一向淨 一向樂 一向無失 一向自在 七地以還出觀之時 或時生起報無記心 末那四惑於時現行 故 非一向淨 非一向無失 八地以上 卽不如是."

40 『무량수경종요』(『한국불교전서』 1, pp.554中-554下), "第三純與雜相對門者 凡夫二乘雜居之處 不得名爲淸淨世界 唯入大地菩薩生處 乃得名爲淸淨世界 彼非純淨此純淨故."

넷째 단계에서는 정정취正定聚가 머무는 곳이 정토이고, 정정취가 아닌 사람이 머무는 곳은 정토가 아니고 예토穢土다. 여기서 '정정취'는 열반에 들어가는 것이 결정된 사람이다.

> 넷째, (정토를) 정정취가 머무는 곳과 정정취가 아닌 사람이 머무는 곳으로 정토를 구분하는 것은 다음과 같다. 삼취(正定聚·邪定聚·不定聚, 정청취는 빠져야 의미가 통함)의 중생이 고통스럽게 태어나는 곳은 예토穢土이고, 오직 정정취가 머무는 곳을 정토淨土라고 한다. 이 정정취에는 4단계(果)의 성문도 포함되고 4가지 의심을 가지고 있는 범부도 포함되지만, 다만 사정취邪定聚와 부정취不定聚의 무리는 없다.[41]

그리고 『무량수경』의 법장비구 48원 가운데 18원에서 누구나 10번 염불하면 정토에 태어날 것을 서원하고 하는데, 이에 대해 원효는 2가지로 해석한다. 하나는 표면적인 의미(顯了義)에서 주장하는 것이고, 다른 하나는 깊은 의미(隱密義)에서 접근하는 것이다.

깊은 의미에서 10번 염불하는 것은 초지 이상의 보살이 감당할 수 있는 것이고, 이는 앞에서 밝힌 셋째 단계의 정토에 태어나는 것이다. 원효는 『미륵발문경』에 의거해서 10념을 다음과 같이 설명한다.

---

41 『무량수경종요』(『한국불교전서』 1, p.554下), "第四正定與非正定相對門者 三聚衆生苦生之地 是爲穢土 唯正定聚所居之處 名爲淨土 於中 亦有四果聲聞 乃至復有四疑凡夫 唯無邪定及不定聚耳."

어떤 것이 열 가지인가? 첫째, 모든 중생에 대해서 항상 자심慈心을 일으켜서 모든 중생의 행위를 훼방하지 않는다. 만약 그 행위를 훼방하면 끝내 (정토에) 왕생하지 못한다. 둘째, 모든 중생에 대해서 깊이 비심悲心을 일으켜서 (중생을) 해치려는 마음을 제거한다. 셋째, 불법(法)을 보호하겠다는 마음을 일으킨다. (그래서) 몸과 목숨(身命)을 아끼지 않고 모든 가르침에 대해 비방을 하지 않는다. 넷째, 인욕을 하는 것에 대해 결정된 마음(決定心)을 일으킨다(반드시 인욕을 완성하겠는 마음을 일으킨다). 다섯째, 깊은 마음이 청정해서 이익과 공양받는 것(利養)에 물들지 않는다. 여섯째, 모든 지혜로운 마음을 일으켜서 날마다 항상 생각하여 잊지 않는다. 일곱째, 모든 중생에 대해서 존중하는 마음을 일으킨다. (그래서) 아만의 마음을 없애고 말을 겸손하게 한다. 여덟째, 세상에 관한 이야기에 빠져들어 집착하는 마음을 일으키지 않는다. 아홉째, 깨달음의 의미(覺意)에 가깝도록 해서 여러 가지 선근善根의 인연을 깊이 일으키고, 시끄럽고 산란한 마음에서 멀리 벗어난다. 열째, 바른 생각으로 부처를 관조하여 모든 (잡된) 생각을 제거한다. (이 10념에 대해) 해설하여 말한다. 이와 같은 10념은 이미 범부의 경지가 아니다. 초지이상의 보살이라야 10념을 구족해서 (셋째 단계의) 순정토純淨土에 태어날 수 있는 하근기(下輩)의 인因이 된다. 이것이 깊은 의미(隱密義)의 10념이다.[42]

---

42 『무량수경종요』(『한국불교전서』 1, pp.558下-559上), "何等爲十 一者於一切衆生常生慈心 於一切衆生不毁其行 若毁其行 終不往生 二者於一切衆生 深起悲心除殘害意 三者發護法心 不惜身命 於一切法不生誹謗 四者於忍辱中生決定心 五者深心淸淨 不染利養 六者發一切種智心 日日常念 無有廢忘 七者於一切衆生

표면적 의미에서 10번 염불하는 것은 앞에서 밝힌 넷째 단계의 정토에 태어나는 것이다.[43] 표면적인 뜻에서 주장하는 것은 위기의 순간을 맞이했을 때 그 위기를 극복하려는 간절한 마음으로 열 번 염불한다는 것이다. 원효는 구마라집의 설명에 의지해서 다음과 같이 자신의 생각을 제시한다.

어떤 것이 10념이 이어지는 것인가? 구마라집(什公)이 말하였다. "비유하면 어떤 사람이 넓은 들판에서 나쁜 도적을 만났는데, (그 도적이) 창을 휘두르고 검을 뽑아들고 곧장 와서 (그 사람을) 죽이려고 하니, 그 사람이 부지런히 도망을 갔다. (그러다가) 건너야 할 하나의 강이 눈에 들어왔다. 만약 강을 건너지 못하면 목숨을 온전히 하기 어려웠다. 그때 (그 사람은) 다만 강을 건널 방편만을 생각하였다. 내가 강의 기슭에 도달하고자 한다면 옷을 입고 건너야 할까? 옷을 벗고 건너야할까? 만약 옷을 입고 건넌다면 (강을) 건너지 못할까 두렵다. 옷을 벗고 (건너자니) 그럴 겨를이 없을까 두렵다. 다만 이러한 생각만이 있고 다시 다른 생각은 없었다. 강을 건널 것만을 생각하는 것이 일념이다. 이와 같이 해서 10념을 할 동안에 다른 생각이 섞이지 않는다. 수행자도 그와 같다. 부처의 이름을

起尊重心 除我慢意 謙下言說 八者於世談話 不生味著心 九者近於覺意 深起種種善根因緣 遠離憒鬧散亂之心 十者正念觀佛 除去諸根(想) 解云 如是十念 既非凡夫 當知初地以上菩薩 乃能具足十念 於純淨土 爲下輩因 是爲隱密義之十念." 괄호 안의 '想'은 『遊心安樂道』(『한국불교전서』 1, p.573 주3)에 근거한 것이다.

43 『무량수경종요』(『한국불교전서』 1, p.559上), "言顯了義十念相者 望第四對淨土而說."

생각하거나 부처의 모습을 생각하거나 해서, 계속 염불해서 10념을 채운다. 이와 같이 지극한 마음을 10념이라 한다." 이것이 표면적 의미(顯了義)의 10념의 모습이다.[44]

4절의 내용을 정리하면, 천태의 정토관과 원효의 정토관이 유심唯心 정토설이라는 점에서 이 둘의 공통점을 발견할 수 있다. 차이점은 원효는 정토를 4단계로 나누고 있다는 것이고, 10번 염불하는 의미를 '표면적인 의미'와 '깊은 의미'의 두 가지로 해석하고 있다는 점이다. 한편, 천태지의는 염불수행의 실천적 지침이 될 만한 내용을 제시하고 있다.

Ⅴ. 결론

이 글에서는 두 가지 측면(무애행, 정토사상)에서 천태사상과 원효사상의 공통적 요소에 대해 검토하고자 하였다. 그 비교한 내용을 정리하고 필자의 견해를 소개하는 것으로 결론을 삼고자 한다.

2절에서는 천태사상에 대해 개괄적으로 소개하였다. 3절에서는 천태의 무애도無礙道와 원효의 무애행無礙行을 비교하였다. 이 글에서는

---

44 『무량수경종요』(『한국불교전서』 1, p.559上), "云何名爲十念相續者 什公說言 譬如有人於曠野中 値遇惡賊 揮戈拔劍 直來欲殺 其人勤走 視渡一河 若不渡河 首領難全 爾時但念渡河方便 我至河岸 爲著衣渡 爲脫衣度 若著衣衲 恐不得過 若脫衣衲 恐不得暇 但有此念 更無他意 當念波(度)河 卽是一念 此等十念 不雜餘念 行者亦爾 若念佛名 若念佛相等 無間念佛 乃至十念 如是至心 名爲十念 此是顯了十念相也." 괄호 안의 '度'는 『한국불교전서』 1권, p.559 주2에 근거한 것이다.

원효사상을 중심에 두고 천태사상을 비교하려고 하였기 때문에 '무애도'와 '무애행'을 비교하기 전에 천태의 계율관과 원효의 계율관에 대해 각각 검토하였다. 천태의 계율관은 성계性戒를 주장하였고 성계는 반드시 지켜야 하는 것이다. 이 성계를 인연소생법因緣所生法, 공空, 가假, 중中의 관점에서 해석하는데, 중中의 관점에서 보는 것이 천태지의가 제시하는 핵심적 내용이다. 이는 수능엄정首楞嚴定의 상태에서 일어나는 것인데, 이것은 선정의 상태 속에서도 계율의 사항을 잘 지키는 것이라고 할 수 있다. 원효의 계율관도 공空의 관점을 지키면서도 유有의 관점을 버리지 않는 것이고, 유의 관점을 지키면서도 공의 관점을 버리지 않는 것이라고 할 수 있다. 이렇게 본다면, 천태지의와 원효는 계율관에서 중도中道의 관점을 수용하는 데에 공통점이 있다고 할 수 있다. 원효는 중도의 관점에서 더욱 밀고 나가서 행위의 내면세계를 중시하는 '무애행'을 주장한다.

천태지의는 『마하지관』의 10경 가운데 번뇌경에서 무애도無礙道를 제시한다. '무애도'는 탐욕 그대로 도道에서 출발하는 것이다. 그래서 탐욕에 끌려 다니면서 그것을 도道라고 해서도 안 되지만, 탐욕을 끊어서 도道를 이룬다고 해서도 안 된다는 것이다. 탐욕 그대로 도道의 관점을 수용한다면, 중생을 구제하기 위해서 탐욕을 긍정할 수도 있고, 탐욕을 끊는 수행을 할 수도 있다는 것이다. 천태지의의 '무애도'는 중생을 구제하는 것에 초점을 맞추고 있다.

그에 비해, 원효의 『보살계본지범요기』에 나타난 계율해석은 '무애행'을 설명하는 것인데, 이 '무애행'은 중생구제의 내용을 일부 포함하고 있지만 주로 계율에 초점을 맞춘 것이고, 이는 천태지의의 '무애도'와 그 정신을 같이 하는 것이다. 왜냐하면, 천태지의는 탐욕을 긍정적으로 수용하는 경우를 제시하고 있는데, 이러한 점을 원효는 외형으로는 계율에 어긋나는 것처럼 보여도 실제로는 계율에 부합하는 경우, 곧 '무애행'으로 바꾸어서 바라보고 있기 때문이다. 천태지의가 중생을 구제하기 위해 탐욕을 긍정적으로 수용하는 것은 행위의 외면이 아니라 내면의 세계가 중요하다는 것을 보여주는 것이고, 원효의 무애행은 이러한 점을 계율의 측면에서 접근한 것이라고 할 수 있다.

원효는 계율을 이해하는 데에 두 가지 길이 있다고 한다. 하나는 얕게 이해하는 것(淺識持犯過)이고, 다른 하나는 깊게 이해하는 것(深解持犯德)이다. '얕게 이해하는 것'은 행위의 내면세계를 살피지 않고 행위의 표면적 부분에 의미를 두는 것이다. 그에 비해 '깊게 이해하는 것'은 행위의 내면세계가 중요한 것이지 외형적인 부분이 중요한 것이 아니라고 한다. 그래서 자신을 칭찬하고 다른 사람을 낮추는 것(自讚毁他)은 일반적으로 볼 때 문제가 있는 것이지만, 중생을 바른 길로 인도하기 위한 마음에서 나온 것이라면 그것은 복이 된다고 한다. 그리고 원효는 '깊게 이해하는 것'을 4가지 경우로 나누어서 설명하고 있다. 원효는 남이 보기에는 계율을 어기는 것처럼 보여도 그 사람의 내면세계가 진실한 것이라면(계율에 부합하는 것이라면) 그것은 계율을 어긴 것이 아니라고 한다. 그리고 '깊게 이해하는 경우'의 4가지 경우 가운데 하나에는 중생구제의 내용도 포함되어 있다.

필자는 천태지의의 '무애도'와 원효의 '무애행'은 합쳐서 볼 필요가 있다고 생각한다. 천태지의의 '무애도'는 중생을 구제하기 위해서는 탐욕을 긍정적으로 수용할 수도 있다는 것이지만(계율에 어긋나는 부분도 긍정적으로 수용할 수 있다), 그것이 계율의 문제에서 어떻게 적용되어야 할지는 구체적으로 서술하지 못하였다. 그에 비해 원효는 계율의 문제에 강조점을 두고 있다. 그래서 원효는 계율의 해석에서 '얕게 이해하는 것'과 '깊게 이해하는 것'을 구분해서 행위자의 내면의 세계를 강조하고 있다. 그렇지만 원효의 『보살계본지범요기』에서는 '무애행'을 하는 동기가 자신과 중생을 구제하기 위한 것이라는 점이 명확하게 제시되지 않고(간접적으로는 제시되고 있음), '무애행'을 잘못 수용할 때 생기는 폐단도 분명히 제시하고 있지 않다. 이런 점(동기와 폐단)에 대해 천태지의는 '무애도'를 설명하면서 구체적으로 제시하였다. 그래서 이 둘의 주장을 합쳐서 보아야 '무애도' 또는 '무애행'의 의미가 분명히 드러날 것이라고 할 수 있다.

원효의 관점에서 천태지의의 '무애도'를 포용해서 설명하면, '무애행'을 하는 것은 계율을 깊게 이해하고 실천하는 것인데, 이처럼 계율을 깊게 이해하고 실천하는 것은 궁극적으로 자신의 수행을 성숙하게 하고 나아가 중생을 구제하는 데 필요하다는 논의로 전개된다. 이렇게 설명되어야 한국 근현대 불교에서 '무애행'이라고 주장하면서 생겼던 여러 가지 부작용에 대비할 수 있다. 다시 말하자면, '무애행'을 하는 것은 단순히 계율에 어긋나게 행위하는 것처럼 보이는 것만이 아니라 그 행위를 통해서 자신의 수행이 성숙되고 다른 사람을 구제하는 데 도움이 되어야 한다는 것이다. 그렇지 않은 행위는 잘못된 '무애행'이라고 할 수 있다. 4절에서는 천태의 정토사상과 원효의 정토사상을 비교하였다. 천태지의는 상행삼매常行三昧에서 염불수행법을 제시한다. 여기서는 구체적 수행법을 제시하고, 결국 모든 것이 꿈과 같다는 것,

곧 공空을 자각하는 것이 아미타불의 극락정토에 태어나는 것이라고 해서 공空의 관점에서 정토를 설명한다. 이는 다른 각도에서 말하면 '유심정토설'을 말하는 것이다. 원효도 크게 보자면 '유심정토설'을 주장하는 것이다. 그렇지만 원효는 정토를 4단계로 나누어서 보고 있다. 그것은 부처의 경지, 보살의 8지 이상의 경지, 보살의 초지 이상의 경지, 정정취의 경지이다. 단순히 이 마음이 청정하면 이 사바세계가 극락정토라고 말하는 것에서 한 걸음 더 나가서 그 단계를 좀 더 세분화한 것이 원효의 정토사상의 특징이라고 할 수 있다. 원효는 여기서 한 걸음 더 나가서 『무량수경』에서 누구나 아미타불을 10번 염불하면 극락정토에 태어난다는 내용을 두 가지로 나누어서 풀이한다. 하나는 10번 염불하는 것을 깊은 의미(隱密義)로 해석하는 것인데, 이는 『미륵소문경』의 내용을 수용하는 것이다. 이는 셋째 단계의 정토, 곧 '보살의 초지의 경지'와 상응한다. 다른 하나는 10번 염불하는 것을 표면적인 의미(顯了義)로 해석하는 것인데, 이는 위급한 상황을 닥쳤을 때 위기를 모면하기 위해 간절한 마음이 되는 것처럼, 그러한 간절한 마음으로 10번 계속 염불하는 것이다. 이는 넷째 단계의 정토, 곧 '정정취의 경지'와 연결되는 것이다. 이처럼 원효의 정토사상은 정토를 4단계로 세분하고 『무량수경』에서 말하는 10번 염불하는 것의 의미도 '깊은 의미'와 '표면적인 의미'로 나누어서 보고 있다.

앞에서 천태지의의 '무애도'와 원효의 '무애행'을 합쳐서 볼 필요가 있다고 했는데, 정토사상의 경우도 역시 합쳐서 볼 필요가 있다. 천태지의는 구체적으로 염불하는 방법을 제시하였고, 궁극에는 공空을 자각하는 것이 극락정토에 태어나는 것이라는 일종의 유심정토설을 제시하였다. 이것을 기초로 해서 원효가 제시한 4단계 정토와 10번 염불하는 것의 '깊은 의미'와 '표면적인 의미'를 수용할 때 원효의 정토사상이 더욱 실천적으로 이해될 것이고, 천태의 정토사상은 그 사상적 의미가 더욱 풍부해질 것이다.

따라서 천태지의와 원효는 사상적 계열도 다르고 활동무대도 다른 인물이지만, 이 두 사람의 무애도(무애행)과 정토사상이라는 공통적 요소가 있고(계율관에서는 중도의 관점에서 이해한다는 공통점이 있다), 이 둘을 서로 합쳐서 보아야 그 의미가 더욱 분명해지고 풍부해진다고 할 수 있다. 이러한 점을 다른 각도에서 크게 바라보면, 천태지의의 '무애도'는 중생을 구제하는 것에 초점을 맞춘 것인데, '무애도'의 문제의식에서 원효의 『보살계본지범요기』에서는 계율문제를 구체적으로 설명하였고(중생을 구제하는 대목도 일부 포함하고 있음), 『무량수경종요』에서는 정토사상을 통해서 중생을 구제하려고 했다고 볼 수도 있다. 이런 해석이 가능하다면, 원효의 『보살계본지범요기』에서 나타난 계율해석(무애행)과 『무량수경종요』에서 제시된 정토사상은 중생을 구제한다는 점에서 서로 연결되는 것이라고 볼 수 있다. 이러한 점은 불교사상을 폭넓고 바르게 이해하기 위해서는 사상적 계열과 국가의 차이를 넘어서서 거시적 안목으로 조망할 필요가 있음을 보여주는 예라고 할 수 있다.

참고문헌

『마하지관』(대정장 46권)
『무량수경종요』(『한국불교전서』 1권)
『보살계본지범요기』(『한국불교전서』 1권)
『삼국유사』(『한국불교전서』 6권)
『열반종요』(『한국불교전서』 1권)

佐佐木憲德, 『天台教學』, 京都: 百華苑, 소화36/38.
安藤俊雄, 『天台思想史』, 京都: 法藏館, 소화34, 1959.
安藤俊雄, 『天台學』, 京都: 平樂寺書店, 1968/1969.
望月信亨 저, 이태원 역, 『중국정토교리사』, 운주사, 1997.
田村芳朗·梅原猛 공저, 이영자 옮김, 『천태법화의 사상』, 민족사, 1989.
이병욱, 『천태사상』, 태학사, 2005.
이영자, 『한국천태사상의 전개』, 민족사, 1988.
혜명, 『마하지관의 이론과 실천』, 경서원, 2007.

권탄준, 「화엄의 삼매와 무애행의 연관성」, 『불교연구』 33집, 한국불교연구원, 2010.
이기운, 「천태의 四一과 원효의 四法」, 『불교학연구』 11호, 불교학연구회, 2005.
이병욱, 「천태의 사상과 원효의 사상의 공통점 연구」, 『선문화연구』 8집, 한국불교선리연구원, 2010.
최기표, 「『기신론소』에 나타난 천태지관론」, 『한국불교학』 34집, 한국불교학회, 2003.

원효, 그 깨달음의 수행체계*

김도공(원광대학교)

Ⅰ. 이끄는 말

원효(元曉, 617~686)는 한국 역사 속의 불교 사상가 가운데 가장 많은 주목을 끌고 있는 인물이다. 한국불교를 연구하는 학자들에게 있어서, 누구나 한 번 이상 관심 두지 않은 이가 없을 정도로, 주된 연구의 대상이 되어 왔다.

그간의 연구성과에서는 원효사상을 화쟁사상을 중심으로 하는 화엄사상,[1] 혹은 『기신론』을 중심으로 하는 여래장사상如來藏思想[2]의 성격

* 이 글은 「원효의 수행체계 연구」(원광대 대학원 불교학과 박사학위논문, 2001)의 일부를 축약 정리한 것이다.

1 전호련, 「원효의 화쟁과 화엄사상」(『한국불교학』 24집, 한국불교학회. 1998)

2 이평래, 「여래장설과 원효」(金知見편, 『元曉聖師의 哲學世界』, 대한전통불교연구

으로 파악하여 왔다. 물론 동아시아 불교에 끼친 원효의 사상적 영향력 때문에 정토淨土·화엄華嚴 등의 사상으로도 파악되고 있고, 각 불교 종파마다에서 종조宗祖로 받들어지고 있기는 하나, 현재까지 원효사상에 대한 가장 일반적 평가는 일심一心을 추구하는 화쟁사상과 『기신론』을 중심으로 한 여래장사상으로 파악되고 있다.

하지만 원효 스스로가 사상가를 추구하였을까? 원효는 우리 후대인의 안목으로 보기에 철학자이며 사상가이지, 실제로는 그 당시 신라사회 속에서 괴로워했던 한 인간이었고, 그 고통을 벗어나기 위하여 깨달음을 얻고자 수행하던 수행자이며, 깨달음의 내용을 실천하고자 노력한 보살이었다. 그가 다양한 불교사상에 관심을 두고 있고 수많은 저술을 남긴 것도 깨달음을 추구하고 실천 수행 과정상에서 필연적으로 추구되어진 것이다. 따라서 여기에서는 원효의 저술에 나타난 수행론 관련 저술들이 수행체계상에서 각각 어떠한 상호관계와 원리 하에 구성되었는지에 대한 내용을 알아보고자 한다.

Ⅱ. 원효 수행이론의 구조와 원리

1. 원효 수행이론의 구조

원효의 사상이 『기신론』의 일심一心·이문二門을 중심으로 하는 일심사상이라는 것은 이미 학계에 널리 알려진 사실이다. 원효의 사상적 입장이 『기신론』에 있다면 수행적 입장과 견해도 그 연장선상에서

원, 1989)

파악이 가능하다고 할 것이다.

『기신론』에서는 무명과 일체의 조건에서 벗어나 있는 세계·열반의 세계를 진여眞如라 부르고, 이 개념을 인간이라는 존재의 영역에서 파악할 수 있도록 하기 위하여 일심一心이라는 용어로 바꾸어서 사용하고 있다. 때문에 이 일심은 중생심衆生心이라는 다른 말로 불리기도 한다. 또한 일심의 내용을 이해시키기 위하여 심진여문心眞如門과 심생멸문心生滅門으로 나누어서 인식하게 된다. 이 두 가지 문은 인식상의 차이로 구분되는 것이기 때문에 각각 별도로 존재한다고 볼 수 없으며, 본질적으로는 동일한 내용이라고 할 수 있다. 그러나 신앙·수행을 이야기해야 하는 것은 현재 인간의 미망된 현실을 인정하고, 본원의 세계에로 향해야 한다는 설정에서부터 가능한 것이다. 특히 수행이라는 것은 심생멸문에서 심진여문으로 회귀과정을 말한다.

『기신론』은 이같이 일심이문一心二門의 체계로 마음에 관한 이론체계를 세우고, 이에 대하여 믿음과 발심을 일으켜 수행을 하게 하는 구조로 되어 있다. 『기신론』은 그 믿음을 일으키게 하기 위하여 일심을 파악하기 위한 세 가지 논리인 삼대三大를 설정하여 종교적 이상으로 삼고 있다. 또한 『기신론』에서는 현상세계를 설명하기 위해서 실재에서 망념이 생기는 과정과 이유를 말하고, 또한 망념을 버리고 실재로 돌아가야 한다는 것을 밝히고 있다.

『기신론』에서는 진여에서 망념이 생기는 과정을 설명하기 위하여 진여의 심리적·인과적 대응물인 여래장이라는 개념을 상정한다. 그리고 그 여래장의 개념이 인간의 심리적 측면에서 파악될 때 아리야식이라고 불리게 된다. 아리야식은 모든 사물과 현상을 만들어내는 근원이 되는 개념으로 인간의 경험적인 마음을 설명하기 위하여 설정되는 논리적 설정이다. 그런데 『기신론』에서 사용하는 여래장의 개념과 아리야식의 개념은 전통적인 여래장사상의 여래장과는 조금 다르며, 유식에서 말하는 아뢰야식과도 조금씩 다른 의미를 가지고 있다.

전통적 여래장사상에서 여래장의 개념은 그 구조가 '자성청정심·객진번뇌염'인 반면에 『기신론』의 여래장은 "여래장에 의지하는 까닭에 생멸심이 있다"라고 하여 "불생불멸심의 자성청정심과 생멸심"이 합쳐진 내용을 가지고 있다. 그리고 유식의 아뢰야식이 망식妄識이라는 구조를 보인 데 반하여, 『기신론』의 아리야식은 "불생불멸이 생멸과 화합하여 하나도 아니지만 다르지도 않다"[3]라고 하여 '불생불멸심·생멸심'의 구조를 나타내는 진망화합식眞妄和合識이다.

『기신론』에서는 망식인 아뢰야식의 결점을 보완하여 진眞의 여래장과 화합한 모습으로 아리야식이라는 다른 이름으로서 나타난다. 그리하여 망에서 진으로 변화될 수 있는 원리를 갖추게 된다. 이와 같이 『기신론』에 나타난 여래장의 개념은 전통적 의미의 여래장과 조금 다르며, 아리야식의 개념 또한 유식의 아뢰야식과는 조금 다른 의미로 쓰이고 있다. 여래장과 아뢰야식의 결합, 즉 불생불멸이 생멸과 화합함에 의하여 구성된 진망화합식인 아리야식이 염정연기의 장으로서 작용한다는 이론으로 정립되어 『기신론』의 여래장연기라는 사상의 구조를 형성하게 되는 것이다.

원효 수행이론의 근거와 내용은 일심을 정점에 두고 일심을 구현해

---

3 『기신론』(대정장 32, p.576중), "不生不滅與生滅和合 非一非異名爲阿梨耶識."

가는 구조로 성립된 일심사상이다.[4] 물론 원효 화쟁사상의 근거를 『기신론』의 일심사상에서 보고 있는 것과 마찬가지로 원효 수행이론의 구조 또한 일심·이문의 이론 구조에서 연원하고 있는 것이다. 원효는 일심이문의 구조를 이용하여 일심의 논리로는 법을 의심하여 발심에 장애가 되는 사람들을 위하여 일심의 법을 세우고 있고, 진여문과 생멸문의 구조로는 교문을 의심하는 사람들을 위하여 다양한 가르침들을 회통시키는 방법으로 사용하기도 하였다.

1) 일심一心·이문二門·삼대三大

『기신론』에서는 마음을 중생심衆生心이라고도 하고 일심一心이라고도 한다. 그리고 이 마음을 근본적으로 추구해야 할 대상으로 보고 있는 것이다. 그러나 일심이라 하는 것은 언어와 사유로 설명이 불가능한 진여라는 말과 같은 의미를 지니고 있다. 이 일심을 인식하기 위하여 이문二門이라는 두 가지 측면으로 파악하는데, 두 가지 측면 중 하나는 마음을 진여의 측면으로 보는 심진여문心眞如門이며, 둘은 진여로서의 마음을 생멸하고 있는 측면에서 보는 심생멸문心生滅門이다.[5] 따라서 이 심진여문과 심생멸문은 일심을 파악하는 두 가지 관점이기 때문에 두 가지가 서로 다른 것이라고 할 수 없는 것이다. 그리고 『기신론』에서는 마음의 진실한 모습은 대승의 체體만을 보이고, 마음의 생멸하는

---

4 노권용, 「元曉의 一心思想과 그 佛敎思想的 位置」(『東洋哲學』 1집, 韓國東洋哲學會, 1990), p.239 참조.

5 『기신론』(대정장 32, p.576상), "依一心法 有二種門 云何爲二 一者心眞如門 二者心生滅門."

모습은 대승의 본체와 모습과 작용을 보인다[6]라고 하면서 이 일심을 체體·상相·용用 세 가지 모습으로 설명하고 있다.

원효가 표방하는 일심의 의미는 다음과 같다. 첫째는 일심은 언어로 표현할 수 없다는 것과 어떤 다른 것에 의해서 제한되는 것이 아니라는 것, 둘째는 일심은 스스로 무한할 뿐 아니라 일체 만법을 평등하게 포섭할 수 있는 뜻이 있다는 것이다. 때문에 『기신론』에서는 "일심은 중생심이니 이 마음은 일체 세간법과 출세간법을 포섭한다"고 하였다. 셋째, 일체법을 평등하게 포섭하는 것을 넘어서 만법 그 자체가 하나가 되는 것을 의미한다.

원효가 깨닫고자 하는 것은 바로 일심이요, 그 깨달음의 내용도 또한 일심인 것이다. 따라서 일심을 깨닫게 하는 것도 일심이고 그 깨달음의 결과도 또한 일심이라고 할 수 있다. 그러기에 원효는 『별기』에 "이미 명자의 상과 언어를 초월하였으니 다시 무엇을 초월하며 무엇에 돌아가리요"[7]라고 밝히고 있다. 즉 일심이 된 바에는 깨달음이라고 다시 말할 것도 없다는 것이다. 따라서 깨달음을 향한 수행의 문제는 일심을 되찾아 일심이 되는 문제이다.[8] 이러한 일심을 이해하기 위하여 두 가지의 측면인 이문二門으로 나누어서 이해를 한다. 그것이 바로 심진여문과 심생멸문이다. 원효는 생멸문 역시 진여문과 함께하므로

---

6 『기신론』(대정장 32, p.575하), "是心眞如相 卽是摩訶衍體故 是心生滅因緣相 能示摩訶衍自體相用故."

7 『起信論別記』(『한국불교전서』 1, p.678상), "旣超名相 何超何歸 是謂無理之至理不然之大然也."

8 김항배, 「본각과 시각에 대한 연구」, 동국대대학원, 1964, pp.22~23 참조.

두 문은 서로 분리되지 않는 것이라고 말한다. 그래서 원효는 이 두 문이 일심을 각기 나누어서 본 일심의 부분이 아니라고 강조한다.

다음으로는 체·상·용 삼대의 내용은 일심을 체성·성공덕상·덕용의 세 가지 측면으로 표현한 것이라 할 수 있다. 이 같은 『기신론』의 삼대三大 구조는 대승의 종교적 이상을 최대로 드러내는 데 그 근본의도가 있는 설정이라고 할 수 있다.[9] 이 『기신론』의 삼대를 통하여 일심에 대한 믿음을 일으키는 구조로 되어 있다.

2) 각覺(본각本覺·시각始覺)

『기신론』에 나타난 깨달음의 이론은 지극히 철학적이며 종교적인 이론으로 주로 심생멸문 내에서 설명되고 있다. 『기신론』에서는 깨달음의 이론을 각의覺義와 불각의不覺義로 전개하고 있다. 각의와 불각의란 "아리아식에는 두 가지의 뜻이 있는데, 능히 일체법을 포섭하기도 하고 일체법을 만들기도 한다. 두 가지 뜻이란 하나는 깨달음의 뜻이요, 둘은 어리석음의 뜻이다"[10]에서 나오는 말로서, 이 중 깨달음이란 것은 "마음 자체가 망념을 여읜 것을 말함이니, 망념을 여읜 상相은 마치 허공계와 같아 두루하지 않는 바가 없어서 법계가 한 모양이다"[11]라고 밝히고 있다. 즉 깨달음이란 인간의 마음 본체가 그릇된 생각을 떠나 있음을 말하는 것이다. 각의覺義에 대한 설명을 위해서는 본각本覺과

---

9 노권용, 앞의 논문, pp.247~248 참조.

10 『기신론』(대정장 32, p.576중), "阿梨耶識 此識有二種義 能攝一切法 生一切法 云何爲二 一者覺義 二者不覺義."

11 『기신론』(대정장 32, p.567중), "心體離念 離念相者 等虛空界 無所不徧 法界一相."

시각始覺이라는 두 가지 개념에 대한 설명이 필요하다. 그러나 여기에서는 본각만을 다루고 시각에 대한 내용은 항을 달리하여 서술하기로 한다.

『기신론』에서는 "곧 이것이 여래의 평등한 법신이니, 이 법신에 의지하여 본각을 말한다"[12]라고 말하면서 법신에 의지하여 본각을 나타낸다. 원효는 이러한 일심에 대한 깨달음의 표현을 본각으로 하고 있다. 『기신론』에서는 깨달음이란

> 마음 자체가 망념을 여읜 것을 말함이니, 망념을 여읜 상相은 마치 허공계와 같아 두루하지 않는 바가 없어서 법계가 한 모양이다.[13]

라고 밝히고 있다. 즉 깨달음이란 우리 인간의 마음 본체가 그릇된 생각을 떠나 있음을 말하는 것이다. 그리고 "곧 이것이 여래의 평등한 법신이니, 이 법신에 의지하여 본각을 말한다"[14]라고 말하면서 법신에 의지하여 본각을 나타내고 있다.

본각이란 일체 중생에게 본래부터 갖추어져 있는 본래적인 깨달음을 의미하는 말이다. 본각의 의미를 정리해 보면, 첫째로 본각이란 망념이 없는 대지광명이라는 것이고, 둘째로 평등무이하여 범凡과 성聖에

---

12 『기신론』(대정장 32, p.567중), "卽是如來 平等法身 依此法身 說名本覺 卽是如來 平等法身 依此法身 說名本覺."

13 『기신론』(대정장 32, p.567중), "心體離念 離念相者 等虛空界 無所不徧 法界一相."

14 『기신론』(대정장 32, p.567중), "卽是如來 平等法身 依此法身 說名本覺 卽是如來 平等法身 依此法身 說名本覺."

두루 통할 수 있는 가장 보편적인 것이라고 할 수 있다.[15]

원효는 이 본각에 대한 설명을 두 가지로 구분하여 시각의 입장에서 바라본 본각의 성덕으로서 수염본각隨染本覺과 본각 자체의 덕상을 말하는 성정본각性淨本覺으로 구분하여 해석하고 있다.

시각이란 실천수행을 통하여 여러 가지 번뇌로 더럽혀진 불각의 상태를 타파함에 따라 새로운 깨달음이 나타나게 되는 과정을 말한다. 따라서 시각은 미혹의 상태에서 완전한 깨달음에로의 전환, 또는 번뇌로 더럽혀진 상태에서 이탈하여 보다 훌륭한 단계에 도달함으로써 각체覺體가 수행인에게 나타나는 것을 의미한다. 미혹함에서 깨달음으로 나아가고자 하는 과정을 나타낸 것이 바로 이 시각의 이론으로서, 번뇌가 제거되면서 점점 나타나는 깨달음의 지혜를 말하는 것이다. 수행에 의하여 깨달음의 지혜가 처음으로 열리게 되고, 수행이 진전됨에 따라서 지혜가 점점 드러나고, 수행이 궁극의 경지에 이르면 본각과 합치하게 된다. 따라서 이러한 과정의 측면에서 본다면 시각이란 수행에 따른 깨달음의 지혜의 발전과정이다. 이에 대한 원효의 설명은 다음과 같다.

> 이 마음의 체가 무명이라는 조건을 따라 움직여서 망념을 일으킨다. 그러나 본각의 마음에는 그 자신을 훈습시키는 힘이 있어서 점점 깨달음의 작용이 나타나게 된다. 이 작용이 구극에 이르면 본각으로 돌아가 일치하게 되니 이것을 시각이라고 한다.[16]

---

15 김항배, 앞의 논문, pp.26~27 참조.

16 『기신론소』(대정장 44, p.230상), "始覺者 卽此心體 隨無明緣 動作妄念 而以本覺

본각으로서의 마음은 무명 때문에 불각의 모습으로 나타나지만, 본각 자체에 내재해 있는 회복력에 의해서 불각에서 본각으로 돌아가는 과정이 바로 시각인 것이다. 여기에서 본각과 시각의 개념은 관점의 차이일 뿐 동일한 깨달음의 내용이다. 깨달음 그 자체를 부처와 범부를 망라하는 본래적인 모습으로 파악하는 관점의 차이이다. 『기신론』은 중생심에 대한 긍정, 그리고 긍정에 대한 믿음을 기반으로 하고 있다. 그러나 이러한 깨달음이 본래 인간 내부에 존재한다는 것만으로는 현실적인 인간의 모습을 설명하기 어렵기 때문에 이런 설명을 위해서 시각의 개념을 설정하는 것이다. 즉 중생에게는 누구나 본각이 존재하며 또한 시각에 의해서 그 본각에 도달할 수 있다는 의미이다.

『기신론』의 그 전체적인 의도는 생멸의 세계에서 진여의 세계로 인도하고자 하는 의도, 즉 미혹에서 깨달음으로 가는 근거를 밝히려는 데 있다. 본래적인 입장에서 미망의 모습은 그 실체가 없는 것이라고 하지만, 이것은 절대적인 진리의 세계에서 바라보는 입장을 말한다. 현재 인간에게 인식되는 현상 속에서는 엄연히 미망迷妄의 모습이 실재한다. 때문에 미망의 극복이 강조되는 것이다. 이에 『기신론』에서는 궁극적 깨달음에 이르는 과정을 불각不覺·상사각相似覺·수분각隨分覺·구경각究竟覺의 네 가지 단계로 설명하고 있다. 그러나 시각이라는 것은 본각과 불각을 매개하기 위해서 사용된 말이며, 불각의 현상이 어떻게 환원될 수 있는가의 문제를 설명하기 위한 말이고, 또한 시각의 개념은 불각과 본각을 다 지니고 있는 의미이다. 즉 망념을 멸滅하면

熏習力故 稍有覺用 乃至究竟 還同本覺 是名始覺."

본각이고 망념에 훈습薰習되면 불각이라는 의미이다. 그러나 여기에서 나타난 시각의 네 가지 단계도 중생이 자기 마음을 깨달은 정도에 따라서 편의상 구분한 것이지 고정불변한 것은 아니라고 할 수 있다. 즉 자기 마음을 여실히 깨달음으로써 일심 자체가 되며 일심 그대로 되기 때문에 시각의 네 가지 단계는 실재하는 것이 아니다. 그러나 현실적으로 시각의 단계를 설정해 두는 것이 수행과 신앙의 의욕을 일으키기에 용이하기 때문에 설정되는 것이다.

그러면 이상의 시각에 대한 논의를 종합해보면 다음과 같다. 첫째, 시각이라는 것은 본각과 불각을 매개하기 위해서 사용하는 말이다. 둘째, 불각의 현상이 어떻게 본각에 환원될 수 있는가의 문제를 설명하기 위한 말이다. 셋째, 시각이 지닌 성격은 본각과 불각을 동시에 지니고 있는 개념이므로 망념만 멸하면 그대로 본각이라고 할 수 있다. 그러면 다음에는 본각을 회복하는 과정으로서의 시각의 단계에 대하여 알아보고자 한다.

3) 불각不覺

『기신론』에서는 아리야식이 일체법의 차별상을 거두어 일진여로 돌아간 모습인 본각의 뜻을 설명하는 반면, 아리야식이 일체법의 차별상을 일으켜 현상 제법을 전개하고 있는 모습인 불각의 모습을 밝히고 있다. 『기신론』의 아리야식은 불생불멸과 생멸이 화합된 화합식의 성격으로 양방향성을 띠고 있기 때문이다.

그러면 과연 불각의 모습이란 어떤 모습을 하고 있는 것인가? 『기신론』에서는 불각에 대해서 "진여법이 순일하다는 것을 알지 못해서 불각의 마음이 일어나 망념이 있는 것"[17]이라고 밝히고 있다. 이 말은 곧 진여에 대한 무지 때문에 불각의 상태가 발생한다는 것을 말한다. 그러면 불각이 나타나는 구조에 대하여 알아보자.

이 마음이란 원래 본성이 청정한 것인데, 무명無明이 있음으로 인하여 무명에 의해 더렵혀지는 것이 있으니 염심, 즉 번뇌가 있게 되는 것이다.[18] 그러나 『기신론』에서는 불각이 본각을 떠나서 따로 있는 것이 아님을 밝히고 있다. 따라서 무명이란 어떤 다른 하나의 실체가 있는 것이 아니라, 진여법이 본래 하나임을 모르는 것을 말한다. 그러므로 무명이라는 실체가 있어서 일체 중생을 염염상속하게 하는 것이 아니라, 자기의 마음이 유념인 줄 잘못 알아서 염염상속하는 것을 무명이라고 하게 되는 것이다. 여기에서 무명은 본각과 같이 시작함이 없는 것이나 깨달음에 의하여 끝나게 된다. 그래서 중생이 어느 때라도 깨달음의 경지에 다다를 수 있다는 가능성을 가지게 되는 것이다. 그러나 현실적으로는 염염상속하고 있는 모습을 알아야 한다. 염염상속하는 모습을 자세히 알고 있어야만 그에 따른 구체적인 수행법이 나오기 때문이다. 그 염염상속하는 과정을 역으로 거슬러 올라가는 과정이 바로 수행에 있어서 자세한 지도의 역할을 하는 것이다.

『기신론』에서는 무명과 그로부터 파생하는 번뇌를 모두 불각이라 말하고 있다. 이 불각에는 깨닫지 못하는 원인으로서의 근본불각根本不

---

17 『기신론』(대정장 32, p.577상), "所言不覺義者 謂不如實知眞如法一故 不覺心起而有其念."

18 『기신론』(대정장 32, p.577하), "是心從本已來 自性清淨 而有無名 爲無名所染有其染心."

覺과 그 원인으로 인하여 나타나는 결과인 지말불각枝末不覺이 있다. 근본불각이란 있는 그대로가 하나의 진리라는 것을 깨닫지 못하는 것을 의미한다. 바로 이것을 무명이라고 한다. 또한 『기신론』에서는 이 과정을 세 가지 미세한 모습(三細)과 여섯 가지 거친 모습(六麤)의 단계로 나누어 설명한다. 즉 인간이 본래의 모습인 본각에서 이탈하여 불각의 모습을 띠고 타락하게 되는 과정을 말하는 부분이다. 이것을 지말불각이라 하는데, 거기에는 크게 두 가지가 있다. 그 하나는 삼세三細이고, 둘은 육추六麤이다. 삼세라고 하는 것은 무명에 의해서 우리의 심층 내에서 미세하게 일어나는 모습을 말하는 것으로 제8아리야식의 심층 내에서 일어나는 의식분화의 과정[19]이다. 즉 의식발생의 초기단계를 말하는 것으로 의식이 발생하여 대상세계를 획득하게 하는 미세한 과정을 말하는 것이다. 그러므로 이러한 의식발생의 초기단계를 인식하기란 매우 어려운 일이다. 이상의 삼세·육추의 모습이 근본무명으로 인해 진여를 요달하지 못하기 때문에 일어난 것으로서 다 불각의 차별상이다.

원효는 삼세·육추상 중에서 삼세상을 제8아리야식으로 보았고, 육추상 중에 지상智相을 제7말라식으로 보았으며, 나머지 상속상相續相·집취상執取相·계명자상計名字相·기업상起業相을 제6식으로 보았다.

---

19 殷貞姬, 「원효의 삼세·아리야식설의 창안」(국토통일원, 『원효연구논총』), p.303 참조. 삼세가 바로 아리야식이라는 주장은 아리야식의 二義性, 즉 覺義와 不覺義를 실증한 것으로, 이는 眞과 俗을 별개로 보려는 중관·유식 양파에 치우친 견해를 타파하여 俗에서 眞으로, 眞에서 俗으로 부단히 왕래하는 인간정신의 양면성을 반영한다는 것이 원효의 논리이다.

이상으로 아리야식의 불각의에 대하여 알아보았는데, 삼세육추로 벌려가는 모습을 의와 의식, 팔식, 그리고 염심과 관련 내용을 정리하면 〈표 1〉과 같다.

〈표 1〉 시각사위始覺四位와 삼세육추三細六麤

<table>
<tr><td>根本不覺
(無明의 體)</td><td>無明</td><td colspan="5"></td></tr>
<tr><td rowspan="9">枝末不覺
(無明의 相)</td><td rowspan="3">三細</td><td>無名業相</td><td rowspan="3">生</td><td rowspan="3">究竟覺</td><td>業識</td><td rowspan="3">제8아리야식</td></tr>
<tr><td>能見相</td><td>轉識</td></tr>
<tr><td>境界相</td><td>現識</td></tr>
<tr><td rowspan="6">六麤</td><td>智相</td><td>住</td><td>隨分覺</td><td>智識</td><td>제7말라식</td></tr>
<tr><td>相續相</td><td rowspan="3">異</td><td rowspan="3">相似覺</td><td>相續識(意)</td><td rowspan="4">제6식</td></tr>
<tr><td>執取相</td><td rowspan="2">相 續 識 (意 識)</td></tr>
<tr><td>計名字相</td></tr>
<tr><td>起業相</td><td>滅</td><td>不覺</td><td></td></tr>
<tr><td>業繫苦相</td><td></td><td></td><td></td><td></td></tr>
</table>

4) 훈습薰習

인간의 본래 깨끗한 마음이 삼세·육추로 더렵혀지게 되는 이유는 무명의 훈습력에 의해서 더렵혀지게 된다. 그러나 그 더렵혀진 마음을 다시 깨끗하게 할 수 있는 원리도 역시 진여의 훈습력에 의해서 가능한 것이다. 훈습에 대하서 『기신론』에서는 진여와 무명無明이 서로 훈습하여 연기가 있게 됨을 염법훈습染法薰習과 정법훈습淨法薰習의 두 가지로 밝히고 있다.

염법훈습이란 염법이 능훈能熏이 되고 정법이 소훈所熏이 되어 무명이 진여를 훈습함에 따라서 본래 청정한 진여심체에 염상染相이 점점 증가하여 생멸유전의 미혹한 현상이 전개되는 향하적 훈습을 말한다. 정법훈습은 정법을 능훈能熏으로 하고 염법을 소훈所熏으로 하여 진여가 무명을 훈습함에 따라 염법의 심상이 점차 소멸하고 청정진여의 심체가 점점 나타나서 열반세계의 본체에 환원되는 향상적 훈습을 말한다. 즉 차별적인 현상 제법으로부터 일진여로 돌아가는 정법연기의 근본원리가 된다.

〈표 2〉 **훈습론熏習論(淨法熏習, 染法熏習)**

<table>
<tr><th colspan="4">熏 習</th></tr>
<tr><th colspan="2">淨法熏習</th><th colspan="2">染法熏習</th></tr>
<tr><td>自體相熏習</td><td colspan="2" rowspan="2">眞如熏習</td><td rowspan="2"></td></tr>
<tr><td>用熏習</td></tr>
<tr><td rowspan="2"></td><td colspan="2" rowspan="2">無明熏習</td><td>根本熏習</td></tr>
<tr><td>所起見愛熏習</td></tr>
<tr><td>自體相熏習</td><td colspan="2" rowspan="2">妄心熏習</td><td>業識根本熏習</td></tr>
<tr><td>用熏習</td><td>增長分別事識熏習</td></tr>
<tr><td rowspan="2"></td><td colspan="2" rowspan="2">妄境界熏習</td><td>增長念熏習</td></tr>
<tr><td>增長取熏習</td></tr>
</table>

『기신론』에서는 염법훈습의 염상染相이 증가하는 단계에 따라서 무명훈습無明熏習·망심훈습妄心熏習·망경계훈습妄境界熏習으로 나누고 있다. 이 세 가지 훈습을 세분하여 망경계훈습妄境界熏習을 증장념훈습增長念熏習과 증장취훈습增長取熏習으로, 망심훈습妄心熏習을 업식근본훈습業識根本熏習과 증장분별사식훈습增長分別事識熏習으로, 무명훈습을無明熏習을 근본훈습根本熏習과 소기견애훈습所起見愛熏習으로 세분하고 있다. 정법훈습에는 진여훈습과 망심훈습이 차례로 일어

나며, 이에 의하여 근본무명의 인因과 망경계의 연緣이 멸하는 수행의 단계를 밝히고 있다. 또한 망심훈습을 분별사식훈습分別事識熏習과 의훈습意熏習, 진여훈습眞如熏習을 자체상훈습自體相熏習과 용훈습用熏習으로 나누고 있다

2. 시각사위始覺四位의 수행계위

시각이란 실천수행을 통하여 여러 가지 번뇌로 더럽혀진 불각의 상태를 타파함에 따라 새로운 깨달음이 나타나게 되는 과정을 가리킨다. 미혹함에서 깨달음으로 나아가고자 하는 과정을 나타낸 것이 바로 이 시각의 이론으로서 번뇌가 제거되면서 점점 나타나는 깨달음의 지혜를 말한다.

이 시각의 단계는 네 가지 모습(四相)에 의하여 설명되는데, 마음의 멸상·이상·주상·생상에 따라서 나타난 것이다. 하지만 실제로 마음에는 이 네 가지 모습이 실재하지 않는다는 것을 알아서, 결국에는 마음에 네 가지 모습을 나타나지 않게 되는 과정이라고 볼 수 있다.

수행에 의하여 깨달음의 지혜가 처음으로 열리게 되고, 수행이 진전됨에 따라서 지혜가 점점 드러나고, 수행이 궁극의 경지에 이르면 본각과 합치하게 된다. 따라서 이러한 과정의 측면에서 본다면, 시각이란 수행에 따른 깨달음의 지혜가 발전하는 과정이다. 그리고 이 과정은 수행에 있어서 자신의 수행 정도를 확인해 볼 수 있는 중요한 이정표가 된다.

『기신론』은 중생심에 대한 긍정, 그리고 긍정에 대한 믿음을 기반으로 하고 있다. 그러나 이러한 깨달음이 본래 인간 내부에 존재한다는 것만으로는 현실적인 우리의 모습을 설명하기 어려울 뿐 아니라, 일반

인에게 수행을 요구하기 어렵기 때문에 시각의 개념을 설정하는 것이다. 즉 중생에게는 누구나 본각이 존재하며, 또한 시각에 의해서 그 본각에 도달할 수 있다는 신념의 표현인 것이다.

『기신론』의 그 전체적인 의도는 생멸의 세계에서 진여의 세계로 인도하고자 하는 의도, 즉 미혹에서 깨달음으로 가는 근거와 방법을 밝히려는 데 있다. 본래적인 입장에서 미망迷妄의 모습은 그 실체가 없는 것이라고 하지만 이것은 절대적인 진리의 세계에서 바라보는 입장이다. 현재 우리에게 인식되는 현상 속에서는 엄연히 미망의 모습이 실재하기 때문에 미망의 극복이 강조되는 것이다. 이에 『기신론』에서는 미망을 버리고 궁극적 깨달음에 이르는 과정을 불각不覺·상사각相似覺·수분각隨分覺·구경각究竟覺의 네 가지 단계로 설명하고 있다. 그러나 시각이라는 것은 본각과 불각을 매개하기 위해서 사용된 말이며, 불각의 현상이 어떻게 환원될 수 있는가의 문제를 설명하기 위한 개념이다. 즉 망념을 멸하면 본각이고, 망념에 훈습되면 불각이라는 말이다. 그러나 여기에서 나타난 시각의 네 가지 단계도 중생이 자기 마음을 깨달은 정도에 따라서 편의상 구분한 것이지 고정불변한 것은 아니다. 즉 자기 마음을 여실히 깨달음으로써 일심 자체가 되며 일심 그대로 되기 때문에 시각의 네 가지 단계는 실재하는 것이 아니다. 그러나 현실적으로 시각의 단계를 설정해 두는 것이 수행과 신앙의 의욕을 일으키기고 그 과정을 설명하기 용이하기 때문에 설정되는 것이다.

이상의 시각에 대한 논의를 종합해보면 다음과 같이 정리할 수 있다. 첫째, 시각이라는 것은 본각과 불각을 매개하기 위해서 사용하는 개념이다. 둘째, 불각의 현상이 어떻게 본각에 환원될 수 있는가의 문제를 설명하기 위한 의미를 가지고 있다. 셋째, 시각이 지닌 성격은 본각과 불각을 동시에 지니고 있는 개념이므로 망념만 멸하면 그대로 본각인 것이다.

시각사위始覺四位는 생生·주住·이異·멸滅의 네 가지 모습에 의하여 시각사위를 밝히고 있는 내용이다. 즉 멸상을 깨닫는 것을 불각이라 하고, 이상을 깨닫는 것을 상사각이라 하고, 주상을 깨닫는 것을 수분각이라 하고, 생상을 깨닫는 것을 구경각이라고 한다. 그리고 보살은 수행의 단계에 따라서 멸상·이상·주상을 차례로 깨닫는데 여기까지는 비록 많이 깨달았다 해도 심원에 도달하지 못하였으므로 비구경각이라 하고, 마지막 생상生相은 불지에 이르러 비로소 깨달아 심원에 도달하였다고 하여 구경각이라고 한다.

인간의 마음에서 번뇌가 형상화하는 순서에 따라 마음에 생·주·이·멸상이 나타난다. 이러한 번뇌에 의해서 구성되는 미망의 현실을 극복하기 위해서는 멸상의 거친 것에서부터 시작하여 마침내 생상의 망념마저 극복해야 하는 것이고, 여기가 궁극적인 깨달음의 경지가 된다.

이렇게 구경각에 이르는 시각사위를 원효는 단계별 깨달음의 성격으로 명확히 설명하고 있다. 특히 『기신론』의 시각사위는 『기신론』 이전의 다양한 불교사상에서 복잡하게 다루어 오던 각종 수행계위들을 네 가지 단계로 압축한 모습이기 때문에 그 자체만으로는 수행계위를 이해하기가 어렵다. 이에 원효는 보살의 52 수행계위와 관련시켜서 시각사위를 설명하고 있다. 이러한 내용을 〈표 3〉으로 정리해본다.

〈표 3〉 **시각사위始覺四位와 각분제覺分齊**

<table>
<tr><th colspan="2"></th><th>能覺人
(깨닫는 사람)</th><th>所覺相
(깨달아진 모양)</th><th>覺利益
(깨달음의 이익)</th><th>覺分齊
(깨달음의 범위)</th></tr>
<tr><td colspan="2">究竟覺</td><td>보살지가 다한 사람,
무구지위</td><td>生相</td><td>妄念이 일어나지 않는다.</td><td>마음에 初相이 없어서 微細念을 떠나서 마음을 얻어 보고 마음이 항상 常住한다.</td></tr>
<tr><td rowspan="3">非究竟覺</td><td>隨分覺</td><td>法身菩薩,
初地菩薩 이상
十地菩薩位</td><td>住相
我癡, 我見, 我愛, 我慢</td><td>생각에 住하는 마음이 없다.</td><td>생각하되 머무는 상이 없어 무분별지를 얻었으나 아직 業의 허망으로부터는 벗어나지 못했다.</td></tr>
<tr><td>相似覺</td><td>十解以上
三賢菩薩位</td><td>異相
貪瞋癡慢疑見</td><td>생각에 異相이 없다.</td><td>생각하되 다르다는 상이 없어서 분별집착상을 떠난다.</td></tr>
<tr><td>不覺</td><td>凡夫, 十信位</td><td>滅相
七支惡業</td><td>망념을 끊고 다시 일으키지 않는다.</td><td>망념의 나쁨을 알아 다시는 나쁜 마음을 갖지 아니하나 불각이다.</td></tr>
</table>

이상과 같이 『기신론』에서는 깨달음을 본각·시각·불각으로 설명한다. 즉 각의 상태는 깨달음의 지혜인 본각을 통해서 설명하고, 깨달음에 이르는 과정은 시각을 통해서 설명하고, 또한 깨닫지 못하는 원인과 결과에 대해서 불각으로 설명하고 있다.

이러한 관계를 원효는 각覺과 불각이 모두 동일한 진여의 모습(性相)이라는 점에서는 서로 동일하다고 하는 반면에 염환染幻을 따라서는 각과 불각은 차별됨을 나타낸다고 설명한다. 재료는 동일한 진흙이되 가지가지의 질그릇이 만들어져 존재하듯, 동일한 진여에 의하여 무루정법無漏淨法과 유루염법有漏染法이 있다는 것이다. 이러한 무루의 각과 유루의 불각이 하나도 아니고 다른 것도 아니라고 할 수 있다. 그러나 개개의 질그릇들은 그 모양을 각각 달리하듯이 무루와 무명은 염환을 따라서는 다른 모습으로 차별되므로 각과 불각은 서로 동일하지 않다. 따라서 각覺과 불각不覺은 하나도 아니고 다른 것도 아닌 비일非一·비이非異의 관계에 있다고 할 수 있다.

3. 삼종발심三種發心

『기신론』에서는 일심·삼대에 대한 믿음을 일으켜야 실제적인 수행의 궤도에 올라서게 된다는 의미에서 세 가지 발심發心의 양상을 말하고 있다. 『기신론』이 지극히 철학적인 논설을 말하고 있는 것 같지만, 이 부분에 이르러서는 지극히 종교적인 논설이 되는 부분이다. 이 삼종발심을 원효는 보살수행의 52위에 비교하면서 설명하고 있는데, 이를 시각사위와의 관련을 염두에 두면서 살펴보고자 한다.

1) 신성취발심

신성취발심信成就發心이란 그 수행계위가 십신十信에서 십주十住의 계위에 있는 사람의 발심으로, 십신의 자리에서 신심을 닦아 익힘으로써 신심이 성취되어 결정심을 일으켜 십주에 들어감을 말한다.[20] 이 신성취발심은 부정취 중생에 해당되는 발심을 말한다. 이 발심을 가진 사람은 여래장의 훈습력과 세간에서 닦은 선근의 힘에 의하여 업의 과보를 믿고, 열 가지 선업을 일으켜 생사의 고통을 벗어나 무상보리를 구하고자 여러 부처를 만나 직접 받들고 공양하고 신심을 닦는 사람을 말하는 것이다. 그리고 이 발심의 사람은 이러한 과정을 거쳐서 수많은 세월이 지나면 성취되는 신심을 가진 사람이다. 『기신론』에서는 이 신성취발심

---

20 『기신론소』(『한국불교전서』 1, p.723중하), "信成就發心者 位在十住 兼取十信 十信位中修習信心 信心成就發決定心 卽入十住 故名信成就發心也."

은 직심直心·심심深心·대비심大悲心의 세 가지 마음을 발한다고 밝히고 있다. 이 세 가지 마음에 대한 원효의 설명을 보면 다음과 같다.

> 직심直心은 굽지 않았다는 뜻이다. 만약 진여를 생각하면 마음이 평등하게 되어 다시 다른 갈래가 없을 것이니, 무슨 어그러지고 굽어짐이 있겠는가? 그러므로 이것은 자리와 이타행의 근본이 된다는 것이다. 심심深心은 근원을 궁구한다는 뜻이다. 즉 근원에 돌아가는 것이 이루어지려면 반드시 만행을 갖추어야 하기 때문에 모든 선행을 즐겨 하는 것이다. 그러므로 이는 곧 자리행의 근본이 되는 것이다. 대비심이란 널리 제도한다는 뜻으로, 중생의 고통을 덜어주는 것으로 이는 이타행의 근본이 된다.[21]

이 세 가지 마음을 의지해서 선법을 수행하는 데에는 다시 네 가지 방편이 있다. 그것은 곧 행근본방편行根本方便, 능지방편能止方便, 선증장방편善增長方便, 대원평등방편大願平等方便의 네 가지이다.

이 발심에 든 사람은 조금이나마 법신을 보게 되는데, 이는 십해보살이 인공문에 의하여 법계를 보는 것을 말하는 것으로, 상사견에 속하는 것이다.

---

21 『기신론소』(『한국불교전서』 1, p.724하), "直心者 是不曲義 若念眞如 則心平等更無別岐 何有迴曲 故言正念眞如法故卽是二行之根本也 言深心者 是窮原義 若一善不備 無由歸原 歸原之成 必具萬行 故言樂集一切諸善行故卽是自利行之本也."

2) 해행발심解行發心

해행발심이란 그 수행계위가 십회향의 자리에 있으면서 십행十行을 취하는 위계에 있는 사람의 발심으로, 십행의 자리에서 법공法空을 잘 알고, 법계를 수순하여 육도행을 닦아서 육도행이 순결해지고 성숙되면 회향심을 일으켜 회향의 자리에 들어가는 사람의 위계를 말한다.[22] 이 해행발심은 신성취발심보다는 더욱 수승한 발심으로 진여법에 대한 깊은 이해가 되기 시작하여, 닦는다는 상相을 떠난 수행의 단계의 발심을 말하는 것이다. 이 단계의 발심에서는 그 수행방법으로 육바라밀을 수행하는 것으로 『기신론』에 나타나 있다.[23]

원효는 이러한 해행발심에 대한 설명에서 진여법에 대한 이해가 나타나는 것은 십회향의 자리에서 평등공을 얻었기 때문에 나타나는 것으로 밝히고 있다. 또한 육바라밀의 수행을 할 수 있는 것은 십행위중에 법공을 얻었기 때문에 가능한 것으로 밝히고 있다.[24] 이처럼 법공을 철저히 체득하여야만 진정한 의미의 보시와 육바라밀의 수행을 할 수 있다는 것이다.

---

22 『기신론소』(『한국불교전서』 1, p.723하), "解行發心者 在十迴向兼取十行 十行位中 能解法空 隨順法界 修六度行 六度行純熟 發迴向心 入向位故 言解行發心也."

23 『기신론』(대정장 32 p.581상), "解行發心者 當知轉勝 以是菩薩從初 正信已來於第一阿僧祇劫將欲滿故於眞如法中 深解現前所修離相 以知法性體無慳貪故 隨順修行檀波羅密以知法性無染 離五欲過故 隨順修行尸波羅密 以知法性無苦 離瞋惱故 隨順修行羼提波羅密 以知法性無身心相離懈怠故 隨順修行毗 耶波羅密 以知法性常定 體無亂故 隨順修行禪波羅密 以知法性體明 離無明故隨順修行般若波羅密."

24 『기신론소』(『한국불교전서』 1, p.723하), "十行位中 能解法空 隨順法界 修六度行."

3) 증발심證發心

증발심이란 그 수행상의 위계가 초지初地 이상 십지十地의 자리에 있는 사람의 발심을 말하며, 앞의 두 가지 발심에 바탕하여 법신을 증득하고 진심을 일으키는 것을 말한다.[25]

이 증발심은 정심지淨心地로부터 보살구경지菩薩究竟地에서 진여를 증득하여 진여지를 얻기에 법신法身이라고 한다. 그러나 법신보살은 아직 구경의 극치에 이르지 못하였기 때문에 부처와 동일하지 않으므로 이 보살은 진심眞心·방편심方便心·업식심業識心의 세 가지 미세한 상을 내게 된다.

이 세 가지 미세한 모습에 대하여 원효는 다음과 같이 밝히고 있다.

> 여기서 진심이란 무분별지를 말하고, 방편심이란 후득지를 말하고, 업식심이란 무분별지와 후득지가 의거하는 아리야식이니, 사실을 말한다면 전식과 현식이 있는 것이지만, 다만 지금은 근본이 미세한 모습만을 대략 나타낸 것이다. 그러나 이 업식은 발심의 덕이 아니고, 두 가지 지혜(무분별지와 후득지)가 일어날 때 이렇게 미세하게 생멸하는 허물이 있어 불지의 순정한 덕과 같지 않음을 나타내기 위하여 발심상이라고 말한 것이다.[26]

---

25 『기신론소』(『한국불교전서』 1, p.723하), "證發心者 位在初地以上 乃至十地 依前二重相似發心 證得法身 發眞心也."

26 『기신론소』(『한국불교전서』 1, p.725상), "言眞心者 謂無分別智 方便心者 是後得智 業識心者 二智所依阿梨耶識就實而言 亦有轉識及與現識 但今略擧根本細相 然此業識非發心德 但爲欲顯二智起時 有是微細起滅之累 不同佛地純淨之德 所以合說爲發心相耳."

따라서 증발심의 진여법신은 아직은 근본무명이 제거되지 않은 상태이므로 온전한 진여의 나타남은 아니다. 이 상태에서 수행공덕이 완성되면 일체의 지혜를 나타내게 된다.

이상과 같이 세 가지 발심에 대해서 알아보았는데, 이를 원효는 삼정취 중생의 발심과 대비시키고 있다. 삼정취三定聚란 정정취正定聚·부정취不定聚·사정취邪定聚를 말하는 것으로, 원효의 견해에 의하면 십해十解(十住) 이상의 결정코 물러나지 않는 경지〔決定不退〕를 정정취라 하고, 십신에 들어가지 아니하여 인과를 믿지 않은 것을 사정취라 한다. 또 이 둘의 중간에 도를 구하는 사람이 발심하여 무상보리를 구하려고 하지만, 마음이 아직 결정되지 아니하여 어떤 때는 나아가고 어떤 때는 물러서는 것을 십신이라 하고, 이를 부정취라고 말하고 있다. 이러한 삼정취 중생의 구분과 삼종 발심의 구분을 시각사위와 수행52위와 대비해서 정리하면 〈표 4〉와 같다.

〈표 4〉 시각사위始覺四位와 삼종발심三種發心

<table>
<tr><th>始覺四位</th><th>修行 52位</th><th>三種發心</th><th>三定聚衆生</th></tr>
<tr><td>究竟覺</td><td></td><td rowspan="2">證發心</td><td rowspan="5">正定聚</td></tr>
<tr><td>隨分覺</td><td>初地~十地</td></tr>
<tr><td rowspan="3">相似覺</td><td>十回向</td><td rowspan="2">解行發心</td></tr>
<tr><td>十行</td></tr>
<tr><td>十住</td><td rowspan="2">信成就發心</td></tr>
<tr><td>不覺</td><td>十信</td><td>不定聚</td></tr>
<tr><td colspan="3"></td><td>邪定聚(外)</td></tr>
</table>

이렇듯이 『기신론』에서는 일체의 조건에서 벗어나 있는 세계·열반의 세계를 진여라는 개념으로 설정하고, 이 진여의 개념을 인간이라는 존재의 영역에서 파악할 수 있도록 일심 혹은 중생심이라는 용어로 바꾸어서 사용한다. 그리고 일심의 내용을 이해시키기 위하여, 심진여문과 심생멸문으로 나누어서 설명하면서, 삼대를 통하여 종교적 이상을 표시하고 있다.

『기신론』은 이렇게 일심에 관한 철학적 체계를 바탕으로 일심·이문·삼대로 구성된 수행이론의 근거와 각, 불각, 시각, 훈습, 발심 등의 내용으로 설명되고 있는 수행의 원리와 체계를 설명하고 있다. 그러나 원효의 경험적인 수행체험과 불교지식이 투영되고 나서야 그 수행론적 의미가 생생하게 되살아난다고 할 것이다.

이와 같이 원효 수행이론의 근거와 원리가 되고 있는 『기신론』의 수행이론을 알아보았다. 그 가운데 수행의 계위가 될 수 있는 시각사위를 알아본 결과, 불각과 상사각은 대개 6식에서 일어나는 것이기 때문에 일상적인 수행만으로 어느 정도 쉽게 오를 수 있는 수행계위로 파악된다. 즉 불각은 자신의 의식과 행동 가운데 잘못된 점을 깨닫고 반성적인 의식을 일으키는 것이고, 상사각은 자신의 의식 가운데 거칠게 나타난 분별의식에서 나온 가지가지의 생각에 집착하고 있음을 없애야 한다는 것이기 때문에, 실제 수행에 있어서는 그리 어려운 일은 아니다. 그러나 수분각과 구경각은 대개 7식과 8식에서 일어나는 번뇌이기 때문에 일반적인 수행으로 쉽게 오를 수 없다. 즉 수분각은 7식에서 일어난 지상이 비록 지향하는 외부의 대상은 없지만, 생각은 주관과 객관을 중심으로 형성되어 있는 것으로 이 주관과 객관에 의해서 아집과 법집을 일으켜서, 너와 나를 구분하는 거친 생각인 분별추념상을 일으키게 된다. 여기서 자아의식을 형성하는 이전의 의식을 없애는 것이기에 수행상 쉬운 일이 아니다. 또한 구경각은 무명에 의해서 아리야식 내에서 마음이 동요하기 시작하는 최초의 미세한 모습을 알아채는 것이므로 더욱 어려운 수행이라고 할 것이다. 이같이 수분각과 구경각에 오르기 위해서는 일상적인 수행방법보다 더 고차원적인 수행방법이 요구된다는 것을 알 수 있다. 원효의 저술 속에 보이는 지관수행론 및 이장소멸론, 참회론 등의 수행체계는 이러한 수행상의 필요성에 의해서 스스로 연구하고 수행하는 과정에서 필요했기 때문이고, 이것이 마련되어야 깨달음을 향하여 가는 제대로 된 수행체계가 되는 것이다.

Ⅲ. 원효의 지관수행론

1. 『기신론』의 사신四信·오행五行

석가모니 부처님 이후로 수행의 요점은 지止와 관觀이라는 말에 압축되어 계승되고 있다. 원효도 실제적인 『기신론』의 수행방법론을 다루는데 있어서 지관수행론을 가장 중요시하게 여기고 있었던 것으로 나타난다. 특히 원효는 이 일심이문의 체계를 구체적인 실천의 문제에 적용함에 있어서는 심진여문에 지止, 심생멸문에 관觀을 대응시켜서 이 두 가지를 수행의 큰 축으로 삼아왔다는 것을 확인할 수 있다. 이와 같은 체계성을 『기신론소』에 나온 내용으로 확인해보기로 한다.

두 가지 문을 연 것은 교문을 의심하는 것을 제거하는 것이다. 이는 여러 교문이 많이 있지만 처음 수행에 들어갈 때는 두 문을 벗어나지 아니하니, 진여문에 의하여 지행을 닦고 생멸문에 의하여 관행을 일으킴을 말한 것이다. 지행과 관행을 쌍으로 부림에 만행이 이에 갖추어져 있으므로, 이 두 문에 들어가면 모든 문이 다 통하는 것이다.[27]

이러한 지관수행론의 목표에 대하여 원효는 다음과 같이 설정하고 있다.

진여문에 의하여 모든 경계상을 그치게 하는 것이니, 그러므로 분별할 바가 없으면 곧 무분별지를 이루는 것이요, 생멸문에 의하여 모든 상을 분별하며 모든 이취를 관찰하면 곧 후득지를 이루는 것임을 알 것이다.[28]

이같이 원효는 지와 관을 각각 진여문과 생멸문, 무분별지와 후득지로 구분하고 있으나, 이러한 구분은 구분상에 있어서 겉모습을 구분해 본 것이고, 실제에 있어서는 지와 관의 구분이 없이 정定과 혜慧에 같이 통하고 있다는 것을 말하면서 지관쌍운止觀双運을 제시하고 있다.

---

27 『기신론소』(『한국불교전서』 1, p.701하), "開二種門者遣第二疑 明諸教門雖有衆多 初入修行不出二門 依眞如門修止行 依生滅門而起觀行 止觀雙運 萬行斯備 入此二門."

28 『기신론소』(『한국불교전서』 1. p.727상), "是知依眞如門 止諸境相 故無所分別 卽成無分別智 依生滅門 分別諸相 觀諸理趣 卽成後得智也."

이와 같은 원리 하에 원효는 『기신론』의 수행방법 가운데 지관수행론을 가장 중요하게 여기면서 『기신론』 「수행신심분」에 다섯 가지 수행법이 제시되어 있음에도, 유독 지관에만 많은 공력을 들여서 그 내용을 주석하고 있다. 이것은 원효가 다양한 수행방법론 가운데 지관수행을 중요하게 생각하고 있었다는 것을 알 수 있는 대목이다.

한편, 원효의 지관수행론을 평가하는 연구에서는 『기신론소』에 나오는 지관수행론은 정정취에 들어가지 못한 중생을 위해서 설해진 것이라고 보고, 그 이후의 수행방법으로 『금강삼매경론』을 주목하는 연구내용이 있어 주목받고 있다.[29] 이러한 견해는 『기신론』의 다섯 가지 수행론이 설해진 『기신론』상의 위치가 「수행신심분」이고, 이 부분의 내용은 정정취에 들어가지 못한 부정취 중생들을 위한 교설임을 살펴볼 때, 어느 정도 타당한 근거를 확보하고 있는 것으로 보인다. 그러나 수행과 정상에서 정확한 논거를 제시하지는 않고 있는 것이 아쉬운 점이다.

지관수행론이 부정취 중생을 위해서 설해진 수행방법이라면, 정정취 이후의 수행방법은 무엇이 되어야 하는 것인가? 그리고 『기신론』에서 제공하고 있는 지관수행론으로 도달 가능한 수행계위상의 정확한 위치는 어디까지이며, 그 이후의 수행방법은 무엇이 되어야 하는 것인가가 궁금해진다.

따라서 본 장에서는 원효가 『기신론』에 나타난 지관수행론을 주석하고 있는 내용을 통해서 그 실제적인 방법과 수행상의 계위, 그리고 그 이후의 수행방법은 어떤 내용이 되어야 하는지 알아보고자 한다.

---

29 藤能成, 「元曉의 淨土思想硏究」, 東國大 博士學位論文, 1995, p.58.

이를 위해서 필연적으로 지관수행의 구체적인 내용을 분석해 보아야 할 것이다. 아울러 지관수행을 진행해가면서 필연적으로 요구되는 다른 수행론들은 무엇인지를 파악해 보고자 한다.

1) 사신四信

『기신론』에서는 부정취 중생 중 열등한 이들이 수행하기 위해서는 먼저 어떤 신심信心을 가져야 하는가를 네 가지로 밝히고 있다. 그 네 가지는 다음과 같다. 하나는 진여가 세상의 근본이라는 것을 믿는 것으로 항상 진여법을 즐겨 생각하는 것을 말한다. 둘은 부처님에게 한량없는 공덕이 있다고 믿어서 항상 부처님을 가까이하고 공양하고 공경하며 선근善根을 일으켜 일체지一切智를 구하고자 원하는 생각을 말한다. 셋은 진여의 법이 큰 이익이 있다는 것을 믿어서 항상 모든 바라밀을 수행할 것을 생각하는 것을 말한다. 넷은 사문은 항상 바르게 수행하고 자리·이타한다는 것을 믿고서 항상 모든 보살들을 즐겨 친근히 하여 여실한 수행을 배우려고 하는 것[30]을 말한다.

이와 같은 네 가지 신심은 일심에 대한 세 가지 모습인 체·상·용 삼대에 대한 신심의 연장선상에서 파악되는 것으로 내용적으로도 크게 다르지 않아 보인다. 이것을 보면 『기신론』에서 일심에 대한 믿음을 일으키기 위하여 삼대를 두고 있는 의미가 더 잘 나타난다고 할 수 있다.

---

30 『기신론』(대정장 32, p.581하), "一者信根本 所謂樂念眞如法故 二者信佛有無量功德 常念親近供養恭敬 發起善根 願求一切智故 三者信法有大利益 常念修行諸波羅密故 四者信僧能正修行自利利他 常樂親近諸菩薩衆 求學如實行故."

2) 오행五行

『기신론』에는 「수행신심분」이 있다. 이 수행론은 아직은 정정취正定聚에 들어가지 못한 중생을 위해서 설한 내용이다. 믿음은 있지만 수행이 없다면 곧 그 믿음은 성숙하지 못하고 어떤 인연을 만나게 되면 곧 뒤로 물러나게 된다. 그러므로 『대승기신론』에서는 시문施門·계문戒門·인문忍門·진문進門·지관문止觀門 등 오문을 닦아서 믿음을 성숙시키고 성취시킬 수 있다고 한다. 원효는 이 오문을 육바라밀과 관련지어 이해했다. 곧 지관문은 육바라밀(六度) 중의 정과 혜를 합해서 닦기 때문에 이 두 가지를 합하여 지관문이라고 했다.[31] 그런데 『대승기신론』에서는 시문·계문·인문·진문의 네 가지는 간략하게 서술하고, 지관문은 보다 자세히 설명하고 있다.

또한 수행자가 수행을 하다 보면 자연히 그동안 지은 업장의 장애와 마귀와 귀신의 방해 등으로 인하여 수행에 방해를 받게 되는데, 『기신론』에서는 이때 다음과 같은 방법으로 그러한 장애를 벗어나라고 말하고 있다.

> 이러한 여러 가지 장애가 있기 때문에 마땅히 더욱 용맹정진 하여야 한다. 아침·저녁의 육시六時에 모든 부처님께 예배하고, 성심으로 참회하고, 권청하고, 수희하며, 보리에 회향하기를 항상 쉬지 않는다면 모든 장애로부터 벗어나고 선근이 더욱 증장될 것이다.[32]

---

31 『기신론소』(『한국불교전서』 1, p.726하), "言止觀門者 六度之中 定慧合修 故合此二爲止觀門也."

32 『기신론』(대정장 32, p.582상), "衆多障礙 是故應當勇猛精勤 晝夜六時 禮拜諸佛

원효는 『기신론』에 나오는 시문·계문·인문·진문의 네 가지 수행 그 자체에 대해서는 더 이상의 구체적인 주석을 첨가하지 않은 채, 이와 같은 수행 진행상의 장애를 제거하는 방편인 예배禮拜, 권청勸請, 참회懺悔, 수희隨喜, 회향回向 등의 오회五悔에 대해서만 설명을 덧붙이고 있다. 이 오회에 대해서 원효는 총과 별로 구분하여 다음과 같이 해석하고 있다.

> 제불에게 예배한다고 한 것은 모든 장애를 제거하는 방편을 전체적으로 밝힌 것인데, 마치 빚진 사람이 왕에게 의지하여 붙으면 채주債主가 어찌할 수 없는 것과 같이, 수행하는 사람도 제불에게 예배하면 제불의 보호를 받아 모든 장애를 벗어날 수 있는 것이다. …… 네 가지 장애란 첫째는 악업의 장애인데 참회하여 소멸하는 것이고, 둘째는 정법을 비방하는 것이니 권청으로 소멸하는 것이고, 셋째는 다른 사람의 수승함을 질투하는 것이니 수희로써 대치하는 것이며, 넷째는 삼유三有를 즐겨 애착하는 것이니 회향으로 대치하는 것이다. 이 네 가지 장애가 수행자로 하여금 모든 수행을 내지 못하게 하며, 보리에 나아가지 못하게 하기 때문에 이러한 네 가지 행을 닦아서 대치하는 것이다.[33]

誠心懺悔 勸請隨喜 迴向菩提 常不休廢 得免諸障 善根增長故."

33 『기신론소』(『한국불교전서』 1. p.726하), "言禮拜諸佛者 此總明除諸障方便 如人負債依附於王 則於債主無如之何 如是行人 禮拜諸佛 諸佛所護 能脫諸障也 …… 四障是何 一者諸惡業障 懺悔除滅 二者誹謗正法 勸請滅除 三者嫉妬他勝 隨喜對治 四者樂着三有 迴向對治 由是四障 能令行者不發諸行 不趣菩提 故修如 是四行對治."

『기신론』에서는 오회를 나란히 열거했음에 비해, 원효는 오회 중에서도 제불에게 예배하는 일이 가장 중요한 것으로 해석했다. 제불에게 예배하는 것은 모든 장애를 제거하는 방편을 총체적으로 밝힌 것이고, 나머지는 따로 네 가지 장애를 제거하는 것이라고 한 것이 그것이다.

원효는 『기신론』에서 제시한 네 가지 장애를 대치하는 방법에 대해서 『유가론』과 『금고경』에 그 자세한 설명이 있다고 했다. 실제로 『금고경』[34]에는 이 같은 수행상의 장애를 제거하는 네 가지 방법을 밝히고 있다. 다만 다른 점은 『금고경』에서는 참회, 권청, 수희, 회향만을 말하고 있지만, 원효는 모든 부처님에게 예배하는 것을 덧붙여 오회라고 한 것이다. 이러한 면은 원효가 장애의 대치법인 구체적인 수행방법에 대해서 주목하고 있었다는 것이고, 그 가장 기본적 입장에서는 부처님께 항상 예배하는 귀명歸命의 자세를 중요시했다는 의미이다. 이는 『기신론』 서두 「귀경게」에 나오는 '귀명歸命'의 의미와 상통하는 내용이며, 이를 종교적 수행방법으로 정립시키려 하고 있는 것임을 알 수 있다.

2. 지관수행론止觀修行論

『기신론』에서는 지관문을 수행하는 방법에 있어서 다음과 같이 말하고

---

34 『合部金光明經』 2, 業障滅品(대정장 16, p.369중), "善男子 復有四種最大業障難可清淨 何者爲四 一者於菩薩律儀 犯極重惡 二者於大乘十二部 經心生誹謗 三者於自身中 不能增長一切善根 四者貪着有心 又有四種對治滅業障法 何者爲四 一者於十方世界一切如來 至心親近 懺悔一切罪 二者爲十方一切衆生 勸請諸佛說諸妙法 三者隨喜十方一切衆生所有成就功德 四者所有一切功德善根 悉以廻向阿耨多羅三藐三菩提."

있다. 지止라고 하는 것은 모든 경계상을 그치는 것이고, 관觀이라고 하는 것은 인연생멸상을 분별하는 것이라고. 이렇게 간략히 정의한 후 그 구체적인 내용을 전개한다. 여기에서 일체의 경계의 상을 그친다는 것은 어떤 뜻인가? 이 말은 간단히 표현되어 있지만, 고도의 지혜와 실제적인 선禪 체험에 바탕하여 간단히 요약된 말인 것이다.

> 또한 마음을 따라 밖으로 나가 밖으로 경계를 생각한 후에 마음으로써 마음을 제거하려 하지 말라. 만약 마음이 이리저리 치달리거든 곧 거두어들여서 정념에 머물도록 하라. 정념이란 것은 유심이니 바깥 경계가 없으며, 또한 이 마음도 고정된 모습이 없어서 생각으로는 얻을 수가 없는 것이다.[35]

이 말의 의미는 다음과 같다. 중생은 그가 가진 감각기관을 통해서 무엇인가를 보거나 기억하거나 상상하여 그 무엇을 떠올리려고 할 때, 중생의 마음은 그 경계의 모습을 따라다니게 된다. 그것을 따라다니게 되는 순간, 마음 안에 있는 자신의 견해로 그 경계상을 해석하게 되는데, 이때부터는 본래 경계의 모습은 없어져 버리고 자신의 좋아하고 싫어하는 감정에 의하여 취사선택하게 되고 오해하게 된다. 이때 바른 생각인 정념으로 자신의 마음을 바라보라는 것이다. 그러나 바라보는 이 마음마저도 어느 고정된 모습이 없어서 생각으로는 얻을 수가 없음을 알라는 말이다.

---

35 『기신론』(대정장 32, p.582상), "亦不得隨心外念境界 後以心除心 心若馳散 卽當攝來住於正念 是正念者 當知唯心 無外境界 卽復此心亦無自相 念念不可得."

이 같은 의미를 가지고 있는 『기신론』의 지수행은 관수행과 따로 떨어져서 생각할 수 없는 것이다. 『기신론』의 다음 구절을 보면 지관이 따로 떨어져서는 생각할 수 없다고 밝히고 있다.

> 지止라고 하는 것은 모든 경계상을 그치게 함을 말하는 것이니 사마타관의 뜻을 수순하기 때문이요, 관觀이라고 하는 것은 인연생멸상을 분별함을 말하는 것이니 비파사나관의 뜻을 수순하기 때문이다. 어떻게 수순하는가? 이 두 가지 뜻으로 점점 수습하여 서로 여의지 아니하여 쌍으로 눈앞에 나타나기 때문이다.[36]

이같이 지와 관에 대한 내용을 원효는 각각 진여문과 생멸문, 무분별지와 후득지로 구분하고 있으나 이러한 구분은 겉모습으로 보면 그런 것이고, 실제에 있어서는 지와 관의 구분이 없이 정과 혜에 같이 통하고 있다는 것을 말하면서 지관쌍운을 제시하고 있다.

> 상相을 따라 논하자면 정定을 지止라 하며, 혜慧를 관觀이라 하나, 사실을 말하자면 정定은 지관止觀에 통하는 것이며, 혜慧도 또한 그러한 것이다.[37]

---

36 『기신론』(대정장 32, p.582상), "所言止者 謂止一切境界相 隨順奢摩他觀義故 所言觀者 謂分別因緣生滅相 隨順毗鉢舍那觀義故 云何隨順 以此二義漸漸修習不相捨離 雙現前故."

37 『기신론소』(『한국불교전서』 1, p.727중), "隨相而論 定名爲止 慧名爲觀 就實而言 定通止觀 慧亦如是."

이는 나타난 모습으로 구별하자면 정定을 지라고 해야 하고, 혜慧를 관이라고 해야 하는 것이지만, 실제에 있어서는 정이 지와 관에 다 같이 통하는 것이며, 혜에도 지와 관이 다 같이 통하는 것이라고 말하고 있는 의미이다. 이러한 지관쌍운의 수행관을 원효는 『기신론』의 지관수행론을 주석할 때 구종심주九種心住와 사종혜행四種慧行의 개념을 빌려 주석[38]하고 있는데, 그 기본적인 이론체계는 『유가사지론』에서 도입[39]한 것이다.

1) 지止 – 구종심주

구종심주는 선정의 핵심내용이라고도 할 수 있다. 이는 지관사상과는 아주 밀접한 내용이라고 할 수 있다. 그 종류는 ①내주內住, ②등주等住, ③안주安住, ④근주近住, ⑤조훈調馴, ⑥적정寂靜, ⑦최극적정最極寂靜, ⑧전주일취專住一趣, ⑨등지等持 등이며, 이는 선정의 점차적인 심화단계를 나타낸 것이다. 이 내용이 원효의 『기신론소』에는 다음과 같이 나타나 있다.

---

38 『기신론소』(『한국불교전서』 1, p.727중), "如瑜伽論聲聞地云 復次如是心一境性 或是奢摩他品 或是毘鉢舍那品 若於九種心住中心一境性 名奢摩他品 若於四種慧行中心一境性 名毘鉢舍那品."

39 九種心住와 四種作意, 그리고 四種慧行의 내용은 『瑜伽師地論』 30권(『大正藏』 30 p.450하~451중)에 나온다. 이 『瑜伽師地論』의 止觀 개념에 대한 논고가 있다. 勝又俊教 「瑜伽師地論에 있어서 止觀」(關口眞大 編, 『止觀의 硏究』, 岩波書店, 1975), p.85.

(1) 구종심주의 내용과 심화과정

『유가사지론』에서 도입된 구종심주의 내용은 다음과 같이 표현된다.

> 무엇을 구종심주라 하는가? 어떤 비구가 마음을 내주하며, 등주하며, 안주하며, 근주하며, 조순하며,적정하며, 최극적정하며, 전주일취하며 및 등지하게 됨을 말하는 것이니, 이와 같은 것을 이름하여 구종심주라고 하는 것이다.[40]

이제 구종심주의 실제적인 내용을 순서에 따라서 알아보고자 한다. 그 첫 번째 순서는 내주內住로부터 시작한다.

> 내주內住란 밖에 있는 일체의 반연하는 바 경계로부터 그 마음을 거두어 단속하여 안에다 매어 두어 밖으로 산란하지 않게 함을 말하는 것이다.[41]

이 의미는 밖으로부터 다가오는 모든 경계에 대하여 마음을 거두고 단속하여서 마음이 산란하지 않게 하는 것을 말한다. 다시 말하면 인간이 세상을 살아갈 때 자신에게 다가오는 모든 일체의 인식대상인 경계로 향하려는 그 마음을 자기 마음 안으로 거두어들여 마음이 산란하

---

40 『기신론소』(『한국불교전서』 1, p.727중), "云何名爲九種心住 謂有苾芻 令心內住 等住 安住 近住 調順 寂靜 最極寂靜 專住一趣 及與等持 如是名爲九種心住."

41 『기신론소』(『한국불교전서』 1, p.727중), "云何內住 謂從外一切所緣境界 攝錄其心 繫在於內 不外散亂 故名內住."

지 않게 하는 것을 의미한다. 이러한 내주의 지관수행은 밖으로 향하려는 자신의 심식을 묶어서 내면을 바라보도록 하는 것을 말하는 것으로, 수행단계상에 있어서는 자신의 마음을 단속하여 억지로 묶어 두는 과정에 속한다.

> 등주等住란 처음으로 얽매인 마음은 그 심성이 거칠게 움직이는 것이어서 아직 똑같이 두루 머무르게 할 수 없기 때문에, 다음에 곧 이것이 반연하는 경계에 대하여 상속방편과 징정방편으로 이를 꺾어 미세하게 하여 두루 거두어들여 머무르게 함을 말하는 것이다.[42]

이 의미는 내주에 의해서 묶여 있는 마음이 비록 묶여 있고 안으로 향하고는 있으나, 이는 억지로 묶여 있는 상태에서 일어나는 상태라, 거친 마음이 종종 일어나게 되는 상태를 말한다. 이러한 상태에서는 밖으로부터 다가오는 모든 경계에 대하여 지속적인 방편과 청정한 계행으로 거칠게 일어나는 번뇌를 조복시켜야 한다. 이러한 과정을 거쳐서 거칠게 일어나는 마음과 행동을 억지로나마 조복하게 되면 이를 등주라고 한다.

> 안주安住란 만약 이 마음이 이처럼 내주·등주가 되었으나 내주·등주하는 마음을 놓쳐 밖으로 산란하기 때문에 또다시 거두어들여서

---

42 『기신론소』(『한국불교전서』 1, p.727중), "云何等住 謂卽最初所繫縛心 其性麤動 未能令其等遍住故 次卽於此所緣境界 以相續方便 澄淨方便 挫令微細 遍攝令住 故名等住."

단속하여 내경에 안치하는 것이다.[43]

이 의미는 내주와 등주에 의해서 마음을 억지로나마 조복시켜 놓았으나, 억지로 조복시켜 놓으려 하는 그 마음을 놓으면, 다시 외부의 경계가 다가올 때 다시 마음이 산란해지게 되는 것이 중생의 마음이다. 안주란 이러한 마음을 완전히 조복시켜서 자신의 마음속에 편안하게 머물게 되는 것을 말한다.

근주近住란 저가 먼저 응당 이와 같이 친근하게 머무를 것을 생각해야 할 것이니, 이러한 생각에 의하여 자주 뜻을 일으켜 그 마음을 안으로 머무르게 하여 이 마음이 멀리 밖에 머무르지 않게 함을 말하는 것이다.[44]

이 의미는 안주에 의해서 편안하게 마음이 머무르게 되었는데, 그 마음이 편안한 경지를 넘어서 재미있고 친근하게 마음 안의 내부를 바라보는 경지를 말하는 것이다. 이런 마음을 가져서 항상 마음이 안에 자연스럽게 머물도록 하여, 마음이 외부로 멀리 떠나는 일이 없도록 가까이 머물게 하는 것을 근주라고 한다.

---

43 『기신론소』(『한국불교전서』 1, p.727중), "云何安住 謂若此心雖復如是內住等住 然由失念 於外散亂 還復攝錄安置內境 故名安住."

44 『기신론소』(『한국불교전서』 1, p.727중), "云何近住 謂彼先應如是如是親近念住 由此念故 數數作意內住其心 不令是心遠住於外 故名近住."

조순調順이란 갖가지 상이 마음을 흐트러지게 하니, 소위 색성향미촉의 오진五塵과 탐진치의 삼독과 남녀 등의 상이다. 그러므로 저 수행자는 먼저 응당 저 모든 상들을 근심거리의 생각으로 여겨야 할 것이며, 이러한 생각의 증상력에 의하여 저 모든 상들에 대하여 그 마음을 꺾어 버려서 흐트러지지 않게 함을 말하는 것이다.[45]

이 의미는 다음과 같다. 즉 비록 자신의 마음속에 마음이 머물기는 했으나, 마음속에 있는 기존의 관념들, 즉 색·성·향·미·촉, 탐·진·치, 남·녀 등의 모습(相)들이 사람의 마음을 산란하게 하여 여러 가지 잘못된 모습들이 나타나게 된다. 이때는 밖에서 다가오는 경계보다도 더 무서운 기세로 마음을 산란하게 하는 것이다. 바로 이러할 때 일어나는 모든 양상에 굴복되려고 하는 마음을 절대로 흩어지지 않게 고르고, 골라진 상태가 익숙하게 만드는 것을 조순이라고 한다.

적정寂靜이란 갖가지 욕欲·에恚·해害 등의 여러 나쁜 심사尋思와 탐욕·불선 등의 여러 가지 수번뇌隨煩惱가 있어 마음을 요동케 하기 때문에 저 수행자가 먼저 응당 저러한 여러 가지 법들은 근심거리의 생각으로 여겨야 할 것이며, 이러한 생각의 증상력에 의하여 저러한 것들의 마음이 흐트러지지 않음을 말하는 것이다.[46]

---

45 『기신론소』(『한국불교전서』 1, p.727중), "云何調順 謂種種相 令心散亂 所謂五塵三毒男女等相 故彼先應取彼諸相爲過患想 由如是相增上力故 於彼諸相折挫其心不令流散 故名調順."

46 『기신론소』(『한국불교전서』 1, p.727하), "云何寂靜 謂有種種欲恚害等諸惡尋伺貪欲不善等諸隨煩惱 令心擾動 故彼先應取彼諸法爲過患想 由此增上力故 於彼心

이 적정의 의미는 다음과 같다. 즉 우리의 마음에는 탐냄과 성냄과 해와 여러 가지 나쁜 생각 등의 번뇌들이 마음을 요동치게 하여, 나타난 모든 현상에 대하여 취착하는 잘못된 모습을 나타나게 한다. 이러한 잘못된 모습이 더욱 늘어나게 되기 때문에, 이러한 번뇌에 대한 자신의 마음을 그쳐서 흩어지지 않게 하는 것을 적정이라고 한다.

> 최극적정最極寂靜이란 위의 적정의 마음을 놓침으로 해서 곧 저 두 가지인 나쁜 심사와 수번뇌가 잠시 현행할 때에 곳에 따라서 일어나지만, 차마 받지 아니하고 곧바로 토하는 것을 말하는 것이다.[47]

이 의미는 위의 적정의 마음을 놓치게 되면 바로 나쁜 생각과 따르는 번뇌가 나타나는 것이 중생의 마음이다. 하지만 그 번뇌를 마음속에 받아들여 계속 따라가지 않고, 바로 밖으로 토해내 버리는 것을 의미하는 것이 최극적정이다.

> 전주일취專住一趣란 가행이 있고 공용이 있어서 부족함이 없고 간격이 없어 삼마지가 상속하여 머무름을 말하는 것이다.[48]

不流散 故名寂靜."

47 『기신론소』(『한국불교전서』 1, p.727하), "云何最極靜 謂失念故 卽彼二種暫現行時 隨所生起 然不忍受 尋卽反吐 故名最極靜."

48 『기신론소』(『한국불교전서』 1, p.727하), "云何名爲專住一趣 謂有加行有功用無缺無間三摩地相續而住 故名專住一趣."

이 의미는 애써서 열심히 수행하고 공력을 들여서 자신의 마음을 보존하는 데 전력하여 부족함이 없는 것을 말하는 것이다. 이때에는 끊임없이 삼매가 지속적으로 이어져서 편안하게 공력을 들이고 수행함을 말한다.

> 등지等持란 자주 닦고 자주 익힌 수많은 수행의 습관을 인연으로 삼기 때문에 가행도 없고 공용도 없게 되어 자연히 도에 들어감을 말하는 것이다.[49]

이 의미는 이미 이전에 마음을 보존하는 데 수많은 수행과 공력을 들여왔기 때문에, 이제는 더 이상 공력을 들이지 않아도 삼매가 나타나서 자연스럽게 도에 들어가게 될 수 있는 것을 등지라고 한다.

이와 같은 내용을 살펴보면, 구종심주는 점진적으로 자신의 마음을 무분별의 경지로 이끌고 들어가는 단계별 설정임이 분명하다. 이러한 9가지 단계를 원효는 다시 사종작의四種作意의 개념을 들여서 네 가지 단계로 정리하고 있는데, 사종작의의 내용은 다음과 같다.[50]

---

49 『기신론소』(『한국불교전서』 1, p.727하), "云何等持 謂數修數習數多修習爲因緣故 得無加行無功用任運轉道 故名等持."

50 여기에서 유의할 점이 있는데, 원효는 구종심주와 사종작의 사종혜행을 『유가사지론』에서 인용하고 있는데, 다만 원효는 『유가사지론』에 나온 육종력은 빼놓고 있다는 것이다. 같은 문맥의 흐름상 육종력이 사종작의보다는 먼저 나오는 개념인데, 육종력은 빼고 사종작의를 선택하고 있는 원효의 의도가 무엇인지는 분명하지 않으나, 논자의 의견으로는 사종작의의 구분이 사종혜행과 서로 명확하게 대비해

우선 사종작의는 역려운전작의力勵運轉作意, 유간결운전작의有間缺運轉作意, 무간결운전작의無間缺運轉作意, 무공용운전작의無功用運轉作意의 순서로 구성되어 있다. 사종작의의 개념을 차례대로 설명해 본다.

역려운전작의力勵運轉作意의 개념은 힘쓰고 힘써서 자신의 마음을 보존하려는 마음가짐을 말하는 것이다.
유간결운전작의有間缺運轉作意의 개념은 번뇌가 들어갈 틈이 있고 결점이 있는 상태에서 자신의 마음을 보존하려고 애쓰는 마음가짐을 말한다.
무간결운전작의無間缺運轉作意는 마음의 상태가 번뇌가 들어갈 틈이 거의 없고 결점도 거의 없어 보이지만, 자신의 마음을 보존하고 수행하기 위해서 애쓰는 마음 자세를 말한다.
무공용운전작의無功用運轉作意는 마음의 상태가 이제는 번뇌와 결점이 사라짐은 물론 이제는 자신의 마음을 번뇌로부터 보존하기 위해서 애써서 하지 않아도 되는 경지의 마음상태를 말한다.[51]

볼 수 있다는 것 때문에 선택한 것으로 보인다.

51 사종작의의 다른 형태가 『유가사지론』 31권에도 나오는데, 내용은 거의 비슷하다. 『유가사지론』 31, (대정장 30, p.498중하). 調練心作意: 調練은 조정과 연습을 말하며 惡을 싫어하는 법을 조정하고 연습하여 마음에서 악을 싫어하게 만드는 것이다. 濕潤心作意: 濕潤은 濕長과 沃潤을 말하며 관상의 법을 습장옥윤하여 마음에서 忻樂하도록 하는 것이다. 生輕安作意: 輕安은 몸의 가벼움과 마음이 편안함을 말하며 싫어하는 법을 마음에서 염리토록 하여 즐거워하는 법으로 마음을 흔락토록 하고 몸은 편안하게 하는 것이다. 淨智見作意: 淨智는 곧 청정한 지혜를 말하며 이 지혜가 비추면 모든 법이 공하여 곧 내심의 寂靜을 얻고 적정을

『유가사지론』에서는 이 네 가지 단계를 구종심주의 아홉 단계와 대비시키고 있는데, 그 내용을 알아보면 다음과 같다. 역려운전작의에는 내주·등주, 유간결운전작의에는 안주·근주·조순·적정·최극적정, 무간결운전작의에는 전주일취, 무공용운전작의에는 등지[52] 등의 내용이다.

이같이 원효는 『유가사지론』의 구종심주와 사종작의의 개념을 들어서 『기신론』의 지止 수행에 관련된 내용을 이해하고 있다. 이해의 편의상 『기신론』 구절을 분절하고, 그에 따른 원효의 실제적인 이해의 내용이 어떤 것인지를 알아보기로 한다.

> 만약 지止를 닦는다면 고요한 곳에 머물러 단정히 앉아서 뜻을 바르게 하되[53]

원효는 이 그 구절을 이해함에 있어서 고요한 곳에 머문다는 의미는 선禪 수행을 하기 위한 조건을 갖추는 것으로 이해하여, 『천태소지관天台小止觀』으로부터 연원한 다섯 가지 선 수행의 조건을 제시하고 있다.[54]

얻으므로 진리의 이치를 본다는 것이다.

52 『유가사지론』 30(대정장 30, p.451중), "如是九種心住. 當知復有四種作意. 一力勵運轉作意. 二有間缺運轉作意. 三無間缺運轉作意. 四無功用運轉作意. 於內住等住中 有力勵運轉作意. 於安住近住 調順寂靜 最極寂靜中 有有間缺運轉作意. 於專注一趣中 有無間缺運轉作意. 於等持中 有無功用運轉作意. 當知如是四種作意. 於九種心住中是奢摩他品."

53 『기신론』(대정장 32, p.582상), "若修止者 住於靜處 端坐正意."

54 『기신론소』(『한국불교전서』 1, p.728상), "一者閑居靜處 謂住山林若住聚落 必有

그 순서를 『천태소지관』과 대비하여 보면 다음과 같다.

〈표 5〉 **원효 주석과 『천태소지관』의 선 수행 조건 비교**

	원효의 주석	『천태소지관』
1	고요한 곳에 한거함	지계의 청정
2	지계가 깨끗함	의식을 구족하게 할 것
3	의식을 넉넉히 갖추는 것	고요한 곳에 한거할 것
4	선지식을 얻음	주위환경의 용무를 쉴 것
5	모든 어지럽게 하는 일을 쉬는 것	선지식을 얻을 것

이 내용을 살펴보면 『천태소지관』과 내용이 거의 틀리지 않으면서 그 순서만 다르게 하고 있음을 알 수 있을 것이다. 즉 배열이 새롭기는 하지만 그 근본 내용에 있어서는 하나도 다름이 없는 것을 알 수 있다. 또한 원효는 '단정히 앉는다'는 구절을 '몸을 고르게 하는 것'으로 이해하고 있는데, 그 방법도 『천태소지관』에서 그대로 인용하여 설명하고 있다.

어떤 것이 몸을 고르게 하는 것인가? 상세하게 말한다면 먼저 앉는 곳을 편안케 하는 것이니, 매양 안온케 하여 오래도록 방해가 없게 한다. 다음엔 다리를 바르게 해야 할 것이니, 만약 반가좌할 경우에는 왼쪽 다리를 오른쪽 넓적다리 위에 두어서 몸 가까이 끌어당겨

喧動故 二者持戒淸淨謂離業障 若不淨者 必須懺悔故 三者衣食具足 四者得善知識 五者息諸緣務 今略擧初 故言靜處."

왼쪽 다리의 발가락이 오른쪽 넓적다리와 가지런하게 하며, 만약 전가좌를 하려면 곧 위의 오른쪽 다리를 고쳐서 반드시 왼쪽 넓적다리 위에 두고, 다음엔 왼쪽 다리를 오른쪽 넓적다리 위에 두는 것이다. 다음에는 옷의 띠를 풀어서 느슨하게 하되 앉을 때 떨어지지 않게 한다. 다음에는 손을 편안하게 해야 하니, 왼손바닥을 오른손 위에 두어 손을 겹쳐서 서로 대하여 왼쪽 넓적다리 위에 가지런히 두며 몸 가까이 끌어당겨 중심에 두어 편안하게 하는 것이다. 다음에는 몸을 바로잡아야 하는 것이니, 먼저 그 몸과 팔다리의 마디를 요동시켜 일고여덟 번 반복함으로써 스스로 안마하는 법과 같이 하여 수족을 어긋나지 않게 하며, 몸을 바르게 하여 단정하고 똑바르게 하며, 어깨의 뼈가 서로 대하게 하여 구부러지게도 하지도 말고 솟게 하지도 말아야 한다. 다음엔 머리와 목을 바르게 하는 것이니, 코가 배꼽과 서로 대하게 하여 기울지도 삐딱하지도 않게 하며, 위로 올리지도 아래로 내리지도 않게 하여 평면으로 바르게 머물게 하는 것이다. 여기서는 전체적으로 간략하게 말하기 때문에 단정히 앉아서라고 말한 것이다.[55]

55 『기신론소』(『한국불교전서』 1, p.728상~중), "言端坐者是明調身 言正意者 是顯調心 云何調身 委悉而言 前安坐處 每令安穩久久無妨 次當正脚 若半跏坐 以左脚置右髀上 牽來近身 令左脚指與右髀齊 若欲全跏 卽改上右脚必置左髀上次左[illegible]置右髀上 次解寬衣帶 不坐時落 次當安手 以左手掌置右手上 累手相對 頓置左脚上 牽來近身當心而安 次當正身 前當搖動其身 幷諸支節 依七八反 如自按摩法 勿令手足差異 正身端直 令肩骨相對 勿曲勿聳 次正頭頸 令鼻與臍相對 不偏不邪 不仰不卑 平面正住 今總略說 故言端坐也."

이어서 원효는 '어떤 것이 마음을 고르게 갖는 것인가?'라는 구절을 주석하기를 다음과 같이 하고 있다.

> 말세의 수행인이 바르게 원하는 이는 적고 잘못 구하는 이는 많으니, 이는 명리를 구하며 적정한 위엄 있는 모습을 나타내지만 이로써는 헛되이 세월을 보낼 뿐 결국에는 정定을 얻을 수 없음을 말하는 것이다. 이러한 잘못된 마음으로 정을 구하는 것을 떠나기 때문에 뜻을 바르게 한다고 말한 것이다. 다만 정심이 이치와 더불어 상응하여 자기를 제도하고 타인을 제도하여 무상도에 이르게 하는 것이니, 이러한 것을 뜻을 바르게 하는 것이라 하는 것이다.[56]

여기에서 원효는 삿된 욕심으로 선정을 구하지 말아야 하는 것을 강조하고 있다. 이러한 선정의 결과로서 자신과 타인의 제도는 자연히 이루어진다는 것을 말하고 있는 것이다.

> 기식에 의지하지 않으며, 형색에 의지하지 않으며, 공空에 의지하지 않으며, 지수화풍에 의지하지 않으며, 내지 견문각지에 의지하지 않아야 한다.[57]

---

56 『기신론소』(『한국불교전서』 1, p.728중), "云何調心者 末世行人 正願者少 邪求者多 謂求名利 現寂靜儀 虛度歲月無由得定 離此邪求 故言正意 直欲定心與理相應 自度度他至無上道 如是名爲正意也."

57 『기신론』(대정장 32, p.582상), "不依氣息 不依形色 不依於空 不依地水火風 乃至不依見聞覺知."

이 의미를 원효는 구종심주 중 내주의 의미로 분석하였다. 그 실제 내용이 있어서는 기식이라 하는 것은 수식관을 말하고, 형색이라 하는 것은 백골관을 말하고, 공이나 지수화풍 등은 모두 정定이 대상으로 하는 경계이며, 견문각지라고 하는 것은 마음에서 취하는 여섯 가지 티끌에 해당하는 것이다. 이러한 모든 것은 결국 마음의 외부에 있는 경계에 의탁하는 것을 말하는데, 마음이 머물 대상을 밖에서 찾지 않고 안에서 찾는 것을 의미한다.

일체의 모든 상념을 생각마다 다 없애고[58]

이 의미를 원효는 구종심주 중 등주의 의미로 분석하였다. 일체의 모든 상념을 생각마다 없앴다고 한 것은 마음 밖의 경계로 향하는 마음을 돌려서 안으로 돌려놓았으나, 이것은 수행의 초문에 불과한 것으로, 아직은 마음이 거칠게 움직이는 것을 말한다. 때문에 밖의 경계를 깨트렸으되 아직 남아 있는 나머지 경계를 지속적인 방편과 청정한 계행 등으로 거칠게 일어나는 것을 모두 다 없애는 것이니, 밖으로 치달리는 모든 생각을 없애야 한다는 내용이다.

또한 없앤다는 생각마저도 없애야 한다.[59]

이 의미를 원효는 구종심주 중 안주의 의미로 분석하였다. 등주

58 『기신론』(대정장 32, p.582상), "一切諸想隨念皆除."

59 『기신론』(대정장 32, p.582상), "亦遣除想."

등에서는 비록 밖으로 치달리는 생각을 모두 없앴으나 오히려 안으로 없앤다는 생각이 남아 있으며, 안의 생각이 없어지지 않으면 밖의 생각이 다시 나는 것이므로 안으로 안주가 되지 못하는 것이다. 그렇기 때문에 다시 없애고자 하는 생각까지 없애는 것이니, 안에 두지 않음으로서 곧 밖을 잊을 수 있으며, 밖을 잊어서 고요해지면 이것이 곧 안주라고 할 수 있다.

> 일체법이 본래 상이 없기 때문에 생각 생각이 나지 않으며, 생각 생각이 멸하지 않으며[60]

이 의미를 원효는 구종심주 중 근주近住의 의미로 분석하였다. 앞서서 안주安住를 생각하고 그 생각에 의지해 수행을 하는 힘을 따라서 안과 밖의 모든 법이 본래 생각할 수 있는 것도 생각할 만한 것도 없는 줄 분명하게 아는 것이다. 이는 생각 생각이 나지도 않고 멸하지 않는 것에 바탕한 생각을 자주자주 일으켜 그 생각을 멀리 떠나지 않는 것을 의미한다.

> 또한 마음을 따라 밖으로 경계를 생각하지 않은 후에[61]

이 의미를 원효는 구종심주 중 조순調順의 의미로 분석하였다. 모든 밖의 경계상은 결국 마음을 산란하게 만드는 것이니, 앞서의 안주와

---

60 『기신론』(대정장 32, p.582상), "以一切法本來無相 念念不生 念念不滅."

61 『기신론』(대정장 32, p.582상), "亦不得隨心外念境界後."

근주를 닦고 익혀서 밖의 경계에 여러 가지 허물이 있음을 깊이 인식하는 것이다. 이때는 밖의 경계를 바라보기를 허물과 근심이 되는 원천으로 보고, 그렇게 보는 그 힘을 가지고서 마음이 밖으로 흩어지지 않게 고르고 순순하게 하는 것을 말한다.

> 마음으로 마음을 제멸하는 것이다.[62]

이 의미를 원효는 구종심주 중 적정寂靜의 의미로 분석하였다. 이전에는 모든 분별하는 생각이 마음을 요동케 하다가 조순調順에 의하여 밖의 경계는 결국 허물 덩어리임을 깨닫게 된다. 적정은 이러한 수행력에 의하여 동하는 마음을 없애어 마음이 동요하지 않게 되는 것을 의미한다.

> 마음이 만약 흩어져서 나간다면 곧 거두어 와서 정념에 머물게 해야 하는 것이니, 이 정념이란 오직 마음뿐이요 바깥 경계가 없음을 알아야 할 것이다. 곧 또한 이 마음도 자상이 없어서 생각 생각을 얻을 수가 없는 것이다.[63]

이 의미를 원효는 구종심주 중 최극적정最極寂靜의 의미로 분석하였다. 여기에서는 밖의 경계가 다가오면 바른 생각을 놓쳐서 잠시나마

---

62 『기신론』(대정장 32, p.582상), "以心除心."

63 『기신론』(대정장 32, p.582상), "心若馳散 卽當攝來住於正念 是正念者 當知唯心無外境界 卽復此心亦無自相."

밖의 경계에 흔들려 마음이 흩어졌으나, 곧바로 바른 마음에 의하여 밖의 경계로 치달리는 마음을 인정하지 않는 것을 말한다. 또한 더 나아가서 밖으로 치달리는 마음마저도 본래는 그 스스로의 모습이 없다는 것을 알아서 치달렸던 마음마저도 바로 토해내 버리는 것을 의미한다.

> 만일 앉은 데서 일어나 가고 오고 나아가고 머무는 데에 행위하여 짓는 바가 있더라도 이 모든 때를 항상 방편을 생각하여 수순 관찰하여 오래 익혀 익숙하게 되면 그 마음이 머물게 된다.[64]

이 의미를 원효는 구종심주 중 전주일취專住一趣의 의미로 분석하였다. 여기서는 애써서 수행의 힘을 덧붙이고 수행하고자 하는 공력을 지속하여서, 밖에서 경계가 일어나든지 안에서 일어나든지 그 일어나고 사라지는 것을 바라볼 수 있는 경지가 되는 것을 말한다. 그러나 그 일어나고 사라짐을 따라서 일어나는 마음이 있고 짓는 행위가 있게 되지만, 이때마다 그 동안 익혀온 가지가지의 방편과 수행력으로 대조하고 지속적으로 공력을 들이면 그 마음에 머물게 되는 것을 말한다.

> 마음이 머물기 때문에 점점 맹리하여 진여삼매에 수순하여 들어가게 되어 번뇌를 깊이 조복하고, 신심이 증장하여 속히 불퇴전의 경지를 이룬다.[65]

---

64 『기신론』(대정장 32, p.582상), "念念不可得 若從坐起 去來進止 有所施作 於一切時 常念方便 隨順觀察 久習淳熟 其心得住."

이 의미를 원효는 구종심주 중 등지等持의 의미로 분석하였다. 여기서는 앞에서 익힌 수행의 힘에 의하기 때문에 이제부터는 이전처럼 애써서 수행하려 할 것도 없고 공력을 들일 필요도 없지만, 그 마음 그대로 마음의 일어남과 사라짐이 없어져서 자연스럽고 저절로 본래 마음에 머물게 되는 것을 말한다.

원효는 이 등지의 마음으로 진여삼매에 들어갈 것을 강조한다. 그에 의하면 가라앉거나 들뜬 마음을 멀리 떠나 자연스럽게 머무르기 때문에 등지라고 한다는 것이고, 또한 등지의 마음으로 진여의 상에 머무르기 때문에 진여삼매에 들어가게 된다는[66]것이다. 또 삼매를 등지로 번역하기도 하는데, 삼매는 지관에 통하는 것이다. 이와 관련하여 원효의 다음과 같은 견해는 주목된다.

> 상相을 따라 논하자면 정定을 지止라 하며 혜慧를 관觀이라고 하지만, 사실을 말하면 정定은 지관止觀에 통하는 것이며 혜慧도 또한 그러한 것이다.[67]

이처럼 정定이 지止만을 의미하지 않고 지관에 통하는 것이라고 해석한 원효는 정定을 옹색하게 이해하지 않고 역동적인 의미로 설명하

---

65 『기신론』(대정장 32, p.582상), "以心住故 漸漸猛利 隨順得入眞如三昧 深伏煩惱 信心增長速成不退."

66 『기신론소』(『한국불교전서』 1, p.729상), "遠離沈浮 任運而住 故名等持 等持之心 住眞如相 故言得入眞如三昧."

67 『기신론소』(『한국불교전서』 1, p.727중), "隨相而論 定名爲止 慧名爲觀 就實而言 定通止觀 慧亦如是."

고 있는 것이다.

그러나 이와 같은 수행의 길은 누구나 쉽게 들어갈 수 있는 것이 아니다. 그리고 그 수행해 나가는 길에도 수많은 장애가 도사리고 있어서 때로는 잘못된 수행의 길로 빠지게 되기도 한다. 『기신론』의 지止 수행론의 단락 마지막 구절에는 이러한 구종심주 수행의 길에 들어갈 수 없는 사람을 다음과 같이 밝히고 있다.

> 오직 의혹하고 불신하고 중죄업장을 짓고 아만과 해태한 사람은 제외하나니, 이러한 사람은 들어갈 수 없는 것이다.[68]

이 의미를 자세히 살펴보면, 원효가 수행상 중요시하게 생각하고 있는 참회론의 필요성이 바로 나타나게 된다. 그러나 『기신론』에서는 참회의 필요성을 나타내고 있으나, 참회의 방법론에 대해서는 더 이상 자세한 내용을 제시하고 있지는 않고 있다.

(2) 사상邪相의 분별과 퇴치

『기신론』에서는 지관수행의 과정상에 여러 가지 마장魔障이 나타나는 것을 밝히고 있는데, 다음과 같다.

> 혹 어떤 중생이 선근의 힘이 없으면 곧 모든 마구니와 외도와 귀신들에 의하여 어지럽게 되니, 혹은 앉아 있는 가운데 형태를 나타내

---

68 『기신론』(대정장 32, p.582상), "唯除疑惑 不信 誹謗 重罪業障 我慢 懈怠 如是等人 所不能入."

두렵게 하거나 혹은 단정한 남녀들의 모양을 나타낼 경우, 오직 마음뿐임을 생각해야 될 것이다. 그렇게 되면 경계가 곧 멸해서 마침내 괴롭히지 못하리라.[69]

원효는 이 내용을 주석함에 있어서 마구니에 천마를, 귀에 퇴척귀를, 신에 정미신 등을 대입하여 설명하면서 이러한 것들이 외도가 되는 것이라고 말하고 있다. 이러한 외도들은 두려워할 만한 모습을 짓거나, 사랑할 만한 일을 짓거나, 거스르는 것도 아닌 순탄한 것도 아닌 등의 세 가지 모습을 지어서 수행자의 마음을 어지럽힌다고 말하고 있다. 이러한 외도·마구니의 모습을 퇴치하기 위하여 그 방법을 또한 제시하고 있는데, 이 대부분의 내용이 『천태소지관』[70]의 내용을 요약한 것으로 보인다.

이어서 『기신론』에서는 선정의 과정 속에서 나타나는 마구니의 모습과 올바른 모습이 구별하기가 힘든 점을 들어서 그 구별이 중요함을 말하고 있다.

원효는 이와 같은 가지가지 마구니의 모습과 올바른 선정의 모습을 정확히 구별하기 위해서 진금眞金을 알기 위한 방법으로 각각 갈아보고, 때려보고, 태워보는 것의 비유를 들어서 차례로 세 가지의 방법을 제시하고 있다. 그 세 가지 내용은 다음과 같다.

---

69 『기신론』(대정장 32, p.582중), "或有衆生無善根力 則爲諸魔外道鬼 神之所惑亂 若於坐中現形恐怖 或現端正男女等相 當念唯心 境界則滅終不爲惱."

70 智顗, 『修習止觀坐禪法要』(『大正藏』 48); 金無得譯註, 『止觀坐禪法』, 경서원, 1990, pp.150~152.

하나는 선정으로 연마하는 것이요
둘째는 본래 닦던 것에 의하여 다스리는 것이요
셋째는 지혜로 관찰하는 것이다.[71]

첫 번째 방법은 다음과 같다. 선정을 하는 중에 여러 가지 경계상이 나타났는데, 그 사정邪正을 알기 어려우면 마땅히 깊은 정定에 들어가 저 경계상을 취하지도 않고 버리지도 아니하며, 다만 평등하게 정에 머무는 것이다. 그때 그것이 선근에서 나온 경계상이라면 정력定力이 더욱 깊어져서 선근이 일어날 것이고, 만약 마구니의 짓이라면 그 경계가 저절로 사라질 것임을 말한다.

두 번째 방법은 본래 닦던 것에 의해서 다스린다는 것이다. 만약 수행자가 본래 부정관선을 닦고 있었다고 가정해 보자. 그래서 만약 이와 같이 하여서 경계가 더욱 밝아진다면 이는 선근에서 나온 경계상이요, 만약 점점 경계가 없어진다면 이는 마구니가 만들어 낸 거짓된 경계상인 것이다.

세 번째 방법은 지혜로 관찰하는 것이다. 나타난 경계상을 자세히 관찰하여 그 근원을 추구해보면 그 경계상이 나타나는 곳을 보지 못한다. 이때 깊이 공적함을 알아 마음이 그에 머물러 집착하지 않으면 거짓된 것이 응당 없어지고 바른 것이 응당 스스로 나타나게 된다.

그런데 여기서 문제가 발생하게 된다. 만약 마구니가 내 마음에

---

71 『기신론소』(『한국불교전서』 1, p.730상), "其邪正實難取別 故以三法驗之可知 何事爲三 一以定研磨 二依本修治 三智慧觀察 如經言欲知眞金 三法試之 謂燒打磨."

정을 얻게 하면 '그 정定의 사정邪正을 어떻게 구별하는가의 문제'이다. 이러한 문제에 대해서도 원효는 구별하는 방법을 나타내고 있다.

원효는 구종심주 문에 의하여 차례대로 수행하여 아홉 번째의 지경에 이르렀을 때 여러 가지 동촉動觸의 현상이 일어남을 밝히고 있다.

> 우선 선현의 설에 의하여 대략 사정邪正의 갈림길을 보여주겠다. 앞서 말한 아홉 가지의 심주문心住門에 의하여 차례대로 수습하여 아홉 번째에 이르렀을 때에 사지와 몸체가 움찔움찔 움직임을 느낄 것이니, 이렇게 막 움직일 때에 곧 그 몸이 구름과 같고 그림자와 같아서 있는 듯도 하고 없는 듯도 함을 느끼되, 혹은 위로부터 나오고 혹은 아래로부터 나오며, 혹은 옆구리로 나와 미미하게 몸에 두루한다. 이처럼 동촉動觸이 일어날 때에 공덕이 한량이 없는 것이니, 대략 말하자면 열 가지 모습이 있다. 첫째는 정정靜定이요, 둘째는 공처空虛요, 셋째는 광정光淨이요, 넷째는 희열喜悅이요, 다섯은 의락猗樂이요, 여섯은 선한 마음이 일어나는 것이요, 일곱은 지견이 명료한 것이요, 여덟은 모든 누박累縛이 없는 것이요, 아홉은 그 마음이 고르고 부드러운 것이요, 열째는 경계가 앞에 나타나는 것이다.
>
> 이러한 열 가지 법이 움직임과 더불어 함께 나는 것이니, 만약 자세히 분별한다면 다 분별하기 어렵다. 이 일이 지난 후 다시 여촉餘觸이 차례로 나타나니, 여촉이라 하는 것은 대략 여덟 가지가 있다. 첫째는 동動이요, 둘째는 양痒이요, 셋째는 량凉이요, 넷째는 난暖이요, 다섯은 경輕이요, 여섯은 중重이요, 일곱은 삽澀이요,

여덟은 활滑이다. 그러나 이 팔촉은 반드시 함께 일어나지는 않으며, 어떤 때는 다만 두세 촉만 일어나는 경우도 있다. 일어날 때에도 또한 일정한 차례가 없지만 흔히 처음에는 동촉을 일으킨다. 이들은 거친 모습으로 바른 선정의 모습을 나타내는 것이다.[72]

이와 같은 올바른 선정과정상에서 일어나는 모습을 밝히고 있는 내용과 달리, 원효는 또한 삿된 선정의 모습을 구별하는 내용을 다음과 같이 밝히고 있다.

사상에 대략 10쌍十雙이 있으니, 첫째는 증감이요, 둘째는 정란이요, 셋째는 공유요, 넷째는 명암이요, 다섯은 우희요, 여섯은 고락이요, 일곱은 선악이요, 여덟은 우지요, 아홉은 탈박이요, 열째는 강유이다

첫째 증감이란 동촉이 일어날 때, 혹 몸이 움직이고 손이 들려지며 다리도 따라서 움직이지만 바깥 사람은 그가 가만히 있어 마치 잠자는 듯함을 보며, 혹은 귀신이 붙은 것처럼 몸과 순과 발이

72 『기신론소』(『한국불교전서』 1, p.730중), "依先賢之說 略示邪正之岐 依如前說九種心住門次第修習 至第九時 覺其支體運運而動 當動之時 卽覺其身如雲如影 若有若無 或從上發 或從下發 或從腰發 微微遍身 動觸發時 功德無量 略而說之 有十種相 一靜定 二空虛 三光淨四喜悅 五倚樂 六善心生起 七知見明了 八無諸累縛 九其心調柔 十境界現前 如是十法 與動俱生 若具分別 則難可盡 此事旣過 復有餘觸次第而發 言餘觸者 略有八種 一動 二痒 三涼 四暖 五輕 六重 七澁八滑 然此八觸 未必具起 或有但發二三觸者 發時亦無定次 然多初發動觸 此是依麤顯正定相."

어지럽게 움직이니, 이는 증상增相이다. 만약 그 동촉이 일어날 때 올라가지도 하고 내려가기도 하다가 몸에 미처 두루하기 전에 곧 없어지니 이로 인하여 경계의 상을 모두 잃으며, 앉았을 때 맥이 없어 몸을 지탱할 법이 없으니 이는 감상減相이다. 둘째 정란이란 … (중략) … 열째 강유란 동촉이 일어날 때 그 몸의 억세고 강함이 마치 와석과 같아서 회전하기 어려우니 이는 강의 과실이요 만약 동촉이 나타날 때 심지가 연약하여 무너지기 쉬운 것이 마치 진흙이 부드럽게 젖어 있어 그릇을 제대로 만들 수 없는 것과 같다면 이는 유의 과실이다.[73]

원효는 이 같은 그릇된 선정의 모습이 일어났을 경우, 만약 선정의 그릇됨을 식별하지 못하여 마음에 애착하는 마음을 내면 그 때문에 정신을 잃고 미치며, 혹은 울기도 하고 혹은 웃기도 하며, 혹은 놀래어 멋대로 달아나며, 어떤 때는 스스로 바위에 몸을 던지거나 불에 들어가려고 하며, 어떤 때는 병을 얻으며, 혹은 그 때문에 죽기까지도 한다고 경고한다. 또한 원효는 혹 사람들이 그릇된 선정이 일으키는 공능에 속아 넘어갈 수 있는 내용도 밝히고 있다.

만약 아흔다섯 종류의 외도 귀신법 중 하나의 귀신법과 상응하면서

73 『기신론소』(『한국불교전서』 1, p.731상중), "邪相略出十雙 一增減 二定亂 三空有 四明闇 五憂喜 六苦樂 七善惡 八愚智 九脫縛 十强柔 一增減者 ……중략……十强柔者 觸發之時 其身剛强 猶如瓦石 難可迴轉 是爲强失 若觸發時 心志軟弱 易可敗壞 猶如軟渥 不堪爲器 是爲柔失也."

> 도 깨닫지 못한다면 이는 곧 저 외도를 생각하고 저 귀신법을 행하는 것이니, 이로 인하여 곧 귀신법 내에 들게 되고, 귀신이 그 세력을 더해주어, 혹 모든 그릇된 정과 모든 변재를 일으켜 세간의 길흉을 알아서 신통 기이하여 희유한 일을 나타내서 뭇 사람을 감동시키기도 한다. 세상 사람들은 알지 못하고 다만 그가 남과 다름을 보고 현성이라 여겨 마음 깊이 신복하지만 그의 내심은 오로지 귀신법만 행하고 있으니, 이 사람은 성인의 법도를 멀리 여의어 몸이 괴멸되고 목숨이 끝날 때에 삼악도에 떨어짐을 알아야 할 것이다. 이는 구십육외도경에서 널리 말한 바와 같다. …(중략)… 만약 내가 바른 정에 들어갔을 때에 마구니가 그 가운데로 들어와서 여러 가지 거짓된 모양을 나타낸다면 법으로 물리쳐야 할 것이니, 마구니의 삿된 장난이 이미 없어졌다면 곧 나의 정심定心이 맑아져서 마치 구름이 걷히고 해가 나타남과 같은 것이다.[74]

이와 같이 선정의 사정邪正을 구별하는 방법을 밝히고 나서, 이러한 방법과 법으로도 다스려지지 않는 경계상이 나타나면 이는 자신이 업장業障으로 인하여 일어난 것임을 알아야 한다고 말하면서, 바로

---

74 『기신론소』(『한국불교전서』 1, p.731중하), "若與九十五種外道鬼神法中 一鬼神法相應 而不覺者 卽念彼道 行於彼法 因此便入鬼神法門 鬼加其勢 或發諸邪定及諸辯才 知世吉凶 神通奇異 現希有事 感動衆人 世人無知 但見異人 謂是賢聖 深心信伏 然其內心專行鬼法 當知是人遠離聖道 身壞命終墮三惡趣 如九十六外道經廣說 行者若覺是等邪相 應以前法驗而治之 然於其中亦有是非 何者 若其邪定一向魔作者 用法治之 魔去之後 則都無復毫釐禪法 若我得入正定之時魔入則其中現諸邪相者 用法却之 魔邪旣滅我定心明淨 猶如雲除日顯."

이때 업장을 소멸시키기 위하여 수행론적으로 대승의 참회를 해야 한다는 것을 제시한다.

> 만약 이러한 모양이 비록 마구니가 지은 것 같으면서도 법으로 다스려도 오히려 없어지지 않는다면 이는 자기의 죄장으로 인하여 일어난 것임을 알아야 할 것이다. 이러하여 곧 대승의 참회를 부지런히 닦아야 할 것이니, 죄가 없어진 후에 정이 스스로 나타날 것이다. 이러한 장애의 모습은 매우 은미하여 구별하기 어려운 것이나 도를 찾고자 하는 사람은 몰라서는 안 될 것이다.[75]

이와 같은 내용을 보면 응당 참회의 방법론이 제시되어야 할 것인데, 『기신론』 주석상에서는 그 성격상 더 이상 참회의 방법론이 제시되고 있지 않다. 이는 결국 원효가 『대승육정참회』라는 단독의 저술을 지을 수밖에 없는 당연한 귀결이다.

2) 관觀 – 사종혜행四種慧行(四種 毘鉢舍那)

원효는 다시 『유가사지론』의 내용을 인용하여서 네 가지 비파사나毘婆舍那 관행법을 설명하고 있는데, 네 가지 비파사나는 다음과 같은 능정사택能正思擇·최극사택最極思擇·조변심사周遍尋思·주변사찰周遍伺察의 네 가지 내용으로 구성되어 있다. 『기신론소』의 설명은 다음과

---

75 『기신론소』(『한국불교전서』 1, p.731하), "若此等相雖似魔作 而用法治猶不去者 當知因自罪障所發 則應勤修大乘懺悔 罪滅之後定當自顯 此等障相甚微難別欲求道者不可不知."

같다.

> 무엇이 네 가지 비파사나인가? 비구가 내심의 사마타에 의지하기 때문에 모든 법 중에서 능히 바르게 사택하며, 가장 지극하게 사택하며, 빠짐없이 두루 심사하며, 빠짐없이 두루 사찰하는 것, 이 네 가지를 말한다.[76]

여기서 주의 깊게 보아야 할 부분이 있는데, 사택思擇과 심사尋思와 사찰伺察이라는 용어의 의미 차이이다. 사택은 생각하여 판단하는 것으로 일반적인 범부 수준의 이성적인 판단을 말한다. 범부인의 일반적인 생각의 구극에는 최극사택이 있다. 심사는 어떠한 대상에 대하여 그 뜻과 이치를 대강 생각하고 찾는 것을 의미한다. 사찰은 어떠한 대상에 대하여 그 뜻과 이치를 대강 생각하고 찾는 심사에 비해, 보다 한 걸음 더 나아가 세밀하게 분별하고 살피는 정신작용이란 뜻이다.

이같이 사택과 심사와 사찰은 비슷한 용어로 보이지만 그 의미는 점층적으로 심화되는 것을 알 수 있다. 이와 같이 점층적으로 심화된다는 의미를 염두에 두면서 사종혜행을 구체적으로 알아보면 다음과 같다.

> 능정사택은 청정한 행위인 정행淨行이 반연하는 경계와 혹 부처님의 좋은 방편인 선교가 반연하는 경계와 혹은 청정한 계행이 반연하는

---

76 『기신론소』(『한국불교전서』 1, p.727하), "云何四種毘鉢舍那 謂有苾芻依止內心奢摩他故 於諸法中能正思擇 最極思擇 周遍尋思 周遍伺察 是名四種."

경계에 대하여 일체의 후득지를 발하여 바르게 사택하는 것이다.[77]

이 의미는 자기 주변의 내외에서 다가오는 모든 경계에 대하여 청정한 행동과 계율에 따른 절제된 행동을 말하는 것이다. 그리고 부처님이 베푸는 여러 가지 좋은 방편을 후득지로 삼아서 자신이 행해야 될 바른 행동을 생각하여 행동하는 것을 담고 있는 내용이다.

최극사택은 저 연하는 바의 경계에 대하여 진여를 발하여 가장 지극하게 사택하는 것이다.[78]

이 의미는 자기 주변의 내외에서 다가오는 모든 경계에 대하여 그 동안 얻은 후득지에 바탕하여 추측이 가능한 모든 진여를 생각하고, 그 생각되어진 진여의 지혜를 발휘하여서 자신에게 다가오는 경계에 대하여 더욱 지극하게 생각하고 판단하는 것을 말한다.

주변심사는 곧 저 연하는 바의 경계에 대하여 혜행을 행함으로 말미암아 분별의 작의를 갖게 되어 저 경계상을 취하여 빠짐없이 두루 깊게 살피는 것을 말한다.[79]

---

77 『기신론소』(『한국불교전서』 1, p.727하), "云何名爲能正思擇 謂於淨行所緣境界 或於善巧所緣境界 或於善行所緣 能正思擇盡所有性."

78 『기신론소』(『한국불교전서』 1, p.727하), "云何名爲最極思擇 謂卽於彼所緣境界 最極思擇如所有性."

79 『기신론소』(『한국불교전서』 1, p.727하), "云何名爲周遍尋思 謂於彼所緣境界 由慧俱行 有分別作意 取彼相狀 周遍尋思."

이 의미는 자기 주변의 내부에서 다가오는 경계에 대하여 바른 지혜로 분별하게 되는데, 여기에서 분별의 대상으로 삼는 것은 분별의 주체인 주관과 분별의 대상인 객관이 분리된 경계상을 취하여 그 모습을 두루두루 살핀다는 의미이다. 이전의 최극사택이 자신의 일반적인 생각과 후득지로 판단하는 것임에 비하여, 여기에서부터는 지혜에 의한 분별을 하는 것이 그 특징으로 드러난다.

주변사찰은 저 연하는 바의 경계에 대하여 자세히 추구하여 빠짐없이 두루 사찰함을 말한다.[80]

이 의미는 자기 주변의 내부에서 다가오는 경계에 대하여 지극히 자세하게 분별하고 살피는 행위를 말한다. 이렇게 해야 되는 이유는 그 경계 자체가 매우 미세하고 세밀하기 때문이다. 이같이 미세하고 세밀한 경계를 깊이 사유하고 관찰한다는 의미가 바로 주변사찰이라고 할 수 있다.

이와 같은 구종심주와 사종혜행의 수행이론은 『유가사지론』에서 연원하고 있다는 것을 알 수 있다. 이러한 것을 의식한 원효는 다음과 같은 언급을 하고 있다.

이 글의 뜻을 세밀히 탐구해 본다면 이는 성문의 지관법문을 말한

---

80 『기신론소』(『한국불교전서』 1, pp.727하-278상), "云何名爲周遍伺察 謂卽於彼境審諦推求 周遍伺察 乃至廣說."

것이지만, 그러나 이 법으로 대승의 경우에 나아가면 곧 대승의 지관의 행위가 되므로 그 아홉 가지 심주와 네 가지 혜행이 앞서 말한 것과 다르지 않은 것이다.[81]

이 말은 『기신론』의 지관수행론의 내용을 비록 『유가사지론』에서 발췌하여 왔지마는, 이 수행법은 유가의 수행법만이 아니라 이 수행법을 그대로 따라서 수행하면 『기신론』에서 말하고자 하는 대승의 지관수행론이 된다는 의미인 것이다. 이 같은 의미를 살려서 구종심주와 사종작의와 사종혜행과의 상관관계를 도표화하면 다음과 같다.

〈표 6〉 **구종심주九種心住와 사종혜행四種慧行**

	구종심주九種心住	사종작의四種作意	사종혜행四種慧行
4	等持	無功用運轉作意	周遍伺察
3	專住一趣	無間缺運轉作意	周遍尋思
2	安住, 近住, 調馴, 寂靜, 最極寂靜	有間缺運轉作意	最極思擇
1	內住, 等住	力勵運轉作意	能正思擇

또한 원효는 지관수행을 겸하여서 할 수 있는 구종심주와 사종혜행을 밝혔으나 그 대체적인 내용이 선 수행적인 내용에 치우치고 있다는 것을 감지하였는지, 다시 『기신론』의 내용에 근거하여서 네 가지 관행

---

81 『기신론소』(『한국불교전서』 1, p.728상), "尋此文意 乃說聲聞止觀法門 然以此法趣大乘境 卽爲大乘止觀之行 故其九種心住 四種慧行 不異前說."

을 밝히고 있다.

『기신론』에서 나타내고 있는 관觀 수행은 사회적으로 상당히 의미 있는 수행이라 할 것이다. 실제 선 수행이 다분히 지止의 측면을 중심으로 행해지고 있는 선종의 풍토에 비유해 볼 때, 세간을 향한 대비大悲와 대원大願의 실천을 관 수행과 결합시켜서 지관쌍운을 설하고 있는 『기신론』의 지관수행론의 입장은 선 수행의 사회적 의미를 환기시키는 대목이기도 한 것이다.

『기신론』에서는 사람이 지止 수행만을 닦으면 마음이 가라앉거나 게으름을 일으켜 여러 선을 즐기지 않고 자비행을 멀리 하게 되니, 관 수행을 병행해서 닦아야 할 것을 말하고 있다. 원효는 『기신론』의 이 구절을 크게 법상관法相觀, 대비관大悲觀, 서원관誓願觀, 정진관精進觀으로 나누어서 이해하고 있다. 그 가운데 법상관은 고관, 무상관, 무아관, 부정관으로 구분하여 볼 수 있겠다. 대비관은 법상관으로 살펴본 중생들의 삶의 모습이 무시로부터 무명의 훈습에 의해서 고통을 받고 있고, 앞으로도 고통을 받을 것이라는 모습을 보아서 중생들을 가련하게 여겨야 한다는 것을 의미한다. 서원관은 위와 같은 중생들을 보고서 미래세가 다하도록 한량없는 방편으로 일체의 고뇌하는 중생들을 구원하여 열반의 기쁨을 누릴 수 있도록 하자는 서원을 세우는 것을 뜻한다. 정진관은 이러한 서원을 가졌으면 어느 곳에서든지 여러 가지 선행을 자신의 능력껏 수행하는 데 게으르지 말아야 한다는 의미이다.

『기신론』에서는 지止 수행을 닦으면 범부가 세간에 주착하는 마음을 대치하고 이승의 겁약한 소견을 제거할 수 있으며, 관觀 수행을 닦으면 자비의 마음을 일으키지 않는 이승의 좁은 마음의 허물을 제거하고 범부가 신근을 닦지 않는 것을 멀리 여의게 된다고 말하고 있다.

3) 지관쌍운止觀雙運

원효는 이러한 지관수행은 항상 같이 이루어져야 함을 밝히고 있다. 이를 비유하기를 새의 양 날개와 같고, 수레의 두 바퀴와 같다고 하면서 지止와 관觀 수행이 동시에 이루어져야만 보리菩提의 문에 들어갈 수 있다고 밝히고 있다.

『기신론』을 주석하고 있는 원효의 수행론에서 중요한 것은 지관이행止觀二行이다. 지止란 밖의 모든 경계상境界相을 멈추어 산란한 마음을 안정시키는 것이다. 그러나 지止만을 닦는다면 마음이 가라앉아 게을러지고 여러 선善을 구하지 않고 대비大悲를 멀리 떠나게 된다. 이 때문에 관觀을 아울러 닦아야 한다. 관이란 대상을 관조하여 인연생멸상을 분별하는 것이다.

이처럼 원효는 지관이행의 수행을 매우 강조했다. 그에 의하면 지를 수행하여 범부의 주착하는 고집과 이승의 겁약한 소견을 다스릴 수 있고, 관을 닦아서 널리 중생을 살펴 대비를 일으키기에 이승의 옹졸한 마음을 제거할 뿐만 아니라 범부의 나태한 뜻을 다스릴 수 있다는 의미이다.[82]

원효는 이러한 뜻을 따라서 만약 지止 수행을 닦는다면 범부의 주착하

---

82 『기신론소』(『한국불교전서』 1, p.732상), "若修止者 離二種過 一者正除凡夫住着之執 遣彼所着人法相故 二者兼治二乘怯弱之見 見有五陰怖畏苦故 若修觀者 亦離二過 一者正除二乘狹劣之心 普觀衆生起大悲故 二者兼治凡夫懈怠之意 不觀無常懈怠發趣故."

는 고집을 제거하므로 그가 집착한 인법상을 없애는 것이요, 오음이 있다고 보아 고통을 두려워하는 이승의 겁약한 소견을 다스릴 수 있다고 한다. 또한 관觀 수행을 닦는다면 이승이 자신만을 생각하는 협소하고 용렬한 마음을 없앨 수 있고, 널리 중생을 살펴서 대비를 일으킬 수 있다고 한다. 아울러 범부가 분발하여 도道에 나아가지 않으려고 하는 게으른 뜻을 다스릴 수 있다고 하였다. 이에 대해 원효는

> 이와 같이 사마타를 얻은 사람은 또한 곧 이 네 가지 작의를 거친 것이니 바야흐로 능히 비파사나를 닦아 익힐 수가 있으니, 그러므로 이것은 또한 비파사나품인 것이다.[83]

라고 하였다. 이 같은 내용은 다음의 구절을 그대로 직역한 내용인데, 원문을 살펴보자.

> 又如是得奢摩他者 復即由是四種作意 方能修習毘鉢舍那 故此亦是毘鉢舍那品

이 문구의 내용은 구종심주와 사종작의, 그리고 사종혜행이 서로 같은 단계로 진행이 된다는 것을 말하는 부분이다. 이 의미를 살려서 내용을 정확히 정리해 보면 "이와 같이 사마타를 닦는 사람은 구종심주의 네 가지 단계인 사종작의를 거치는 과정 동안 아울러서 비파사나를

---

83 『기신론소』(『한국불교전서』 1, p.727하), "又如是得奢摩他者 復即由是四種作意 方能修習毘鉢舍那 故此亦是毘鉢舍那品."

닦는다"라는 의미로 해석이 되어야 한다고 본다. 이렇게 해석이 되어야 뒤에 이어지는 "또한 이것 역시 비파사나품인 것이다"라는 말과도 서로 의미가 통하게 되는 것이다. 이러한 견해를 뒷받침하고 있는 논거로 원효가 인용한 『유가사지론』의 원문 내용에는

> 마땅히 알라. 이와 같은 사종작의는 구종심주 중의 사마타품인 것이다. 또한 곧 이와 같이 내심에 사마타를 획득한 사람은 삼가 비파사나를 닦을 때 또한 곧 이 사종작의 과정을 거쳐서 바야흐로 비파사나를 닦는 것이기 때문에 이것 또한 비파사나품인 것이다.[84]

로 되어 있다. 이 말은 구종심주의 과정은 비록 아홉 단계로 세분되어 있지만, 크게 나누어 보면 네 가지 단계로 구분되어 진행된다는 의미이다. 그리고 이 네 가지 단계의 사종작의四種作意는 비파사나를 닦는 과정과도 동일한 단계로 진행된다는 의미이다.

이 말은 결국 원효가 인용하고 있는 『유가사지론』의 구종심주와 사종작의, 그리고 사종혜행은 각기 그 수행 과정이 동시에 이루어진다는 것을 의미하는 것이고, 지관쌍운의 수행방법을 나타내고 있는 것이라고 할 수 있다.

---

84 『유가사지론』 30(대정장 30 p.451중), "當知如是四種作意 於九種心住中是奢摩他品. 又卽如是獲得內心奢摩他者 於毘鉢舍那勤修習時 復卽由是四種作意 方能修習毘鉢舍那 故此亦是毘鉢舍那品."

Ⅳ. 원효 저술에 나타난 추가적 수행론의 의미

『기신론』에 나타난 수행론을 지관수행론을 중심으로 알아보았다. 『기신론』은 일심·이문·삼대의 이론구조를 바탕으로 사신오행에 의한 실천적 수행의 방법을 제시하고 있다. 특히 삼종발심을 통하여 일심의 구경에까지 도달하게 하는 수행방법은 『기신론』을 철학적이면서도 종교적인 논서로 만드는 중요한 부분이라고 할 수 있다.

한편, 부정취 중생을 위해서 설해진 내용이라고 할 수 있는 사신·오행은 하근기 중생으로 하여금 수행을 지속할 수 있는 방법을 자세히 제시해 주고 있다. 그 가운데 지관수행론이 그 핵심적인 내용을 이루고 있는데, 이러한 지관수행론의 설명과정을 자세히 보면 여타의 다른 수행론들이 절실하게 요구된다는 것을 발견할 수 있다. 그러나 이와 관련된 수행론적 설명은 『기신론소』에서는 생략되어 있다. 이는 원효가 다른 저술을 통하여 이에 관련된 내용을 보충하고 있기 때문이다.

따라서 원효의 수행체계는 이러한 여타의 수행론들이 지관수행론들을 중심으로 상호관계를 맺고 있는데, 이러한 관계성을 중심으로 원효의 수행체계를 구성할 수 있다고 본다.

1. 지관수행론으로 도달 가능한 일반적 수행계위

여타의 수행론 필요성을 알아보기 위하여 지관수행론으로 도달할 수 있는 수행상의 계위 문제를 알아보아야 한다. 원효는 지관수행론의 실질상의 내용을 구종심주와 사종혜행의 개념으로 설명하고 있기 때문에, 이 과정을 통해서 얻을 수 있는 수행상의 계위는 어느 정도인가를 알아보지 않을 수 없다. 『기신론』에서 지관수행론을 설명하고 있는 목적이 부정취 중생의 신심을 일으키기 위하여 설해진 것이기 때문에 부정취를 넘어서 정정취에 들어서고 나서는 어떤 수행을 해야 하는지 궁금하지 않을 수 없다는 의미이기도 하다.

이를 알아보기 위해서는 보다 상세한 원효의 주석을 참고하지 않을 수 없다. 지관수행에 관련된 원효의 주석 내용을 보면 그 수행상의 계위 정도를 가늠할 수 있는 단서가 나오기 때문이다.

원효는 구종심주를 거쳐서 삼매를 얻게 되면 그 삼매의 결과로서 법계가 한 모습인 것을 알게 된다고 말하고 있다. 이는 일체의 모든 부처의 법신이 중생의 몸과 더불어 평등하여서 둘이 아니고 차별이 없는 것임을 아는 일행삼매를 얻게 되는 것을 말하는 것으로, 이것이 바로 진여삼매의 근본이 되는 것이라고 하는 것이다. 이 진여삼매의 근본을 알아서 지속적으로 수행하면 한량이 없는 삼매를 나타내게 되는 것이다.

원효는 구종심주의 가장 높은 단계인 등지의 단계를 다음과 같은 내용으로 나타내고 있다.

> 마음이 머물기 때문에 점점 맹리하여 진여삼매에 수순하여 들어가게 되어 번뇌를 깊이 조복하고 신심이 증장하여 속히 불퇴전의 경지를 이룬다.[85]

85 『기신론』(대정장 32, p.582상), "以心住故 漸漸猛利 隨順得入眞如三昧 深伏煩惱 信心增長速成不退."

여기에서 눈여겨보아야 될 내용이 진여삼매에 들어가게 되며, 불퇴전의 경지를 이룬다는 두 가지 어구의 의미이다. 먼저 진여삼매에 대하여 알아보면 다음과 같다. 진여삼매에 대하여 『기신론』에서는 다음과 같이 밝힌다.

> 진여삼매란 보는 상에도 머물지 않고, 얻은 상에도 머물지 아니하며, 정定에서 벗어난 때에도 게을리 함이 없어서 가지고 있는 번뇌가 점점 엷어지게 되니, 만약 모든 범부가 이 삼매의 방법을 익히지 아니하면 여래종성에 들어간다는 것은 있을 수 없게 되는 것이다.[86]

이 의미는 진여삼매가 완성 상태의 진여삼매라는 의미보다는, 모든 범부가 이 삼매의 방법을 익혀야 여래종성에 들어간다는 의미이다. 또한 여기에서 얻어지는 진여삼매는 여래종성에 들어가기 위한 초보적인 관문의 시작임을 말하는 것이다.

2. 수행상 불퇴전의 의미

또 눈여겨볼 내용으로는 불퇴전不退轉의 경지라는 의미이다. 수행상의 계위에서 불퇴전의 경지라는 것은 어느 정도의 경지일까? 원효의 『기신론』 주석 속에서 불퇴전의 수행적 의미를 찾아보면 다음과 같다. 원효는 여래종성에 대하여 두 가지로 설명하고 있다.

---

86 『기신론』(대정장 32, p.582중), "眞如三昧者 不住見相 不住得相 乃至出定 亦無懈慢 所有煩惱 漸漸微薄 若諸凡夫不習此三昧法 得入如來種性 無有是處."

종성의 자리에 두 가지 문이 있으니 첫째는 십삼주문의 가운데 처음의 종성주니, 종성이란 무시의 때로부터 있는 것이므로 닦아서 얻는 것이 아니며, 이 뜻은 『유가론』과 『지지론』에 나오는 것이다. 둘째는 육종성의 문이니, 처음 습종성과 다음에 성종성이란 그 자리가 삼현의 자리에 있는 것으로 습기에 의하여 이루어지는 것이며, 이는 『본업경』과 『인왕경』에 나온다. 그 중 자세한 것은 『일도의』에서 널리 말한 것과 같다. 이제 이 중에 여래종성이라는 것은 두 번째, 즉 육종성 가운데 습종성위를 말하는 것이다.[87]

여기에서 육종성이라는 것은 보살의 인행因行으로부터 과果에 이르는 행위종성을 여섯 가지 위계로 나눈 것으로 습종성習種性·성종성性種性·도종성道種性·성종성聖種聖·등각성等覺性·묘각성妙覺性을 말한다.[88] 여기에서 습종성·성종성은 삼현의 자리에 있는 것으로 원효가 밝히고 있으며, 성종성에 대한 내용을 보면 십행위의 보살로 나오는 것[89]을 알 수 있다. 그렇다면 성종성보다 낮은 단계인 습종성은 당연히 십주위에 해당된다는 것을 알 수 있다. 그렇다면 다시 십주의 위계에 오르면 여래의 종성이 된다는 의미이며, 이는 불퇴전의 경지에 오른다

---

87 『기신론소』(『한국불교전서』 1, p.729하), "然種性之位 有其二門 一十三住門 初種性住 種性者 無始來有 非修所得 義出瑜伽及地持論 二六種性門 初習種性 次性種性者 位在三賢 因習所成 出本業經及仁王經 於中委悉 如一道義中廣說也 今此中言如來種性者 說第二門習種性位也."

88 『보살영락본업경』 권상(대정장 24, p.1012중), "佛子性者 所謂習種性 性種性 道種性 聖種聖 等覺性 妙覺性."

89 은정희 역주, 『대승기신론소·별기』, p.401, 주138 참조.

는 말이 된다. 물론 여기에서는 앞으로 나아가기만 할 뿐 뒤로 물러섬이 없다는 의미의 불퇴전을 의미하는 것이다. 또『기신론』 주석의 다른 부분에서도 원효는

> 십해十解 이상을 정정正定이라 하니 불퇴위不退位에 머무는 것을 정정으로 삼기 때문이요[90]

라고 주석하고 있다. 이를 보면 불퇴전의 수행상의 계위는 확실히 십해(十解: 十住)임을 알 수 있고, 십해 이상이라야 바른 선정을 할 수 있는 것으로 보았다고 할 수 있다. 이와 같은 내용에 바탕해서 판단해보면『기신론』의 지관수행으로 일단 도달할 수 있는 수행상의 계위는 보살 52 수행계위 상에서는 십주十住의 단계까지임을 알 수 있고, 이를『기신론』의 시각사위와 대비해 보면 상사각의 초보적 관문에 들어선다는 의미로 파악된다.

3. 상사각 이후의 수행방법

그렇다면 상사각 이후의 수행은 어떻게 해야 하는 것인가?라는 내용이 궁금하지 않을 수 없다. 상사각 이후의 수행방법에 대한 것을 알려면 구종심주의 결과로서 법계가 한 모습인 것을 알게 되어 일행삼매를 얻게 되는데, 이것이 바로 진여삼매의 근본이 되는 것이고, 이 진여삼매의 근본을 알아서 지속적으로 수행을 진행해서 한량이 없는 삼매를

---

90 『기신론소』(『한국불교전서』 1, p.723하), "十解以上名爲正定 住不退住爲正定故."

나타내게 된다는 것에 관심을 두어야 한다. 구종심주를 통해서 얻은 삼매를 지속적으로 진행해서 한량없는 삼매를 나타내게 하려면 진여삼매에 근거한 지관수행을 지속적으로 계속해야 한다는 말이 된다. 그러나 『기신론』과 원효의 『기신론소』에서는 이에 대한 더 이상의 자세한 설명이 없다.

물론 삼종발심 중 해행발심이 정정취의 시작이므로 해행발심에서 해야 되는 수행론으로 제시되고 있는 육바라밀의 수행론을 생각해 볼 수 있고, 『기신론』에서 제시된 발심론 그 자체의 내용만으로도 완성된 수행체계라 할 수 있다. 그러나 실제 수행의 진행상에서 가장 어려운 관문들은 해행발심 이후에 나타나는 아집과 법집의 완전한 제거라는 문제인데, 이에 대한 수행법을 발심론과 육바라밀로 대치해 버리고 구체적인 설명이 나타나지 않는 것은 아쉬운 면이다.

하지만 원효는 아집과 법집의 소멸원리를 말하고 있는 『이장의』의 저술을 통해서 아집과 법집의 소멸에 대한 구체적 방법론을 제시하고 있으며, 그 이후 수행방법으로 일미관행一味觀行에 중심을 둔 『금강삼매경론』의 저술을 통해서 불지에 오르기 위한 새로운 선정의 개념을 제시하고 있다. 즉 원효는 결국 깨달음을 통하여 불지에 오르기를 추구하는 것을 수행의 목적으로 하고 있었다는 것을 의미한다.

4. 수행상 참회론의 필요

이러한 수행과정상 필수적으로 요구되는 수행론은 『기신론』 주석상에 나타난 그 필요성이 제기된 참회론에 대한 내용이다. 『기신론』의 전체적인 수행론 체계상 다섯 가지의 수행론이 있지만, 그 핵심 내용에 지관수행론이 있음은 분명한 사실이다. 그러나 이제 실제 지관수행을 진행해 가는 실제에 있어서는 여러 가지 난관에 부딪치게 된다. 그 가운데 큰 난관 두 가지가 있다.

첫 번째 장애는 수행 진행상의 장애를 말하는 것으로 수행상에서 장애나 마구니를 만나는 경우를 말한다. 이때는 우선 선정의 사정을 가리는 방법으로 분석할 것을 말하고 있다. 그런데 그러한 방법으로도 제거되지 않는 두 번째 장애는 자신의 업장에 의해서 만들어진 것으로 보아야 하는데, 이 업장을 제거하는 방법이 바로 참회의 수행이라 할 것이다. 『기신론』의 지止 수행론의 단락 마지막 구절에는 이러한 구종심주 수행의 길에 들어갈 수 없는 사람을 밝히고 있는데, 그 내용은 다음과 같다.

> 오직 의혹하고 불신하고 중죄업장을 짓고 아만과 해태한 사람은 제외하나니, 이러한 사람은 들어갈 수 없는 것이다.[91]

이 의미를 자세히 살펴보면 원효가 중요하게 생각하고 있는 참회론의 필요성이 바로 나타나게 된다. 그러나 『기신론』에서는 참회의 필요성을 나타내고 있으나, 더 이상 참회의 방법론을 제시하고 있지는 않고 있다. 바로 이 지점이 『대승육정참회』라는 원효의 수행관련 저술을 떠올리게 만드는 지점이다.

---

91 『기신론』(대정장 32, p.582상), "唯除疑惑 不信 誹謗 重罪業障 我慢 懈怠 如是等人 所不能入."

5. 수행상 염불수행론의 필요

수행과정상 또 필요한 수행론이 있다. 그것은 바로 염불수행론이다. 지관수행을 진행해 가면서 중생이 처음에는 이 법을 배워서 바른 믿음을 얻고자 하나 그 마음이 겁약하여 사바세계에 머무르게 되는데, 이때 부처님을 만나지 못할 것을 미리 걱정하여 퇴전하려는 마음을 일으키는데, 바로 이때 필요한 수행의 방법이 여래의 수승한 방편이라고 하는 염불이라고 해야 할 것이다. 그런데 이 또한 『기신론』과 『기신론소』에서 지관을 다루고 있는 내용과는 달리 소략하게만 다루고 있다. 『기신론』 저술 인연에 나오는 다섯째에서 일곱째까지를 보면 『기신론』이 원래 의도하는 수행론의 핵심내용이 드러나는데, 그것은 바로 참회론과 지관수행론, 그리고 염불론이다. 그런데 막상 『기신론』과 『기신론소』에서는 참회론과 염불론에 대한 의미 있는 내용 설명이 보이지 않는다.

원효는 『기신론』의 이러한 저술 인연을 주석하면서 참회론과 지관수행론, 염불론 등을 동일한 비중으로 다루고 있는데, 정작 이렇게 실제 내용과 주석상에서는 참회론과 염불론의 주석을 생략하고 있는 것이다. 그러나 원효는 이러한 문제를 대치하기 위해서 『대승육정참회』라는 참회론을 저술하고 있으며, 아울러 염불수행을 통한 왕생의 길을 열어 놓고 있는 것이다.

Ⅴ. 마무리

본 연구는 한 인간이자 수행자였던 원효가 과연 시대 속에서 어떤 고민을 하고 어떤 수행을 하였을까?라는 소박한 관심에서 시작하였다. 원효는 그가 한국불교사에서 차지하는 사상적 비중만큼 수많은 연구가 이루어져 왔다. 이러한 연구성과에 의하여 사상에 대한 평가는 주로 화쟁사상을 중심으로 하는 화엄사상, 혹은 『기신론』을 중심으로 하는 여래장사상의 성격으로 파악되어 왔다. 그러나 그 동안의 연구에서는 수행체계에 대한 종합적인 연구는 이루어지지 않았다. 수행론에 관계된 기존의 결과물도 수행론 간의 상호관계나 체계성을 염두에 둔 논고이기보다는 각각의 내용에 대한 개별적 접근을 하고 있는 논문들이다. 수행론에 대한 각론적 연구는 수행론 간의 상호체계를 파악하기에 적절한 연구방법이 아니라고 할 수 있다.

여기에서는 그동안 연구된 성과들에 바탕하여 원효의 삶과 저술에 나타난 수행체계를 알아보고자 하였다. 연구를 진행하기 위해서는 수행론과 직접적인 관련이 되는 저술을 중심으로 해야 할 것이라는 판단으로 그의 저술 가운데에서 수행론과 직접적인 관련이 되는 내용을 추출해보았다. 그 결과 수행론 가운데 대략 지관수행론止觀修行論·참회론懺悔論·이장소멸론二障消滅論·일미관행론一味觀行論 등이 수행론의 핵심이라고 할 수 있다. 이로써 원효의 수행체계는 『기신론』의 수행체계를 중심축으로 구성되어 있음을 알 수 있으며, 사상적 논변만이 아닌 실제 수행을 위한 필요성에 의해서 구성되어졌다는 것을 알 수 있었다. 이러한 면으로 볼 때, 원효의 다양한 주석들은 그의 사상적

편력이 아니라 수행자로서 구체적 필요에 의해서 저술되어진 것으로 보인다.

이제는 원효의 수행체계가 현재의 시점에서는 어떤 의미가 있을 것인가를 고민하지 않을 수 없다. 1,400년 전에 이 땅에서 수행하면서 살았던 원효의 수행체계가 현재를 살아가는 우리들에게 무슨 의미가 있을지를 음미해보는 작업은 매우 의미가 있는 일이다.

참고문헌

경론류經論類

『대승기신론』

『성유식론』

『승만경』

『열반경』

소초류疏抄類

『금강삼매경론』

『기신론별기』

『기신론소』

『기신론의기』

『열반종요』

『원효성사전서』

단행본單行本

김상현, 『歷史로 보는 元曉』, 고려원

김영태, 『원효연구사료총록』, 장경각

남동신, 『영원한 새벽 원효』, 새누리

오대혁, 『원효설화의 미학』, 불교춘추사.

은정희, 『금강삼매경론』, 일지사.

은정희, 『대승기신론 소·별기』, 일지사.

望月信亨, 『講述大乘起信論』, 富山房

柏木弘雄, 『大乘起信論의 研究』, 春秋社

平川彰, 『大乘起信論』(佛典講座22), 厚德社

논문집論文輯

『원효성사의 철학세계』

『원효연구논총』

『원효연구집성』 1, 2, 3

『원효학연구』 1-5

『원효사상전집』 1-2, 불교춘추사

『한국화엄사상』, 불교문화연구원 편 『한국불교사상총서』4

논문류論文類

고익진, 「元曉의 華嚴思想」, (한국불교사상총서 4)

김수정, 「二障煩惱에 對한 硏究」, 동국대 석사논문, 1994

김종의, 「元曉의 思想體系에 觀한 硏究」, 부산대 박사학위논문, 1992

김준경, 「元曉의 敎判觀 硏究」, 동국대 박사학위논문, 1985

남동신, 「元曉의 敎判論과 그 佛敎史的 位置」, 서울대 석사논문, 1988

남동신, 「元曉의 大衆敎化와 思想體系」, 서울대 박사학위논문, 1995

서윤길, 「元曉時代의 新羅佛敎社會」, 『원효학연구』 1, 1996

은정희, 「起信論疏 · 別記에 나타난 元曉의 一心思想」, 고려대 박사학위논문, 1982

은정희, 「大乘起信論에 대한 元曉說과 法藏說의 比較」, 『태동고전연구』, 10집, 1993

은정희, 「元曉의 三細 · 阿黎耶識說의 創案」, 『원효연구논총』, 국토통일원조사연구실.

은정희, 「元曉의 中觀 · 唯識說」, 『서울교대논문집』 18

이평래, 「如來藏說과 元曉」, 『원효연구논총』, 국토통일원, 1987

전해주, 「元曉의 華嚴思想」, 『한국불교학』 22집

최유진, 「元曉의 一心」, 『철학논집』 4, 1988. 11

최유진, 「元曉의 和諍思想硏究」, 서울대박사학위논문, 1988.

本井信雄, 「新羅元曉의 傳記에 대하여」, 『大谷學報』 41-1

竹村牧男, 「大乘起信論의 心識說에 대하여」, 『印佛硏』 31-2

원효의 제7말나식관*

김성철(금강대학교)

Ⅰ. 서론

본고는 원효의 『대승기신론별기』(이하 『별기』)와 『이장의』, 그리고 『대승기신론소』(이하 『소』)에 나타난 제7말나식 개념과 그 인식대상에 관한 고찰이다. 제7말나식은 제8알라야식과 더불어 유가행파가 창안한 새로운 식이다. 원효는 『대승기신론』(이하 『기신론』)을 주석하면서, 그 심식설을 현장계 유가행파의 8식설로 해설하고 있다. 이는 제7식을 배제하는 법장의 주석과 뚜렷이 구분되며, 그 중심에는 제7말나식 문제가 자리 잡고 있다.

---

* 이 논문은 『불교학연구』 42호(불교학연구회, 2015)에 실린 것을 수정하고 보완한 것이다. 이 논문은 2007년 한국정부(교육과학기술부)의 재원으로 한국연구재단의 지원을 받아 수행한 연구이다(NRF-2007-361-AM0046).

원효는 『기신론』에 등장하는 지상/지식을 현장계 유식학파의 8식설 중 제7말나식으로 주석한다. 나아가, 단지 『기신론』의 지상/지식을 제7말나식으로 주석할 뿐 아니라, 제7말나식의 인식대상에 대해서도 이증과 경증을 총동원하여 심혈을 기울여 논증하고 있다. 그의 주장은 말나식이 알라야식 자체만이 아니라 거기에 현현하는 모든 법을 인식대상으로 한다는 것이다. 이 점은 이후 확립되는 현장계 유식학파의 정설과도 일치하지 않는다. 현장계 유식학파의 정통설에서 제7말나식은 알라야식을 근거로 하여, 그리고 알라야식을 인식대상으로 하여 발생하는 것이지, 대상인식에 관여하는 것은 아니기 때문이다.

본고는 이와 같은 독특한 제7말나식 개념의 소재가 된 텍스트와 사상을 추적하고, 그 의의를 살펴보고자 한다. 이를 위해 본고는 원효가 사용한 용어법을 실마리로 『성유식론』 이전에 현장이 번역한 유가행파 문헌, 특히 『유가사지론』, 『유가사지론석』, 『현양성교론』, 『대승아비달마잡집론』 등을 고찰한다.

Ⅱ. 유가행파의 심식설

본격적으로 원효의 제7말나식관을 살펴보기에 앞서 유가행파 일반의 심식설을 간략히 살펴보자.

초기불교 이래 주류불교 전통은 식을 모두 여섯 종류로 분류한다. 안근眼根과 색경色境이 만날 때 발생하는 안식眼識, 이근耳根과 성경聲境이 만날 때 발생하는 이식耳識, 비근鼻根과 향경香境이 만날 때 발생하는 비식鼻識, 설근舌根과 미경味境이 만날 때 발생하는 설식舌識, 신근身根

과 촉경觸境이 만날 때 발생하는 신식身識, 의근意根과 법경法境이 만날 때 발생하는 의식意識이 그것이다. 이 여섯 가지 식은 6식신識身이라고 불리며, 5온蘊 중 식온識蘊을 구성한다.

이 여섯 가지 식 중 전5식은 전5근과 동시에 존재하지만, 의근이 만약 의식과 동시에 존재한다고 인정할 경우에는 약간의 문제가 발생한다. 물질적 감각기관인 전5근과는 달리 의근은 정신적 감각기관이다. 따라서 만약 의근이 제6의식과 동시에 존재한다면 한 찰나에 두 개의 마음이 존재하게 된다. 한 찰나에 두 개 이상의 마음이 동시에 존재하는 것을 허용하지 않는 설일체유부 교학에서는 의근을 한 찰나 전에 소멸한 6식 중 어느 하나로 정의함으로써 이 문제를 해결했다. 다시 말해 물질적 감각기관인 전5근과는 달리 정신적 감각기관인 의근은 의식과 동시에 존재하는 것이 아니라 한 찰나 전에 존재하는 감각기관이다. 설일체유부 교학에서는 6식신과 의근을 합해 7심계心界라고 일컫는다.

이에 대해 유가행파에서는 말나식과 알라야식을 더한 8식설을 주장한다. 그렇다면 유가행파는 왜 전통적인 6식설에 대해 8식설을 주장했을까? 다시 말해 유가행파가 기존의 전통설에 더해 알라야식과 말나식을 새롭게 도입한 이유는 무엇일까? 알라야식의 기원과 그 도입의 배경에 대해서는 아직까지도 명확한 정설은 없다. 이하에서는 알라야식에 관한 가장 체계적이고 방대한 연구로 손꼽히는 슈미트하우젠의 연구[1]에 따라 알라야식의 도입과 발전 과정을 약술하는 방식으로 알라야식설의 개요를 제시하고자 한다.

---

1 Schmithausen(1987); 김성철(2010); 김성철(2015: 181-186).

슈미트하우젠은 『유가사지론』 「본지분」 중 〈삼마희다지〉에 나타난 다음과 같은 구절을 주목한다.

"〔어떤 사람이〕 멸진〔정〕(nirodha(samāpatti))에 들어갔을 때, 그의 마음과 심리적 〔요소들은〕 중지한다. 그 경우 어떻게 〔그의〕 마음(vijñāna)은 〔그의〕 몸으로부터 떠나지 않는가?
〔답: 아무 문제도 없다.〕 왜냐하면 그의 〔경우에는〕 알라야식이 손상되지 않는 물질적인 감각능력 속에서 〔존재하기를〕 멈추지 않기 때문이다. 〔알라야식은〕 생기하는 〔형태의〕 마음(轉識, pravṛttivijñāna)의 종자로 구성되어(현행식의 종자를 소유하고/받아들이고) 있고 따라서 그 〔현행식〕들은 미래에(즉 멸진정으로부터 나온 후에) 다시 생겨나게 되어 있다."[2]

이 구절에는 종래의 6식과는 다른 새로운 식을 도입해야 할 필연성과 '알라야식'이라는 명칭을 사용한 이유가 나타난다. 슈미트하우젠은 이 문장을 '도입문'이라고 부르고, 알라야식이 최초로 도입된 장면 혹은 적어도 그 흔적을 보여주고 있다고 간주한다. 그에 따르면 이 구절에 나타나는 알라야식은 모든 마음과 마음작용이 소멸한 선정인 멸진정에서 나온 후, 새로운 마음이 발생하는 이유를 설명하기 위해 도입된 것이다. 다시 말해 알라야식은 모든 마음이 사라진 멸진정이라고 하는 특수한 선정의 전후를 잇는 '가교(gab-bridge)'로 도입된 것이다. 이때 알라야식의 의미는 '신체에 부착하는 식'이었다.

---

2 Schmithausen(1987, § 2.1 + n.146); 김성철(2010: 19-20).

이와 같이 특수한 선정 체험 이후 발생하는 마음을 설명하기 위해 도입된 알라야식은 그 개념의 유용성으로 인해 멸진정과 유사한 다른 무심의 상태, 곧 무상정無想定과 무상천無想天뿐 아니라 탄생과 죽음의 순간 등에도 적용되어 간다. 나아가 일체종자식一切種子識 개념을 흡수하여, 알라야식은 전6식이 사라진 상태뿐 아니라 전6식이 활동하고 있는 상태에서도 존재하는 식이 된다. 무심의 상태 전후를 잇는 가교가 아니라 일생 동안 존재하는 연속성을 획득하게 된 것이다. 이는 멸진정 등 무심의 상태뿐 아니라 일생 동안 신체를 유지하는 식으로서의 성격을 획득했다는 것을 의미한다.

연속성을 획득한 알라야식은 무색계에서도 존재하는 것이 인정되어 마침내 신체와 독립해서 존재하는 식으로서의 성격, 곧 독립성을 획득한다. 연속성과 독립성을 획득한 알라야식은 더 이상 신체에 의존하는 식이 아니라, 신체를 대신하여 중생의 소의로 간주되게 되었다.

이상과 같이 알라야식은 멸진정 등 무심의 상태에서 나아가 일생을 거쳐 신체를 유지하는 긍정적인 성격을 가진 것이었다. 그러나 불교의 기본적 세계관에서 중생은 무상하고 고통으로 가득찬 것, 혹은 유가행파의 술어로 말하면 뿌리 깊은 악습(麤重)을 동반하는 것이다. 유가행파는 추중을 종자種子와 동일시하였고, 종자를 보관하는 용기 혹은 종자의 총체인 알라야식은 필연적으로 부정적 성격을 갖게 된다. 이에 따라 알라야식은 모든 잡염의 근본으로 간주되고, 신체를 대신하여 아견의 대상이 된다. 이 단계에서 알라야식의 어의는 '모든 잡염법이 결과로서 혹은 원인으로서 부착하는 식, 자아로서 집착되는 식'이라는 의미로 재해석된다.

그러나 한편, 출세간법의 종자도 알라야식에 있는 것이라고 간주되자, 잡염의 근본인 알라야식에 청정의 원인을 포함시키는 모순이 발생하게 된다. 이러한 모순에 대해 유가행파는 알라야식이 가진 부정적인 측면 중 잡염의 근본이라는 기능을 말나식으로 이전함으로써 해결한다. 다시 말해 말나식은 알라야식의 부정적 성격을 해소하기 위해 알라야식 이후에 도입된 식이다. 이렇게 도입된 말나식은 알라야식을 대상으로 하여, 그것을 자아라고 착각하는 식으로 정의된다. 이 과정에서 알라야식의 성격은 열반을 방해하지 않고 도덕적으로 중성인 것(無覆無記)으로, 말나식의 성격은 도덕적으로 중성이긴 하나 열반을 방해하는 것(有覆無記)으로 규정된다. 또한 말나식은 한 찰나 전에 사라진 무간멸의無間滅意라는 전통적 의미의 의근에 더해 제6의식과 동시에 존재하는 구유의俱有依로서 의근의 역할을 담당하게 된다. 유가행파는 의근을 두 가지로 분류한 것이다. 말나식에 대해서는 다시 후술한다.

이상의 발전 과정을 거친 알라야식은 어디까지나 종자를 갈무리하고 그것을 내생에 넘겨주는 역할을 하는 것이다. 여기에 더해 알라야식이 진정한 식으로서 성립하기 위해서는 대상을 인식하는 기능과 함께 심작용을 동반해야 한다. 이에 따라 알라야식은 신체와 환경세계(器世間)를 미세한 방식으로 인식한다고 간주된다. 나아가 가장 보편적이고 기본적인 다섯 가지 심작용, 곧 접촉(觸), 주의력(作意), 느낌(受), 개념화(想), 의지(思)를 동반하는 것으로 간주된다.

이와 같은 과정을 거쳐 알라야식은 마침내 유식삼십송(2cd-5ab)이 정의하는 완성된 형태에 도달하게 된다.

Ⅲ. 『대승기신론』의 심식설

이러한 유가행파의 심식설과는 달리 『기신론』의 심식설은 현저한 변용의 양상을 보인다. 여기서는 『기신론』 자체의 심식설을 간단히 확인해 두고자 한다.

『기신론』의 심식설은 심생멸문 중 지말불각의 이른바 3세細 6추麤를 설하는 부분과 생멸인연 부분에 집중적으로 나타난다. 양자는 기본적으로 대응하는 내용이다. 편의상 후자를 중심으로 살펴본다. 후자에 나타나는 심식설은 심·의·의식이라는 형태로 설해진다.[3]

먼저 심心이란 불생불멸과 생멸이 화합하여 하나도 아니고 다른 것도 아닌 것으로서 아리야식이라고 정의된다.[4] 의意는 『기신론』에서만 나타나는 독특한 개념이다. 유가행파가 의를 무간멸의와 염오의를 포함하는 두 종류의 의근으로 정의하는 데 반해,[5] 『기신론』은 업식業識·전식轉識·현식現識·지식智識·상속식相續識 등 5의意로 분류한다.[6] 이 5의는 3세 6추 중 차례대로 무명업상無明業相·능견상能見相·경계상境界相·지상智相·상속상相續相에 대응한다. 마지막으로 5의 중 상속식이

---

3 유식계통의 문헌을 포함한 일반적인 용어법으로는 심·의·식(citta-mano-vijñāna)이라는 묶음이 많이 사용된다. 竹村(1985: 272)에 따르면 한역 심·의·의식(citta-mano-manovijñāna)이라는 용어법은 『능가경』에서 유래하는 것이며, 지론학파에서 많이 나타난다.

4 『대승기신론』(대정장 32, 576b7-9), "心生滅者, 依如來藏故, 有生滅心. 所謂, 不生不滅與生滅和合, 非一非異, 名爲阿梨耶識."

5 『섭대승론본』(대정장 31, 113c5-7), "意有二種. 第一 … 無間滅識 … 第二染汚意."

6 『대승기신론』(대정장 32, 577b4-13)

의식이라고 정의된다.[7]

『기신론』의 독특한 설인 5의는 마음의 전개과정을 다섯 단계로 고찰한 것으로서 아리야식과 의식 개념도 포함하고 있는 것이다. 그러나 『기신론』 자체의 심식설에서는, 『기신론』 자체의 맥락을 중시한다면, 제7식설은 나타나지 않는다.[8]

이와 같은 『기신론』의 독특한 식설은 기본적으로 『능가경』에 기반해 있다고 지적되어 있다.[9] 여기서 한 가지 지적해 두어야 할 점은 『기신론』의 소의경전이라고 간주되는 『능가경』에서도 제7식에 대해 명확히 설하지 않는다는 것이다. 『능가경』은 표면적으로는 8식설을 설하고 있고, 제7식을 말나(manas)라고 열거하기도 한다. 그러나 그 제7식 말나식에 대해 어떤 명확한 규정이나 설명도 제공하지 않는다(高崎 1980: 57; 139f. 등).[10]

Ⅳ. 고주석가들에 의한 『기신론』 심식설과 8식설의 대응관계

문제는 이러한 『기신론』의 심·의·의식설과 유가행파 8식설의 대응관계다. 『기신론』 자체에서는 이와 같은 대응관계가 불명확하여 주석자에 따라 그 대응관계가 달라지기 때문이다. 우선 담연의 경우 3세에

---

7 『대승기신론』(대정장 32, 577b24), "復次言意識者, 即此相續識."

8 竹村(1985: 245f.) 참조.

9 『기신론』과 『능가경』의 식설에 대해서는 竹村(1985: 272-280); 大竹(2003) 참조.

10 정통 유가행파 문헌 중에도 알라야식을 인정하면서 말나식을 언급하지 않는 문헌으로 『해심밀경』을 들 수 있다.

대한 언급은 명확하지 않고, 지상 및 상속상을 포함한 6추 전부를 의식의 작용으로 간주한다.[11] 혜원은 심·의·의식을 각각 제8식, 제7식, 제6식에 대응시키고, 5의 전체를 제7식이라고 간주한다.[12] 하지만 혜원은 제7식을 생멸심 혹은 망식이라고 규정할 뿐, 그것의 명칭에 대해서는 언급하지 않는다.[13]

이에 대해 원효와 법장은 업식·전식·현식에 해당하는 무명업상·능견상·경계상을 아리야식에 배당한다.[14] 또한 법장은 지식과 상속식을 사식事識의 미세한 양태라고 간주함으로써 지식 또한 의식에 포함시킨다.[15] 오직 원효만이 이 지식을 제7식, 나아가 제7말나식에 배당한다.

『기신론』 자체가 제7식을 설하지 않는 점, 그리고 그것의 소의경전인 『능가경』이 제7식을 중시하지 않는 점에 비추어 볼 때, 원효가 『기신론』의 심식설을 주석하면서 제7말나식을 설정하는 것은 대단히 독특하다. 게다가 원효는 말나식의 인식대상을 논하면서 매우 특이한 주장을

---

11 박태원(1994: 38) 참조. 박태원은 담연이 3세를 제7식에 배대하고 있다고 해석한다.

12 『대승기신론의소』(대정장 44, 181a7-c6). 박태원(1994: 48) 참조.

13 『대승기신론의소』(대정장 44, 128b25-26), "有生滅心者是第七識也."; 『대승기신론의소』(대정장 44, 188a25), "二者妄識心. 謂第七識." 이에 대해 『대승의장』 「팔식의」(대정장 44, 524c2: 七者阿陀那識)에서는 제7식을 아다나식이라고 규정한다. 제7식을 아다나식이라고 간주하는 것은 섭론학파의 영향으로 볼 수 있다. 혜원의 심식설에 대해서는 김성철(2014: 243-245) 참조.

14 『대승기신론소』(대정장 44, 212b24-25), "如是現相既在本識. 何況其本轉相業相. 反在六七識中說乎."; 『대승기신론의기』(대정장 44, 262c25-26), "此之現相常在本識. 何況轉相業相在六七識耶."

15 『대승기신론의기』(대정장 44, 265a29-b1), "第四智識者. 是事識內細分別."; 『대승기신론의기』(대정장 44, 265b6-7), "第五相續者. 亦是事識中細分."

펼치고 있다. 말나식이 일체법을 인식대상으로 한다고 주장하는 것이다. 이 주장은 비교적 초기저작인[16] 『별기』와 『이장의』, 『소』를 통해 일관되게 표명된다. 이하에서는 이 세 논서 중 『별기』와 『소』를 중심으로 원효의 주장을 자세히 살펴보고자 한다.

Ⅴ. 『별기』와 『소』에서 제7말나식 문제

원효의 『별기』와 『소』에서 제7식 개념이 나타나는 중요 부분은 다음과 같다.

① 심생멸문에서 시각을 생주이멸이라는 4상의 관점에서 논하는 중 주상住相 부분.[17]
② 심생멸문에서 불각을 3세 6추의 관점에서 논하는 중 지상智相 부분.[18]
③ 심생멸문에서 5의意를 설명하는 중 지식智識 부분.[19]

---

16 『기신론별기』와 『이장의』, 그리고 『기신론소』는 『성유식론』(659년 역)을 인용하지 않아, 659년을 하한선으로 볼 수 있다. 또한 저술 상호간의 인용관계에 근거해 보면, 『기신론별기』 → 『이장의』 → 『기신론소』 순서로 저술된 점을 확인할 수 있다. 원효 저작의 저술순서에 대해서는 石井(1996〔1990〕: 195-197), 남동신(1999: 181-194), 福士(2004: 172-180) 참조.

17 『별기』(대정장 44, 231a22-26); 『소』(대정장 44, 209b21-25).

18 『별기』(대정장 44, 234a28-c18); 『소』(대정장 44, 212c2-213a6).

19 『별기』(대정장 44, 236a1-3); 『소』(대정장 44, 214a8-11).

이 중에서 ②는 제7식의 인식대상 문제를 포함하여 가장 자세하게 제7식 개념을 다룬다. 본고에서는 이 부분을 중심으로 원효의 제7식 개념을 살펴본다. 한편 『이장의』에서 제7식 개념이 나타나는 중요 부분은 다음과 같다.

① 현료문의 입장에서 번뇌의 본질을 8식으로 구분하는 부분.[20]
② 총괄적으로 결택하는 중 다섯 번째 문답 부분.[21]

이 중 ①은 8식 각각에 어떤 번뇌가 결합하는가를 설명하고, 말나식의 인식대상을 논한다. ②는 말나식의 인식대상을 논증하는 부분이다. 이 부분은 위 『별기』 및 『소』의 ②와 밀접히 연관되어 있다.

1. 4상의 주상과 제7식

『기신론』에서 4상은 심생멸문 중 아리야식의 '각의覺義'를 설하는 중에 나타난다.[22] 이 부분에서는 깨달음의 과정이 불각에서 상사각과 수분각을 거처 구경각에 이르는 네 단계로 설명된다. 그것은 각각 범부, 이승 및 초발의보살, 법신보살, 보살지진菩薩地盡 단계에 해당한다. 이 네 단계에서 관찰대상은 차례대로 전념의 악, 염이念異 곧 염에 이상異相이 없는 것, 염주念住 곧 염에 주상住相이 없는 것, 마음이 최초로 생기하는 것 곧 마음에 초상初相이 없는 것이다. 각 단계에서는

20 『이장의』(한불전1, 790a23-c6).
21 『이장의』(한불전1, 812c15-813a21).
22 『기신론』(대정장 32, 576b18-26).

또한 그에 해당하는 단멸 혹은 분리의 대상이 있다. 이를 도표화하면 다음과 같다.

관찰 주체	관찰 대상	관찰의 이익	관찰 단계
범부	前念의 惡	후념의 악을 정지함	불각
이승/초발의보살	念異/염에 異相이 없는 것	추분별집착상을 버림	상사각
법신보살	念住/염에 住相이 없는 것	분별추념상과 분리됨	수분각
菩薩地盡	마음의 최초 생기/마음에 初相이 없는 것	미세념과 분리됨	구경각

『기신론』 본문에서는 4상 전체의 명칭이 모두 등장하지는 않으나, 혜원 이래 여러 주석은 이 부분을 생주이멸이라는 유위 4상의 용어를 빌려 설명하고 있다. 이에 따르면 불각은 멸상에, 상사각은 이상에, 수분각은 주상에, 구경각은 생상에 각각 해당한다. 이 4상에 대해 원효와[23] 법장은[24] 각각 다음과 같이 배당한다.

4상	원효	법장
생상	업상, 전상, 현상(=아리야식)	업상
주상	아치, 아견, 아애, 아만(=제7식)	전상, 현상(이상 아리야식), 지상, 상속상
이상	탐, 진, 치, 만, 의, 견(=생기식)	집취상, 계명자상
멸상	신구의 7지 악업	기업상(=7지악업)(이상 분별사식)

법장의 경우, 4상과 관계를 지말불각의 전개과정인 3세 6추에서 마지막 업계고상을 제외한 나머지 8상으로 설명하고 있다.[25] 이에 비해

23 『별기』(대정장 44, 231a12-b5), 『소』(대정장 44, 209b11-c4).

24 『의기』(대정장 44, 257b6-c18; 262c26-29).

원효는 생상을 3세 6추 중 아뢰야식에 해당하는 3세에 배당하지만, 주상과 이상에 대해서는 각각 제7식과 결합하는 네 가지 번뇌 및 생기식과 결합하는 6수면에 배당한다. 3세 다음에는 6추의 배당이 예상되는 문맥에서 제7식 및 생기식과 결합하는 번뇌를 배당하는 것은 다소 어색하다. 게다가 아치, 아견, 아애, 아만이라는 번뇌의 명칭은 원효가 참조 가능했던 현장 역 유식경론 중『현양성교론』(645년 역) 혹은『대승아비달마잡집론』(646년 역)에 가까운 것으로 보인다.[26] 여기서 이미 원효는『기신론』의 심식설을 현장계 유식학파의 입장에서 이해하고자 하는 의도를 분명히 드러내고 있다.

---

25 吉津(1980; 1990; 1991)와 그의 견해를 이은 박태원(1994: 140; 148f. 등)은 법장이 기신론 주석 과정에서 제7식을 배제한 이유 중 한 가지로 그의 종파적 의도를 들고 있다. 현장계 유식학파설을 여래장사상과 화엄사상의 하위에 두려고 하는 의도에서 비롯된 것이라는 주장이다. 이러한 법장의 종파적 의도를 전적으로 부정할 수는 없을 것이다. 그러나 竹村(1985: 245f.)에 따르면『기신론』자체는 제7식을 설하고 있지 않다. 따라서 오히려 법장의 주석이『기신론』본문의 의도와는 더 가깝다.

26『현양성교론』(대정장 31, 480c23-24), "意者. 謂從阿賴耶識種子所生還緣彼識. 我癡我愛我我所執我慢相應.";『대승아비달마잡집론』(대정장 31, 702a6-7), "意者謂一切時緣阿賴耶識思度爲性. 與四煩惱恒相應, 謂我見我愛我慢無明."『별기』와『소』에서 말나식과 상응하는 네 번뇌의 열거 순서가 아치·아견·아애·아만인 것은 다소 특이하며, 위 두 논서의 순서와도 정확히 일치하지 않는다. 진제 역『섭대승론석』(대정장 31, 158a28-b2)에서는 아다나식과 결합하는 네 번뇌의 명칭은 身見, 我慢, 我愛, 無明 순서로 열거되며, 이는 현장 역『섭대승론본』(대정장 31, 133c18-19)에서도 동일하다. Schmithausen(1987: 442, n.943)은 무명을 아치로 대치하고, 가장 앞에 열거하는 것은 그가 말하는 "역사적" 과정에서는 다소 후대의 경향이라고 지적한다.

2. 6추의 지상과 제7말나식

『기신론』은 지말불각이 전개하는 과정을 모두 아홉 단계로 분석하고 있다. 먼저 불각 곧 무명에 의거하여 3상相, 곧 무명업상無明業相과 능견상能見相 그리고 경계상境界相이 있다. 이를 이른바 3세細라고 한다. 3세 중 마지막인 경계상에 의거하여 다시 6상, 곧 지상智相·상속상相續相·집취상執取相·계명자상計名字相·기업상起業相·업계고상業繫苦相이 있다. 이른바 6추麤다. 『기신론』은 6추의 첫 번째인 지상을 다음과 같이 정의한다.

> 〔6추 중〕 첫째는 지상이다. 〔3세 중〕 경계〔상〕에 의거하여 마음이 일어나 애착〔의 대상(愛)〕과 혐오〔의 대상(不愛)〕를 분별하기 때문이다.[27]

지상은 5의 중 네 번째 지식智識과 대응한다.

> 〔5의 중〕 넷째는 지식이라고 이름한다. 이른바 염정법染淨法을 분별하기 때문이다.[28]

두 정의를 종합하면, 지상 곧 지식은 3세 중 경계상에 대해 그것이 애착의 대상인지 혐오의 대상인지 혹은 염오된 대상인지 청정한 대상인

---

27 『대승기신론』(대정장 32, 577a13-14), "一者, 智相. 依於境界心起分別愛與不愛故."

28 『대승기신론』(대정장 32, 577b11-12), "四者, 名爲智識, 謂分別染淨法故."

지 분별하는 작용 혹은 주체다. 원효와 법장의 견해대로 3세를 아리야식에 해당하는 것으로 간주한다면, 지상 혹은 지식은 아리야식에서 현현하는 대상을 애·불애 혹은 염·정으로 분별하는 작용 혹은 주체를 가리킨다.

원효의 독창적 해석은 이 지상을 제7식 나아가 제7말나식으로 간주하는 데 있다.[29] 먼저 원효는 『능가경』의 경문을 빌어 6추 전체가 7식 전체에 해당한다는 것을 자기 주장의 전제로 삼는다.[30] 이어서 그는

---

29 원효는 『별기』에서는 단순히 제7식이라고만 한다. 제7식을 말나식이라고 명확히 규정하는 것은 『이장의』(한불전1, 790b2; 812c15f.)와 『소』(대정장 44, 212c12f.)부터다. 그러나 제7식에 관해서는 『별기』와 『이장의』 및 『소』가 동일한 내용을 갖고 있다는 점에서, 원효는 『별기』를 저작할 당시부터 제7식을 현장계 유식학파에서 주장하는 말나식으로 명확히 인식하고 있었던 것으로 보인다.

30 『별기』(대정장 44, 234a25-26), "如經本說. '境界風吹動. 七識波浪轉'. 正謂此也."; 『소』(대정장 44, 212b28-29), "是釋經言, '境界風所動, 七識波浪轉'之意也." 이 구절은 『별기』(대정장 44, 234c16-17)와 『이장의』(한불전1, 813a14-15)에서 다시 한 번 제7식이 알라야식뿐 아니라 모든 경계를 인식대상으로 한다는 사실을 논증할 때, 성언량으로 인용된다.
그러나 이 문장은 현존하는 『능가경』 구절과 비교하면 약간의 차이가 있다. 이 문장은 원효 이후의 저작인 『석마하연론』(대정장 32, 627c23-24)과 양관의 『인왕경소』(대정장 33, 460c23-24)에도 『능가경』 문장으로 인용되어 있다. 하지만 현존하는 4권본과 10권본 『능가경』에는 동일한 문장이 나타나지 않는다. 4권본 『능가경』과 10권본 『능가경』에 나타나는 구절은 각각 다음과 같다. "藏識海常住 境界風所動 種種諸識浪 騰躍而轉生"(대정장 16, 484b11-12); "梨耶識亦爾 境界風吹動 種種諸識浪 騰躍而轉生"(대정장 16, 523b21-22). 이 구절은 현존하는 산스크리트본과도 일치한다. LAS 46,5-6: ālayaughas tathā nityaṃ viṣayapavaneritaḥ / citrais taraṅgavijñānair nṛtyamānaḥ pravartate. 다시 말하면, 현존하는 4권 및 10권 『능가경』에는 '七識'이 아니라 '種種諸識'이라고 되어 있는 것이다.

지상을 제7식에, 다음 4상을 식온·수온·상온·행온 등의 4온에, 마지막 1상을 그로부터 발생하는 과보에 배당한다.[31] 이는 전형적인 현장계 유식학파의 8식설로 『기신론』을 주석하는 것이다. 그렇다면 원효가 지상을 제7말나식이라고 규정하는 근거는 무엇인가? 그는 다음과 같이 말한다.

> 〔『기신론』 본문에서〕 "지상"이라고 말한 것은 제7식이니 추상麤相 가운데 처음이다. 처음으로 혜慧〔심소〕와 결합하여 아·아소를 분별하기 때문에 지상이라고 이름한다.[32]

원효는 지상이 제7식인 이유를, 그것이 아·아소를 분별하기 때문이

하지만 『능가경』의 심식설에서 알라야식을 제외한 식들은 7식 전체를 가리킨다는 점에서 의미상으로는 차이가 없다고 볼 수 있을 것이다.

『능가경』은 표면적으로는 8식설을 설하고 있고, 제7식을 말나(manas)식이라고 열거하기도 한다. 그러나 高崎(1980: 57; 139f. 등)에 따르면, 『능가경』은 제7식 말나식에 대해 어떤 명확한 규정이나 설명도 제공하지 않는다. 이 점에서 이 경문의 인용은 제7식 말나식의 존재와 기능을 증명하기 위해 인용하는 것은 설득력이 떨어진다.

31 『별기』(대정장 44, 234a26-28), "六相中. 初一相. 是第七識. 次四相. 是生起識四陰. 後一相. 是行陰爲因. 所生果報."; 『소』(대정장 44, 212b29-c2), "次別釋中. 初之一相. 是第七識. 次四相者. 在生起識. 後一相者. 彼所生果也."

32 『별기』(대정장 44, 234a28-29), "言智相者. 此第七識麤中之始. 始與惠相應分別我我所故. 名智相." 『소』(대정장 44, 212c2-3)의 내용도 거의 동일하다. "初言智相者. 是第七識麤中之始. 始有慧數分別我塵. 故名智相."; 지상과 대응하는 5의 중 지식에 관해서도 원효(『별기』(대정장 44, 263a1-3); 『소』(대정장 44, 214a8-11)는 동일하게 아·아소를 분별하기 때문에 제7식이라고 정의하고 있다.

라고 주석한다. 세분하면 선도에 있을 경우와 악도에 있을 경우로 나누고, 선도에서는 애착의 대상을 분별하여 아·아소로 삼고, 악도에서는 혐오의 대상을 분별하여 아·아소로 삼는다고 한다.[33] 갖추어서 말하면 자아로 분별되는 대상은 능견상 혹은 본식이고 아소로 분별되는 대상은 능견상 혹은 본식에 나타나는 대상이지만, 『기신론』 본문에서는 거칠게 나타나는 것만을 말하기 때문에 단순히 경계에 의거해서 마음이 발생한다고 했다는 것이다.[34]

그러나 지상에 대해 아·아소를 분별하는 식이라고 간주하는 것은 『기신론』 본문과 일치하지 않는다. 위에서 보았듯이 『기신론』 본문에서는 지상이 대상을 애·불애로 분별하는 것이라고 규정되고 있기 때문이다. 게다가 『기신론』 자체는 심·의·의식에 대한 설명에서, 아·아소에 대한 분별 기능을 명확히 의식에 귀속시키고 있다. 이때 의식은 5의 중 상속식으로 정의되며 6추의 상속상에 대응한다.

> 또 〔위에서 심·의·의식이라고 설한 것 중에서〕 '의식'이라고 한 것은 〔직전에 설한 5의 중 바로〕 이 상속식이다. 모든 범부의 취착이 점점 깊어지고, 아·아소를 계탁하여 다양하게 망집하며, 대상에 따라 〔그 대상을〕 인식대상으로 하여 6진을 분별하는 데 의거하여 의식이라고 이름한다.[35]

---

33 『별기』(대정장 44, 234b4-6); 『소』(대정장 44, 212c5-7)

34 『별기』(대정장 44, 234b6-8); 『소』(대정장 44, 212c7-10)

35 『별기』(대정장 44, 34b6f.); 『소』(대정장 44, 212c8f.). 이와 같이 지상이 자아뿐 아니라 아소도 분별한다는 것은 아래에서 보듯 말나식이 모든 법을 인식대상으로

의식을 상속식으로 간주하고 그 기능 중 하나를 아·아소의 분별로 규정하는 이 구절에 대해 원효는 무시에 가까운 태도를 보인다. 『별기』에서는 의식을 정의하는 이 단락 전체에 대한 주석을 결여하고 있으며, 『소』에서도 "의"와 "의식"의 의미 차이에 대한 주석 외에 "아·아소를 계탁"한다는 구절을 포함한 위 인용문에 대한 주석은 하지 않는다.[36]

원효는 『기신론』의 심식설을 현장계 유식학파의 8식설로 해석하는 과정에서, 그 해석이 『기신론』 본문과 명확히 불일치하는 것에 대해서는 의도적으로 침묵하고 있는 것이다.

Ⅵ. 제7말나식의 인식대상

반면, 제7말나식의 인식대상에 관한 논의에 그는 대단히 심혈을 기울이고 있다. 이 부분은 원효가 논리학에 대한 관심도 이미 초기저작 시기부터 갖고 있었음을 보여준다. 그는 말나식의 인식대상에 알라야식 자체뿐 아니라 거기에 현현하는 대상도 포함시킨다. 그 이유는 명확하다. 『기신론』 본문에 따르면 지상은 경계상에 의거하여 발생하기 때문이다. 게다가 지상에 대한 주석에서 원효는 지상이 자아뿐 아니라 아소도 분별한다고 규정하고 있기도 하다. 자아로 분별되는 것이 알라야식

한다는 것을 논증하는 것과 밀접히 관련되어 있다.

36 『소』(대정장 44, 214b19-22), "次釋意識. 意識卽是先相續識. 但就法執分別相應生後義門. 則說爲意. 約其能起見愛煩惱從前生門. 說名意識. 故言'意識者卽此相續. 乃至分別六塵名爲意識'."

자체라면, 아소로 분별되는 것은 거기에 현현하는 모든 대상이어야 한다는 것은 충분히 수긍할 수 있는 논리다. 원효는 그것을 거울과 거울에 비친 영상이 분리되지 않는 것과 같다고 설명한다.[37]

1. 제7말나식의 인식대상에 대한 이증

그는 경증과 이증이라는 전형적인 논증 방식을 통해 제7말나식이 알라야식 자체뿐 아니라 거기에 현현하는 대상도 인식한다는 주장을 증명하고자 한다. 이 논증은 『별기』와 『이장의』 및 『소』를 통해 일관되게 유지되며, 본질적으로 동일하다. 경증과 이증 중 이증에 해당하는 논증식은 다음과 같다.

> 주장명제: 의근(=제7식)은 반드시 의식과 같은 인식대상을 가진다.
> 이유명제: 〔의근은 의식의〕 개별적인 감각기관(不共所依)이기 때문이다.
> 긍정적 실례명제(隨同品言, *sapakṣānugamavacana): 모든 불공소의는 능의와 동일한 대상을 가진다. 안근과 같다.
> 부정적 실례명제(遠離言, *vyatirekavacana): 만약 동일한 인식대상을 가지지 않는다면 반드시 불공소의가 아니다. 직전에 소멸한 〔6식 곧〕 의근(次第滅意根)이 〔의식의 불공소의가 아닌 것〕과 같다.[38]

---

37 『별기』(대정장 44, 234b9-10); 『소』(대정장 44, 212c10)

38 『별기』(대정장 44, 234b15-19), "此意根. 必與意識. 同緣境界. 是立宗也. 爲彼意識不共所依故. 是辨因也. 諸是不共所依. 必與能依同境. 如眼根等. 是隨同品言也. 或不同緣者. 必非不共所依. 如次第滅意根等. 是遠離言也."; 『이장의』(한불전 1, 812c18-22); 『소』(대정장 44, 212c14-18). 이 논증식의 형식과 용어는 현장 역

이 논증식이 가진 논리학적 문제의 검토는 본고의 주제를 벗어난다. 본고에서는 유가행파 교학, 특히 말나식과 관련하여 원효가 주로 참고한 것으로 보이는 현장계 유식학파의 문헌 내용에 근거하여 이 주장과 관련한 문제를 검토하고자 한다.

원효의 주장을 살펴보기 전에 먼저 '주류' 유가행파의 말나식설을 간략히 요약해 보자. 무착의 주저인 『섭대승론』에 따르면 의근은 두 종류다. 첫째는 직전에 사라진 식, 곧 무간멸의無間滅意로서, 현재 발생한 식의 등무간연等無間緣으로 기능한다. 무간멸의는 현재 찰나의 식이 발생하기 위한 토대가 된다. 둘째는 염오의다. 염오의는 유신견·아만·아애·무명과 항상 결합하며, 현재 식을 오염시키는 토대다.[39] 첫 번째 의근인 무간멸의가 전통적 의미에서 의근이라면,[40] 두 번째 의근인 염오의는 유가행파가 창안한 새로운 의근이다. 세친은 이 두 번째 의근을 '마나스라는 이름을 가진 식(mano nāma vijñāna)', 곧 '말나식末那識'이라 부른다.[41] 『섭대승론』에 따르면 염오의는 의식의 발생과 관련해서는 어떤 역할도 하지 않으며, 다만 의식을 유신견

『인명입정리론』(대정장 32, 11b19-23; NPr 2,7-12)에 기반한 것으로 보인다. 『인명입정리론』에 대해서는 이지수(2014〔1987〕: 475f.) 참조.

39 『섭대승론본』(대정장 31, 133c5-9), "此中意有二種. 第一與作等無間緣所依止性. 無間滅識能與意識作生依止. 第二染污意與四煩惱恒共相應. 一者薩迦耶見. 二者我慢. 三者我愛. 四者無明. 此卽是識雜染所依."; 長尾(1982: 89-94); 김성철 외(2010: 79) 참조.

40 『구사론』(대정장 29, 4b3), "由卽六識身 無間滅爲意."; AKBh 11,20: ṣaṇṇām anantarātītaṃ vijñānaṃ yad dhi tan manaḥ //17ab//

41 Triṃś 62,8: mano nāma vijñānaṃ //5cd//

등 자아의식과 관련된 번뇌로 물들이는 역할을 할 뿐이다. 설일체유부의 전통적 견해와 마찬가지로,[42] 주류 유가행파 문헌에서도 현재 찰나의 의식과 함께 대상인식 작용에 참여하는 것은 전통적 의미의 무간멸의다. 세친의 『유식삼십송』에 따르면 말나식은 "그것(=알라야식)을 근거로 하여, 그것(=알라야식)을 인식대상으로 발생"[43]할 뿐이기 때문이다.

이에 반해 원효는 의근, 곧 말나식이 반드시 의식과 동일한 대상을 가져야 한다고 주장한다. 말나식이 의식의 불공소의이기 때문이다. 전5식의 불공소의인 전5근이 전5식과 함께 대상인식에 참여하는 것과 같다.[44] 나아가 만약 말나식이 의식의 불공소의가 아니라면 의식이 발생할 수 없다. 이는 안근이 없다면 안식이 발생할 수 없는 것과 같다. 그는 이것을 불교의 가르침 자체에 위배(自教相違, *āgamaviruddha)되는 오류를 범한 것이라고 한다.[45]

원효는 의식과 동시에 그리고 배타적으로 활동하면서 대상을 인식하는 의근이 염오의라고 간주하는 듯하다. 불공소의로서 염오의는 의식을 발생시키는 것이기도 하다. 원효는 특히 '불공소의'라는 개념을 강조하여 전5식과 마찬가지로 의식만의 '불공소의'가 있어야 함을 주장한다.[46]

---

42 『구사론』(대정장 29, 13c25-26), "第六意根, 於能了別一切境識, 有增上用."; AKBh 39,7-8: manasaḥ punaḥ sarvārthopalabdhāv ādhipatyam.

43 Triṃś 62,7-8: tadāśritya pravartate / tadālambanaṃ //5bc//

44 『별기』(대정장 44, 234b20-23), "若言此意與意識不必(〈=心〉)同緣者. 亦可眼與眼識不必同境. 俱是不共所依故. 眼等識根. 旣不得爾. 無同類故. 義不得成." 이 구절은 『소』에는 나타나지 않는다.

45 『별기』(대정장 44, 234b23-25), "若言此意非不共依者. 則無不共依. 識不應起. 如眼識等. 只是自教相違過失." 이 구절도 『소』에는 보이지 않는다.

무간멸의는 이러한 조건을 충족시킬 수 없으므로,[47] 제7말나식만이 의식의 '불공소의'가 될 수 있다. 그리고 '불공소의'는 반드시 식과 동일한 대상을 취해야 하므로 식과 동시에 존재하는 제7말나식은 의식과 동일한 대상을 취해야 한다는 주장인 것이다.

전통적인 설일체유부 교학 입장에서 보면 의근, 곧 무간멸의가 의식과 동일한 대상을 취하지 않는다는 원효의 주장은 매우 이질적이다. 유부는 의근, 곧 의계는 한 찰나 전에 소멸한 6식 중 어느 하나지만, 다음 찰나의 식을 발생시키는 역할을 한다고 간주한다.[48] 또한 의식과 함께 대상인식에 참여하는 것도 무간멸의의 역할이다. 유부는 동시에 존재하기 때문이 아니라, 인과관계라는 측면에서 혹은 동일한 결과를

---

46 의근과 전5근의 동일성이라는 논리는 염오의의 존재를 논증하는 『섭대승론』(대정장 31, 133c13-15, "又五同法亦不得有, 成過失故. 所以者何. 以五識身必有眼等俱有依故.")의 논법을 차용한 것으로 보인다. 거기서는 전5식과 마찬가지로 제6식도 동시적으로 존재하는 감관(具有依)이 요구된다는 점을 들어 염오의를 논증하고 있다. 이 부분에 대한 무성의 주석에 등장하는 용어인 '比量道理'를 원효가 『별기』에서 사용하고 있는 점은 이 점을 시사한다. 김성철 외(2010: 85) 참조.

47 전통적 의미의 의근 곧 무간멸의는 의식 뿐 아니라 전5식의 발생에도 관여하는 공통적인 토대다. 『구사론』(대정장 29, 12b7-9), "無間滅意是過去依. 此五識身所依各二. 謂眼等五是別所依. 意根爲五通所依性."; AKBh 34,9: atītaḥ punar eṣām āśrayo mana ity apy ete pañca vijñānakāyā indriyadvayāśrayāḥ / 산스크리트 원문에는 한역의 마지막 두 문장은 나타나지 않는다.

48 『구사론』(대정장 29, 4b3), "由卽六識身 無間滅爲意. 論曰. 卽六識身無間滅已. 能生後識故名意界."; AKBh 11,20-21: ṣaṇṇām anantarātītaṃ vijñānaṃ yad dhi tan manaḥ /17ab/ yad yat samanantaraniruddhaṃ vijñānaṃ tan manodhātur ity ucyate*

*Pradhan본은 ucyeta로 되어 있지만 오자로 보고 수정하였다.

낳는다는 측면에서 의근과 의식을 '화합(saṃnipāta)'으로 간주한다.[49] 다시 말하면 무간멸의는 의식의 유일한 소의로서 의식과 더불어 대상인 식에 참여하는 것이다.[50] 위에서 보았듯이 유가행파 또한 이러한 설일체유부의 전통적 견해를 자명한 것으로 받아들이고 있는 것처럼 보인다. 반면 원효는 무간멸의가 불공소의가 아니기 때문에 의식과 동일한 대상을 취하지 않는다고 간주한다.

이상과 같이 원효의 말나식 개념은 주류 유가행파와 그것을 계승하는 현장계 유식학파의 설과 일치하지 않는다. 무간멸의 개념 또한 설일체유부 및 그것을 계승하는 주류 유가행파의 설과 다르다. 원효는『기신론』의 심식설 특히 지상/지식 개념을 애써 현장계 유식학파의 제7말나식으로 해석하고자 하지만, 현장계 유식학파의 제7말나식 개념과도 다른 독특한 말나식 및 무간멸의설을 주장하고 있는 것이다. 이와 같은 특이한 말나식 이해는 어디에서 기원하는 것일까?

49『구사론』(대정장 29, 52b9-12), "且五觸生可三和合. 許根境識俱時起故. 意根過去. 法或未來. 意識現在. 如何和合. 此卽名和合. 謂因果義成. 或同一果故名和合. 謂根境識三同順生觸故."; AKBh 143,2-4: yuktaṃ tāvat pañcānām indriyāṇām arthavijñānābhyāṃ saṃnipātaḥ / sahajatvāt / manaindriyasya punar niruddhasyānāgatavarttamānābhyāṃ dharmamanovijñānābhyāṃ kathaṃ saṃnipātaḥ / ayam eva teṣāṃ saṃnipāto yaḥ kāryakāraṇabhāvaḥ / ekakāryārtho vā saṃnipātārthaḥ /

50『구사론』(대정장 29, 12b5), "意識唯依無間滅意."; AKBh 34,6: manovijñānadhātoḥ samanantaraniruddhaṃ mana āśrayaḥ /

2. 원효 말나식관의 소재

먼저 원효와 거의 유사한 주장이 『성유식론』에 나타난다. 『성유식론』은 말나식의 인식대상에 대한 여러 이견을 소개하고 있다. 그 중 두 번째 견해에 따르면 말나식의 인식대상은 알라야식의 견분과 상분이다. 그것은 차례대로 아집과 아소집의 대상이 된다.[51] 『성유식론술기』(대정장 43, 392b11ff.)에 따르면 이 견해는 세친의 『유식삼십송』을 주석한 10대 논사 중 화변火辨의 주장이다.

그러나 원효가 이 화변의 견해를 알고 있었을 리는 없다. 『별기』와 『이장의』, 그리고 『소』는 『성유식론』을 전혀 인용하고 있지 않아 『성유식론』의 번역 이전, 적어도 『성유식론』의 신라 유통 이전에 저술된 것으로 보이기 때문이다. 그렇다면 원효의 독특한 견해의 기원은 『성유식론』 이전에 현장이 번역한 초기 유가행파 문헌에서 찾을 수밖에 없을 것이다.

먼저 주목해야 할 점은 원효가 논증식에서 사용한 '불공소의不共所依'라는 용어다. 이 용어는 현장이 번역한 유가행파 논서에서는 『불지경론』(649년 역)[52]과 『유가사지론석』(650년 역), 그리고 『성유식론』(대정장 31, 26b9; 56a20, 659년 역)에 나타난다. 이 중 『성유식론』은 원효가 참고하지 않은 것이 확실하므로 제외한다. 『불지경론』의 내용은 평등성지가 묘관찰지의 불공소의가 된다는 내용을 서술하고 있다. 『불지경론』의 체계에서는 평등성지는 말나식이 전의한 것이고 묘관찰지는

---

51 『성유식론』(대정장 31, 21c23-25), "應言此意但緣彼識見及相分. 如次執爲我及我所. 相見俱以識爲體故. 不違聖說."

52 『불지경론』(대정장 26, 203a19-22), "平等性智者 … 妙觀察智 不共所依."

제6식이 전의한 것이다.[53] 따라서 말나식과 제6식의 관계와 전혀 무관하지는 않지만, 역시 직접적인 전거로 볼 수는 없을 것이다. 남은 것은 『유가사지론석』이지만, 원효는 『유가사지론석』을 인용하지는 않아 참고 여부가 불분명하다. 그럼에도 불구하고 『유가사지론석』에 나타나는 다음과 같은 문장은 주목할 만하다.

> 안근 등은 안식 등의 불공소의다. 안근 등은 다른 식의 토대가 되지 않기 때문이다. …… 또 동시에 존재하는 토대다. 반드시 구유俱有하기 때문이다. 의〔근〕 등과 같지 않다.[54]

『유가사지론석』은 식의 배타적 토대가 되는 불공소의 개념을, 식과 동시에 존재하는 구유의(俱有依, sahabhv-āśraya) 개념과 나란히 열거하고 있다. 전5근은 전5식의 배타적 토대이면서 동시적으로 존재하는 토대다. 이 구유의 개념은 직전에 소멸한 식, 곧 전통적 의미의 무간멸의를 배제한다. 따라서 위 인용문의 마지막 문장인 "의〔근〕 등과 같지 않다"고 한 것에서 의근이란 무간멸의를 가리키는 것이 분명하다. 원효가 위 논증식의 부정적 실례명제에서 무간멸의를 배제한 것과 궤를 같이하는 것이다.

이미 언급했듯이 의식에도 전5식과 마찬가지로 구유의가 필요하다는 것은 『섭대승론』에서 염오의의 존재를 논증하는 하나의 논거가

53 현장계 유식학파에서 8식과 4지의 대응관계는 김성철(2014: 41-44) 참조.

54 『유가사지론석』(대정장 31, 885c6-8), "眼等根. 是眼等識. 不共所依. 眼等不爲餘識依故. … 又同時依. 必俱有故. 非如意等."

된다. 『유가사지론석』은 이 점을 염오의 존재 논증의 맥락에서 사용하지는 않는다. 하지만 불공소의와 더불어 구유의 개념이 등장하는 이 구절은 위와 같은 원효의 주장을 이루는 하나의 소재가 된 것으로 보인다. 원효는 불공소의 개념을 구유의 개념의 연장선상에서 이해하고, 그것을 말나식의 인식대상 문제에 적용시키고 있는 것이다.

다만 불공소의라는 용어와 관련해서 한 가지 주의해야 할 점이 있다. 그것은 이 용어가 이미 언급했듯이 『불지경론』과 『유가사지론석』, 그리고 『성유식론』에만 나타난다는 점이다. 『성유식론』은 대응하는 산스크리트본 및 티벳역본이 없으므로 그 원어를 확인할 수 없다. 나아가 『불지경론』과 『유가사지론석』과 대응하는 티벳역에도 불공소의에 해당하는 용어는 나타나지 않는다. 현장 역 『아비달마순정리론』(대정장 29, 662a25)에도 불공소의라는 용어가 나타나지만, 역시 산스크리트본과 티벳어역이 없으므로 원어를 확인할 수 없다. 현장 역 『구사론』에는 '불공소의'와 유사한 개념인 '통소의通所依' 및 반대개념인 '별소의別所依'라는 용어가 나타난다. 그러나 이 두 용어를 포함한 문장은 대응하는 진제 역 『구사석론』(대정장 29, 172a13)뿐 아니라 산스크리트본에서도[55] 나타나지 않는다.

그러므로 '불공소의'라는 용어 자체는 산스크리트 문헌의 번역과정에서 현장의 번역팀이 창안한 용어일 가능성이 높다. 원효는 이와 같이 현장 번역팀이 만든 용어를 『유가사지론석』을 통해 흡수하고, 이를 말나식의 인식대상 논증에 활용했을 가능성이 높다.

---

55 각주 49 참조.

또 한 가지 언급해야 할 점은, 『섭대승론』과 같이 명확히 분리된 의근의 존재와 역할은 『섭대승론』 이전의 초기 유가행파 문헌에서는 뚜렷이 나타나지 않는 것처럼 보인다는 점이다. 원효가 참조했던 『유가사지론』이나[56] 『잡집론』도[57] 의근을 두 종류로 구분하고는 있지만 그 역할상의 차이, 특히 무간멸의의 역할을 명확히 보여주지는 않는다.[58] 나아가 『유가사지론』의 일부에는 『섭대승론』과는 달리 말나식이 의식이 발생하기 위한 토대가 된다는 문장도 보인다.

> 또 알라야식이 있기 때문에 말나가 있을 수 있다. 이 말나가 토대가 되기 때문에 의식이 발생할 수 있다. 안근 등 5근을 토대로 5식신이 발생하고, 5근이 없이는 〔5식신이〕 발생하지 않는 것과 같다. 의식도 이와 같다. 의근(=말나)이 없이는 〔발생할 수〕 없다.[59]

---

56 『유가사지론』(대정장 30, 280b8-9), "意, 謂恒行意及, 六識身無間滅意."; YoBh 11,6-7: manaḥ katamat/ yat ṣaṇṇām api vijñānakāyānām anantaraniruddhaṃ kliṣṭaṃ ca mano yan nityam 〔manaḥ〕* avidyātmadṛṣṭy asmimānatṛṣṇālakṣaṇaiś caturbhiḥ kleśaiḥ samprayuktam// 산스크리트본에서 밑줄로 표시한 부분은 한역에는 나타나지 않는다. 후대의 삽입 가능성이 높은 것으로 보인다. 무명을 가장 앞에 열거한 점은 이를 방증한다. Schmithausen(1987: 442, n.943) 참조.

*Schmithausen(1987: 442, n.943)에 따라 삽입.

57 『대승아비달마잡집론』(대정장 31, 702a6-10), "意者謂一切時, 緣阿賴耶識, 思度爲性 … 又復六識以無間滅識爲意." 이상은 『잡집론』에 인용된 『집론』 문장이다. AS 19,14-17: manaḥ katamat / yan nityakālaṃ manyanātmakam ālayavijñānālambanaṃ … yac ca ṣaṇṇāṃ vijñānānāṃ samanantaraniruddhaṃ vijñānam //

58 이것은 이들 초기 유가행파 문헌에서 무간멸의의 역할을 이미 더 이상 설명이 필요 없는 자명한 것으로 받아들였기 때문일 수도 있다.

이 문장은 무간멸의를 배제하고 알라야식과 말나식, 그리고 의식의 발생을 일직선상으로 혹은 동일 찰나에 존재하는 구조의 문제로 해석하고 있는 것으로 이해할 수 있다. 이 문장에서 말나식이 의식과 동일한 대상을 인식한다는 내용은 보이지 않는다. 하지만 의식의 발생과 관련해서 무간멸의 대신 염오의, 곧 말나식을 상정한다는 점에서, 그리고 전5근과 동일성을 강조한다는 점에서 역시 원효의 위 주장과 유사한 점을 보여주고 있다.

마지막으로 말나식이 알라야식 자체 혹은 그것의 견분을 자아로 집착할 뿐 아니라, 그것의 상분을 아소로 집착한다는 주장은 다음과 같은 『현양성교론』의 문장에서 찾을 수 있다.

> 의意란 알라야식을 종자로 하여 발생한 것이지만, 도리어 저 〔알라야식〕을 인식대상으로 하여 아치·아애·아집·아소집·아만과 결합한다.[60]

위 인용문에서 특이한 것은 아집뿐 아니라 아소집을 함께 열거하는 것이다. 이 문장은 『성유식론』(대정장 31, 21c17-22a19)에서 말나식의 인식대상을 논할 때를 제외하면, 필자가 아는 한, 말나식과 상응하는

---

59 『유가사지론』(대정장 30, 580b14-17), "又由有阿賴耶識故得有末那. 由此末那爲依止故意識得轉. 譬如依止眼等五根五識身轉. 非無五根. 意識亦爾非無意根."

60 『현양성교론』(대정장 31, 480c23-24), "意者. 謂從阿賴耶識種子所生還緣彼識. 我癡我愛我我所執我慢相應." 이 구절은 경증이라는 형식은 아니지만 『이장의』(한불전 1, 790b18-20)에 말나식이 알라야식에 현현하는 여러 모습을 아소로 집착한다는 주장에 대한 방증으로 인용되어 있다.

번뇌를 열거할 때 아집과 함께 아소집을 열거하는 유일한 예다. 따라서 이 구절은 원효가 말나식이 아소를 집착한다고 주장할 때 의거했던 문장일 가능성이 높다. 『성유식론』(대정장 31, 22a10)의 정설에서는 말나식이 아집뿐 아니라 아소집과 상응한다는 위 구절은 단지 어세에 의한 것일 뿐이라고 평가절하하고 있다.

Ⅶ. 말나식의 인식대상에 대한 경증

이상에서 살펴본 『성유식론』 이전에 번역된 현장 역 유식문헌에는 말나식이 의식의 불공소의 혹은 구유의로 이해할 수 있는 문장은 나타난다. 다만 말나식이 의식과 동일한 대상을 인식하다고 적극적으로 해석할 수 있는 문장은 보이지 않는다. 그렇다면 원효는 다시 한 번 무엇을 근거로 말나식을 의식과 동일한 대상을 인식한다고 주장할 수 있었을까? 여기서 우리는 원효가 말나식의 인식대상을 증명하기 위해 인용한 경증을 살펴볼 필요가 있을 것이다.

원효는 『별기』와 『이장의』, 그리고 『소』에 걸쳐 말나식의 인식대상을 증명하는 경전적 근거로 다음과 같은 경론을 제시하고 있다.

다음 표에서 보듯이 『별기』와 『이장의』에서는 『능가경』 문장만을 경증으로 제시하고 있는 데 반해, 『소』에서는 『금고경』, 곧 『금광명경』과 『대승아비달마잡집론』을 경증으로 제시하고 있다. 이 중 『별기』와 『이장의』에 공통적으로 제시된 『능가경』 문장에 대해서는 이미 간략히 언급하였다.[61] 여기서는 나머지 경문에 대해 좀 더 자세히 고찰해 보고자 한다.

별기(대정장 44, 234c15-17)	이장의(한불전 1, 813a14-15)	소(대정장 44, 212c25-213a2)
10권 『능가경』: 如十卷經云. 彼七種識. 依諸境界念觀而生		
又云. 境界風所(〈=吹)動. 七識波浪轉.	(=) 境界風所動. 七識波浪轉.	
		『금광명경』: 金鼓經言. 眼根受色. 耳根分別聲. 乃至意根分別一切諸法.
		『대승아비달마잡집론』: 又對法論十種分別中言. "第一相分別者. 謂身所居處所受用義. 彼復如其次第. 以諸色根器世界色等境界爲相. 第二相顯現分別者. 謂六識身及意. 如前所說取相而顯現故"

먼저 『별기』에 제시된 『능가경』 경문이다. 이 구절은 말나식의 인식 대상에 대한 경증으로써 뿐만 아니라, 『별기』의 다른 곳[62]에서 한 번 더 인용된다. 인용구절을 포함한 대응하는 산스크리트본 문장은 다음과 같다.

여래장이라고 불리는 알라야식이 전의하지 않았을 때는 일곱 가지

---

61 각주 30 참조.

62 『별기』(대정장 44, 229c20-24), "十卷經云. 如來藏不在阿梨耶識中. 是故七識有生有滅. 如來藏不生不滅. 何以故. 彼七種識. 依諸境界念觀而生. 此七識境界. 一切聲聞外道修行者. 不能覺知之."(밑줄은 경증 부분에서 원효가 인용한 구절.)

> 발생하는 식의 소멸은 없다. 왜 그런가. [7]식은 그것(=전의하지 않은 알라야식)을 인연과 소연연으로 하여 발생하기 때문이다. 그리고 [그 알라야식은] 모든 성문·연각·외도 수행자의 대상이 아니다.[63] (밑줄은 경증 부분에서 원효가 인용한 구절)

양 한역과 산스크리트본을 비교해 보면 흥미로운 사실이 드러난다. 편의상 경증에 인용된 10권본과 비교해서 살펴보자. 우선 10권본은 산스크리트본의 'aparāvṛtte'를 누락하고 있다. 반면 첫 문장의 마지막 구절 뒤에는 산스크리트본에는 없는 '如來藏不生不滅'이라는 구절을 첨가한다. 문장구조상으로 산스크리트본의 첫 구절은 절대처격으로서 조건을 나타내는 종속절이다.

하지만 10권본은 이 문장을 'tathāgatagarbhaśabdasaṃśabdita(如來藏)'를 주어로 하는 평서문으로 보고, 원래는 'nirodha'와 연결해야 할 본동사 'nāsti(不在)'와 연결시킨다. 따라서 'ālayavijñāne(阿梨耶識中)'는 일반적인 처격으로 번역되고 있다. 이 결과 10권『능가경』의 번역문은 산스크리트 문장의 조건절을 '如來藏不在阿梨耶識中'로 번역한다. 그리고 본동사 'nāsti'를 제외한 'saptānāṃ pravṛttivijñānāṃ nirodhaḥ'를 원문과는 반대의 의미인 '是故七識有生有滅'로 번역한다. 첨가된 '如來藏不生不滅'라는 구절은 이 구절과 대비를 이룬다.

---

63 LAS 221,12-14: aparāvṛtte ca tathāgatagarbhaśabdasaṃśabdita ālayavijñāne nāsti saptānāṃ pravṛttivijñānāṃ nirodhaḥ / tat kasya hetos taddhetvālambanapravṛttatvād vijñānānām aviṣayatvāc ca sarvaśrāvakapratyekabuddhatīrthyayogayoginām / (밑줄은 경증 부분에서 원효가 인용한 구절)

원효가 경증으로 인용하는 문장은 바로 이 구절 직후에 오는 구절이다. 산스크리트 원문으로는 전의하지 않은 상태의 알라야식을 인연과 소연연으로 하여 7식이 발생한다는 의미다. 이 문장은 유가행파에서 일반적인 7식의 발생을 설명하는 내용과 대체로 일치한다. 원효가 증명하고자 하는 말나식이 의식과 동일한 인식대상을 갖는다는 사실을 증명하기 위한 경증으로는 사용하기 힘든 문장인 것이다.

하지만 원효는 이 문장을 한역의 맥락에서만 이해하고 있다. 그가 보기에는 '그 일곱 가지 식(彼七種識)'이 '모든 대상에 의거하여(依諸境界)' '망념하고 관찰하는 방식으로 발생한다(念觀而生)'는 사실이 중요했을 것이다. 7식에는 원효가 논하고 있는 말나식도 포함되므로, 그는 말나식 또한 '모든 대상에 의거하여(依諸境界)' 발생한다고 이해했을 것이다. 이러한 이해는 오직 한역 『능가경』에만 근거한 이해라고 볼 수 있다.[64]

---

64 이미 당나라 시대에는 이러한 한역 문장에 의거하여 한문식 문장 읽기로 『능가경』을 이해하고자 했던 것으로 보인다. 이는 한역 4권 『능가경』을 중역한 티벳어역 『능가경』에서 확인할 수 있다. 高崎(1980: 17) 참조. 高崎의 이러한 지적은 위 인용문에 대응하는 4권 『능가경』의 티벳어역에서도 확인할 수 있다. 위 인용문과 대응하는 4권 『능가경』 구절은 다음과 같다. "不離不轉名如來藏識藏. 七識流轉不滅. 所以者何. 彼因攀緣諸識生故. 非聲聞緣覺修行境界."(대정장 16, 510b16-18). 이 구절을 티벳역은 다음과 같이 번역한다. "끊어지지 않았고 전의하지 않은 것은 여래장 〔곧〕 알라야식이라고 〔이름〕한다. 7식은 유전하고 소멸하지 않는다. 왜 그런가. 그것(알라야식)을 원인과 조건으로 하여 식들이 발생하기 때문이다. 〔그 알라야식은〕 성문과 독각 수행자들의 대상이 아니다."(rab tu ma spangs shing yongs su ma gyur pa ni de bzhin gshegs pa'i snying po kun gzhi rnam par shes pa zhes bya'o // rnam par shes pa bdun ni 'khor bar 'dug cing

다음으로는 『소』에 인용된 『금고경』, 곧 『금광명경』의 문장이다. 원효는 이 문장을 인용한 후 다음과 같이 해설한다.

> 대승의 의근은 말나〔식〕이다. 그러므로 〔말나식이〕 모든 법을 두루 인식대상으로 한다는 것을 알라.[65]

원효는 『금광명경』의 의근을 말나식이라고 간주하고 의근이 모든 법을 분별한다는 문장을 말나식이 모든 법을 분별한다는 의미로 해석한다. 이때 원효는 대승의 의미를 유가행파의 눈으로 바라보고 있다.[66] 하지만 『금광명경』 자체는 8식설을 설하지 않고, 6식설의 입장에 서 있는 경전이다. 다시 말하면 『금광명경』에서 말하는 의근은 말나식이 아닌 무간멸의로서, 전통적인 의근 개념이다. 원효는 『금광명경』의 이러한 성격에는 충분히 주의를 기울이지 않는 것으로 보인다. 결과적

'gag pa med de / de ci'i phyir zhe na / de'i rgyu dang dmigs pa las rnam par shea pa rnams rab tu skye ba'i phyir ro // nyan thos dang / rang sangs rnyas kyi rnal 'byor pa rnams kyi spyod yul ma yin pa /: P Mdo Ngu 301a1-2. 필자는 여기서 원효가 오역에 근거해 교리를 잘못 이해했다는 입장을 취하는 것은 아니다. 오히려 이 점은 새로운 동아시아적 불교 이해의 출발점으로서 적극적으로 평가하는 입장에 서 있다. 이러한 관점의 연구로는 Radich(2009: 특히 163f.) 참조.

65 『소』(대정장 44, 212c27-28). "大乘意根, 卽是末那. 故知遍緣, 一切法也."

66 원효가 대승 자체를 유가행파의 입장에서 이해하는 것은, 그가 『대승기신론』의 제명을 해석할 때도 나타난다. 그는 대승의 의미를 『대승아비달마잡집론』, 『현양성교론』, 『유가사지론』에 나타나는 7대성으로 해석한다. 『소』(대정장 44, 202c23-203a20). 오형근(1997〔1995〕) 참조.

으로 그의 경증은 설득력을 잃는다.

마지막으로 검토해야 할 경증은 『대법론』, 곧 『대승아비달마잡집론』이다. 이 문장은 『잡집론』에서 허망분별을 열 가지 분별의 관점에서 분류하는 것 중 두 번째와 세 번째 분별에 해당한다.

> 대상(相, nimitta)의 분별〔相分別〕이란 신체(身, deha)와 기반(所居處, pratiṣṭhā)과 경험 대상(所受用, ābhoga)으로 현현하는 표상(vijñapti)들이다. 파악대상(所取, grāhya)으로서의 대상(nimitta)에 해당하기(bhūta) 때문이다. 또 그것들은 순서대로 물질적 감각기관(色根, rūpīndriya), 환경세계(器世界, bhājanaloka), 물질 등의 대상을 특징으로 한다고 보아야 한다. <u>대상으로 현현하는 것의 분별〔相顯現分別〕이란 6식신과 의(意, manas)다</u>. 앞에서 설한 파악대상으로서의 대상(grāhyanimitta)〔을 파악하는 인식주관의〕 양상(ākāra)이기 때문이다.[67]

허망분별을 열 가지 분별의 관점에서 설명하는 이 문장은 『섭대승론』(대정장 31, 139c19ff.)에서 모든 분별을 열 가지로 분류하는 것으로

---

67 『대승아비달마잡집론』(대정장 31, 764b1-4), "相分別者, 謂身, 所居處, 所受用識. 是所取相故. 彼復如其次第, 以諸色根, 器世界, 色等境界爲相. 相顯現分別者, 謂六識身及意, 如前所說, 所取相而顯現故."; ASBh 137,9-12: nimittavikalpo dehapratiṣṭhābhogapratibhāsā vijñaptayaḥ, grāhyanimittabhūtatvāt / tāḥ punar yathākramaṃ rūpīndriyabhājanalokarūpādiviṣayalakṣaṇā draṣṭavyāḥ / nimittapratibhāsasya vikalpaḥ ṣaḍvijñānakāyāḥ manaś ca, yathoktagrāhyanimittākāratvāt /

거슬러 올라갈 수 있다. 다만 현장 역을 제외한 다른 세 한역과 티벳역 『섭대승론』에서는 상현현분별을 '감각기관을 가진 안식 등의 식의 표상'[68]이라고 한다. 현장 역 『섭대승론』만[69] '안식 등과 감관의 표상'이라고 번역하고 있다. '신체(身, deha)와 기반(所居處, pratiṣṭhā)과 경험대상(所受用, ābhoga)으로 현현하는 표상(vijñapti)' 등의 개념은 『대승장엄경론』(MSABh 65,1-3)과 『중변분별론』(MAVBh 48,9-13) 등 미륵논서에도 나타난다.

이러한 10종 분별을 설하는 논서, 특히 『대승장엄경론』이나 『중변분별론』, 그리고 위에서 인용한 『잡집론』에 나타나는 의근설의 특징은 제7식 말나식의 역할에 비해 무간멸의의 역할이 미미하다는 점이다. 다시 말해 위 인용문에서도 무간멸의 개념은 거의 나타나지 않고 대신 알라야식과 말나식, 그리고 6식신이라는 일직선상의 혹은 한 찰나의 구조적인 식의 구조론으로 이해될 가능성이 높다. 『잡집론』 문장에서 원효가 주목한 점은 바로 이러한 점으로 보인다. 위 인용문에서 밑줄로 표시한 부분은 6식신과 의(=말나식)가 나란해 대상을 분별한다는 내용으로 이해할 수 있는 구절인 것이다. 이미 앞 절에서 인용한 『유가사지론』의 한 문장에도 나타나는 무간멸의를 배제하는 식론은 말나식을 의식의 불공소의로 간주하는 원효의 생각과 잘 조화한다.[70]

---

68 불타선다 역(대정장 31, 102b7), "同依眼識等識."; 진제 역(대정장 31, 120a8-9), "有依止眼等識識."; 급다 역(대정장 31, 288b22-23), "共依止眼識等識體."; 티벳역 MS 79,5-7: mtshan mar snang ba'i rnam par rtog pa ni 'di lta ste / rten dang bcas pa'i mig gi rnam par shes pa la sogs pa'i rnam par rig pa'o //

69 현장 역 『섭대승론본』(대정장 31, 139c21), "眼識等幷所依識."

70 애초 무간멸의 개념은 한 찰나에는 하나의 식만 존재할 수 있다는 설일체유부

원효는 『별기』와 『이장의』에서는 『능가경』을 경증으로 제시하고 있다. 하지만 이미 언급했듯이 『능가경』에서는 말나식의 역할이 미미하다. 원효가 제시하는 경문도 말나식이 의근과 동일한 대상을 인식한다는 사실을 논증하기에는 부족하다. 원효는 이러한 점을 인식하고 뭔가 불만족스러움을 느낀 듯하다. 그에게는 『능가경』 경문보다 더 적극적으로 말나식의 인식대상을 입증해 줄 수 있는 경문이 필요했을 것이다. 그가 『별기』에서 제시한 『능가경』 경문 대신 『금고경』과 『잡집론』의 문장을 『소』에서 경증으로 제시한 것은 바로 이러한 이유에서였을 것이다.

Ⅷ. 결론

이상으로 원효 초기저술을 중심으로 그의 제7말나식 개념을 살펴보았다. 원효는 『기신론』을 주석하면서, 거기에 등장하는 지상/지식을 현장계 유식학파의 8식설 중 제7말나식으로 주석한다. 이는 원효 이전 주석가들의 주석은 물론 원효에게 크게 영향을 받은 법장의 주석과도 구별되는 원효의 독특한 입장이다.

그러나 이러한 원효의 주석은 정작 『기신론』 자체의 심식설과는 일치하지 않는다. 게다가 원효는 이러한 불일치에 대해, 이른바 '화회'

식설에서 탄생한 것이다. 유가행파가 알라야식을 도입한 이후 대중부와 마찬가지로 한 찰나에 다수의 식이 존재할 수 있다고 인정한 이상, 무간멸의 개념은 사실상 그 의의를 잃는다. 그럼에도 불구하고 유가행파에서 무간멸의 개념을 계속 용인한 것은 설일체유부 아비달마의 유산일 것이다.

혹은 '화쟁'의 방식으로 양자를 조화시키고자 노력하기보다는, 의도적으로 무시하는 태도를 보이고 있다. 『기신론』 주석과 관련하여 원효와 법장의 결정적 차이가 8식설의 적용 특히 말나식설의 적용이라는 점은 이미 지적되어 있다. 기존 연구자의 시각은 이 차이의 이유를 법장의 종파적 의도에서 찾고 있다. 하지만 『기신론』 자체의 식설과 더 조화를 이루는 것은 법장의 주석이라고 볼 수 있다. 이 점은 이후 동아시아 불교사상사에서 원효의 『기신론』 주석보다 법장의 그것이 더 큰 영향력을 발휘하게 한 요인의 하나가 되었을 것이다.

원효는 단지 『기신론』의 지상/지식을 말나식으로 주석할 뿐 아니라, 말나식의 인식대상에 대해서 심혈을 기울여 논증하고 있다. 그의 주장은 말나식이 알라야식 자체만이 아니라 거기에 현현하는 모든 법을 인식대상으로 한다는 것이다. 이 점은 이후 확립되는 현장계 유식학파의 정설과도 일치하지 않는다. 『성유식론』에서는 원효와 유사한 견해를 화변의 것으로 돌리고 부정하고 있다. 원효의 이러한 독특한 주장은 『성유식론』 이전에 현장이 번역한 유가행파 문헌에서 그 소재를 찾을 수 있다. 본고에서는 사상적 유사성과 더불어, '불공소의', '아아소집' 등의 용어법을 실마리로 원효 말나식관의 소재를 고찰하였다. 그 결과 『유가사지론』, 『유가사지론석』, 『현양성교론』 등의 일부 문장에서 원효의 말나식관과 유사한 내용이 발견되는 것을 확인할 수 있었다. 원효의 독특한 말나식관은 어쩌면 이와 같이 인도불교 자체에서 유래하는 여러 이견의 존재에 그 기원을 찾을 수 있을 것이다.

약호와 참고문헌

『金光明經』 北涼 曇無讖譯, 大正藏16 No.0663.

『楞伽阿跋多羅寶經』 劉宋 求那陀羅譯, 大正藏16, No.670.

『入楞伽經』 元魏 菩提流支譯, 大正藏16, No.671.

『佛地經論』 唐 玄奘譯, 大正藏26 No.1530.

『俱舍論』 世親 造, 唐 玄奘 譯, 大正藏29, No.1558.

『俱舍釋論』 世親 造, 陳 眞諦譯, 大正藏29, No.1559.

『瑜伽師地論』 唐 玄奘譯, 大正藏30 No.1579.

『成唯識論』 唐 玄奘譯, 大正藏31 No.1585.

『攝大乘論』 後魏 佛陀扇多譯, 大正藏31 No.1592.

『攝大乘論』 陳 眞諦譯, 大正藏31 No.1593.

『攝大乘論本』 唐 玄奘譯, 大正藏31 No.1594.

『攝大乘論釋』 陳 眞諦譯, 大正藏31 No.1595.

『攝大乘論釋論』 隋 笈多共行炬等譯, 大正藏31 No.1596.

『顯揚聖敎論』 唐 玄奘譯, 大正藏31 No.1602.

『大乘阿毘達磨雜集論』 唐 玄奘譯, 大正藏31 No.1606.

『因明入正理論』 唐 玄奘譯, 大正藏32 No.1630.

『大乘起信論』 梁 眞諦譯, 大正藏32, No.1666.

『釋摩訶衍論』 姚秦 筏提摩多譯, 大正藏32, No.1668.

『仁王護國般若波羅蜜多經疏』 唐 良賁述, 大正藏33, No.1709.

『成唯識論述記』 唐 窺基撰, 大正藏43, No.1830 p.0229

『大乘起信論義疏』 隋 慧遠撰, 大正藏44, No.1843.

『起信論疏』 新羅 元曉撰, 大正藏44, No.1844.

『大乘起信論別記』 新羅 元曉撰, 大正藏44, No.1845.

『大乘起信論義記』 唐 法藏撰, 大正藏44, No.1846.

『大乘義章』 隋 慧遠撰, 大正藏44, No.1851.

『二障義』 元曉撰, 韓佛全1, 789-814.

AKBh *Abhidharmakośabhāṣya*, ed., by P. Pradhan, Tibetan Sanskrit Work Series 8, Patna, 1967(repr. 1975)

AS *Fragments From the Abhidharmasamuccaya of Asaṅga*, JRAS, Bombay Branch, New Series 23, 1947, 13-38.

ASBh *Abhidharmasamuccayabhāṣya*, ed., by N. Tatia, Tibetan Sanskrit Work Series 17, K. P. Jayaswal Research Institute, Patna, 1976.

LAS *The Laṅkāvatāra Sūtra*, ed by Bunyiu Nanjio, Kyoto: Otani University Press, 1923.

MAVBh *Madhyāntavibhāgabhāṣya*, by Gadjin M. Nagao, Tokyo: Suzuki Research Foundation, 1964.

MS 長尾雅人,『攝大乘論 和譯と注解』上, 講談社, 東京, 1982(repr. 2001).

MSABh *Mahāyānasūtrālaṃkāra*, tome Ⅰ texte, éd., par Sylvain Lévi, Bibliothèque de l'Ecole des Hauts études, Paris, 1907.

NPr *Nyāyaprveśa Part* I, Sanskrit Text with Commentaries, Critically edited with Notes and Introduction by Anandshankar B. Dhruva, Gaekwad's Oriental Series 38, ed. by B. Bhattacharya, 1930.

Triṁś *Sthiramati's Triṁśikāvijñaptibhāṣya－Critical Editions of the Sanskrit Text and its Tibetan Translation*, ed. by Hartmut Buescher, Wien: Verlag der Österreichischen Akademie der Wissenschaften.

YoBh *The Yogācārabhūmi of Ācārya Asaṅga*, Part 1, ed., by V. Bhattacharya, University of Calcutta, 1975.

가츠라 쇼류 외, 김성철 역,『유식과 유가행』, 씨아이알, 2014.

김성철,「알라야식의 기원에 관한 최근의 논의」,『불교학연구』26, 2010.

김성철, 박창환, 차상엽, 최은영,『무성석 섭대승론 소지의분 역주』, 씨아이알, 2010.

남동신,『영원한 새벽 원효』, 도서출판 새누리, 1999.

박태원, 『대승기신론사상연구』, 민족사, 1994.

오형근, 「원효의 대승사상과 칠대성사상」, 『유식사상과 대승보살도』, 유가사상사, 1997〔1995〕.

은정희, 『원효의 대승기신론 소·별기』, 일지사, 1991.

이지수, 「불교논리학 입문–Śaṅkarasvāmin의 Nyāya-praveśa(인명입정리론)의 범한대역」, 『인도철학의 원전적 연구』, 여래, 2014〔1987〕

石井公成(Ishii, Kosei), 「新羅佛教における『大乘起信論』の意義–元曉の解釋を中心として」, 平川 彰 編, 『如來藏と大乘起信論』, 東京: 春秋社, 1990.

__________________, 『華嚴思想の硏究』, 東京: 春秋社, 1996.

大竹 晉(Otake, Susumu), 「入楞伽経の唯識說と大乘起信論」, 『哲學·思想論叢』 21, 2003.

高崎直道(Takasaki, Jikido), 『楞伽經』, 東京: 大臧出版, 1980.

______________________, 「『大乘起信論』の語法–「依」「以」「故」等の用法をめぐって–」, 『早稲田大學大學院文學硏究科紀要』 37, 1992.

竹村牧男(Takemura, Makio), 『大乘起信論讀釋』, 東京: 山喜房佛書林, 1985.

________________________, 「地論宗と大乘起信論」, 平川 彰 編 『如來藏と大乘起信論』, 東京: 春秋社, 1990.

福士慈稔(Fukushi, Jinin), 『新羅元曉硏究』, 東京: 大東出版社, 2004.

吉津宜英(Yoshizu, Yoshihide), 「法藏『大乘起信論義記』の硏究」, 『駒擇大學佛教學部論集』 11, 1980.

________________________, 「法藏の『大乘起信論義記』の成立と展開」, 平川 彰 編 『如來藏と大乘起信論』, 東京: 春秋社, 1990.

________________________, 『華嚴一乘思想の硏究』, 東京: 大東出版社, 1991.

Radich, *Michael, The Doctrine of *Amalavijñāna in Paramārtha (499-569), and Later Authors to Approximately 800 C.E.*, 人文 41, 京都: 京都大學, 2009.

Schmithausen, Lambert, *Ālayavijñāna-On the Origin and the Early Development of a Central Concept of Yogācāra Philosophy*, Part I, II, Tokyo, 1987.

원효의 진리론 논증*

배경아(울산대 인문과학연구소)

Ⅰ. 머리말

붓다가 생존해 있던 초기불교 시대에는 붓다 자신이 불교의 진리 기준이었다. 하지만 불교의 창시자이자 교주인 붓다가 열반에 이르게 되자 대중들은 이후 무엇을 기준으로 불교를 이해하고 수행해야 하는지 알 수 없게 되었다. 『대반열반경』에는 이들을 대변해서 아난다가 붓다의 사후에 무엇을 진리 기준으로 삼아야 하는지를 묻는 내용이 나온다. 붓다는 '스스로를 의지처로 삼고 법을 의지처로 삼으라'고 대답한다. 붓다의 이 대답은 후에 네 가지의 위대한 교설(mahā apadeśa)[1]로 정리된

---

* 이 논문은 『동아시아불교문화』 25집(동아시아불교문화학회, 2016)에 실린 것을 수정하고 보완한 것이다.

1 붓다의 네 가지 위대한 교설과 관련된 상세한 내용은 다음을 참조하기 바람.

다. 사람에 의지하지 말고 법(dharma)에 의지할 것, 말에 의지하지 말고 뜻에 의지할 것, 개념적 사유에 의지하지 말고 직관적 통찰에 의지할 것, 뜻이 분명하지 않은 경전에 의지하지 말고 분명하게 이해할 수 있는 경전에 의지할 것이 그것이다.

여기에서 한 개인이든 그룹이든 사람의 권위에 의지하지 말고 '있는 그대로의 진실한 것', 즉 법에 의지하라는 말은 바로 스스로를 의지처로 삼으라는 말과 연결되는 것으로 보인다. 절대적인 권위를 갖는 사람이나 정해진 교리에 전적으로 의지하지 않고 무엇이 진실한 것인지를 알려면 그것에 대해 스스로 자각할 수밖에 없기 때문이다. 이와 같이 말이 아니라 뜻에 의해, 직관적 통찰에 의해, 분명한 이해를 통해 스스로 알 수 있다는 말은 불교의 진리에 대한 주관적 혹은 자율적 태도를 분명히 보여준다. 그러나 진리를 자율적으로 파악한다는 것이 진리를 주관적으로 만들어낸다는 것을 의미하지는 않는다. 있는 그대로의 진실한 세계는 그 자체로 객관성을 가질 것이기 때문이다. 바로 이 지점에서 진리를 진리로 인식할 수 있는 기준에 대한 논의가 일어날 수밖에 없었을 것이다. 말하자면 무엇이 진리인가의 문제라기보다는 진리를 발견해 가는 방식이나 태도, 입장에 대한 논의라고 할 수 있다.

대승불교의 사상가들은 진리에 대한 불교의 이와 같은 입장에 주목할 수밖에 없었다. 기존 아비달마 교학의 권위에 도전하면서도 자신들의 불교적 정통성을 지킬 수 있는 기반이 되었기 때문이다. 말하자면 대승불교의 경전이 정통 부파에 전해져 내려오는 경전, 율서, 논서와

권오민, 「불설佛說과 비불설非佛說」, 『문학/사학/철학』 제17권(한국불교사연구소, 2009), pp.120~122, pp.133~140.

다르다고 할지라도 말이 아닌 뜻에 의거해서, 법에 의거해서, 분명하게 이해할 수 있는 경전에 의거해서 붓다의 가르침, 불설(buddhavacana)이 될 것이기 때문이다.

특히 대승이 흥기하자마자 대두되기 시작한 인도의 대승불설·비불설의 논쟁은 같은 대승불교권인 동아시아에 이르러서도 여전히 중요한 핵심 논제들 중 하나였다. 동아시아의 불교 논사들도 대부분은 인도의 대승 논사들이 아비달마 교학에 대응하여 취했던 입장과 마찬가지로 아비달마와 인도의 대승불교에 대응하여 자신들의 정통성을 입증할 필요가 있었기 때문이다. 즉 역사적인 붓다가 직접 설법하던 시대에서 멀어지면 멀어질수록 경전 등에 기록되어 있지 않아도 뜻과 법 등에 의거해서 불설이기 때문에 진리라는 입장은 더욱 강화될 수밖에 없었을 것이다.

이와 관련한 동아시아 불교의 논의는 규기窺基의 『인명입정리론소因明入正理論疏』와 장준藏俊의 『인명대소초因明大疏抄』에서 논증식의 형태로 소개되고 있다. 이 두 논서에는 대승불교의 대표적인 사상가인 아상가에서부터 자야쎄나, 현장, 원효에 이르기까지의 대승불설 논쟁이 논증식의 형태로 소개되어 있다. 전체적으로 아상가의 논증식을 자야쎄나가 비판하고, 자야쎄나를 현장이 비판하며, 원효는 현장을 비판하면서 다시 자야쎄나의 논증식으로 돌아가는 구조이지만 이 중에서도 원효의 논증식은 아상가, 자야쎄나, 현장과 다른 특징을 보여주고 있다. 앞의 세 사람 모두 주장명제를 '대승경전은 불설이다'라고 한 것에 비해 원효만이 '대승경전은 바른 이치(正理)에 부합하는 것이다'라고 했기 때문이다. 말하자면 불설이란 '바른 이치(正理)에 부합하는 것' 이외에 다른 것이 아니라는 의미라고 할 수 있다.

그렇다면 앞의 세 논사인 아상가, 자야쎄나, 현장의 불설과 원효의 '바른 이치에 부합하는 것'은 같은 의미인가? 다른 의미인가? 다른 의미라면 어떤 점에서 다르고 왜 달라야 하는가? 그도 그럴 것이, 붓다가 직접 한 말이 아닐지라도 뜻과 법 등에 의거해서 불설일 수 있다는 태도는 대승불교 논사들 공통의 입장이기 때문이다. 이 문제와 관련해서 필자는 세 가지 측면에서 실마리를 풀어나가고자 한다. 첫 번째는 논리학의 관점에서 각 논증식의 차이에 주목하고 논증식이 달라짐으로써 나타나는 각 논사들의 견해 차이를 밝힌다. 두 번째는 각 논사들의 견해 차이에 의해 드러나는 대승불설론의 차이를 규명하고 이 과정에서 드러나는 원효의 진리론 논증과 그 의미에 대해 고찰한다. 말하자면, 논증식의 차이는 불교의 진리 기준에 대한 입장의 차이에 다름 아니다. 물론 붓다의 위대한 네 가지 교설에 기반해서 대승불교가 불설이라는 것을 입증하려고 시도한 것은 아상가, 자야쎄나, 현장, 원효가 모두 마찬가지였다. 하지만 그것이 성공적이려면 우선은 상대편인 대론자도 인정할 수 있는 논법이어야 할 것이고, 다음으로는 불설의 근거에 부합한다면 대승불교가 아니라고 할지라도 불설일 수 있다는 입장에 흔들림이 없어야 할 것이다. 이와 같은 태도는 바로 자신이 속한 부파의 전승교학만이 불설이라고 하는 견해를 비판하는 대승불교의 정신과 직결되기 때문이다.

세 번째는 원효가 불설을 '바른 이치에 부합하는 것'이라고 정의하게 된 사상적인 맥락과 문헌적인 근거를 밝힌다. 사실 원효가 익힌 불교 인식론적 논리학은 토론술과 인식론이라는 인도 논리학의 두 전통을 통합하여 인식론적 논리학이라고 할 만한 체계를 확립한 디그나가-다르마끼르띠 계열의 본격적인 인식논리학이라고 하기는 어렵다.[2] 굳이 분류하자면 토론술 전통의 『짜라까쌍히따』, 『니야야수뜨라』, 『방편심론方便心論』 등 초기 토론술 전통의 논리학보다 원효는 『해심밀경解深密經』 제10장의 증성도리證成道理 부분과 『유가사지론瑜伽輪師地論』 문소성지聞所成地 편의 인명처因明處 부분, 아상가(無着, Asaṅga. ca. 395~470)의 『현양성교론顯揚聖教論』 섭정의품攝淨義品이나 『아비달마집론阿毘達磨集論』의 논궤결택論軌決擇 등 인식론 계열의 논리학 전통에 밝았던 것으로 보인다.[3] 논리학 부분은 차치하고라도 이 논서들은 원효가 그의 저작에서 광범위하게 인용하는 텍스트들이고 그 빈도는 다른 텍스트들과 비교해도 두드러질 정도이기 때문이다. 더구나 원효가 다루고 있는 이 대승불설 논증은 바로 아상가에서부터 시작된다. 그러므로 초기 유가행파의 인식론적 논리학의 전통에서 논의되는 대승불설 논증을 원효가 어떻게 이해했는지를 우선적으로 살펴볼 필요가 있을 것이다. 이를 통해 '바른 이치'의 의미와 원효의 진리론 논증에

---

2 잘 알려진 대로 중국어로 번역된 온전한 형태의 인식논리학 논서는 『인명입정리론因明入正理論』과 『인명정리문론因明正理門論』 두 권이라고 할 수 있고, 시대상으로 그나마 원효가 접할 수 있었던 것은 논리학의 입문서라고 할 수 있는 『인명입정리론』이었다. 그러나 디그나가(Dignāga, ca.480~540)의 논리학은 『불지경론』 등의 동아시아 논서에서도 일부 인용되었고, 원효는 이를 통해 디그나가 논리학의 일면을 알고 있었던 것으로 보인다.

3 초기 유가행파의 논리학과 초기 불교논리학의 흐름과 관련해서는 다음을 참조 바람. 梶山 雄一(1984), 『認識論と論理學』 / 講座大乘仏教 9; 桂 紹隆〔ほか〕 編, 『認識論と論理學』 / シリーズ大乘仏教 9(東京: 春秋社, 2012), pp.28~29.

대한 이해가 보다 분명해질 것이기 때문이다.

Ⅱ. 아상가와 자야쎄나의 대승불설 논증

1. 아상가의 대승불설 논증

대승불교를 상징하는 대표적인 사상가 아상가(無着)는 대승불교의 정통성을 확보하기 위해 불설(buddhavacana)에 기반한 불교의 진리 기준을 제시한다. 부파불교에서는 대승의 진리관에 관심이 없었을지라도,[4] 신흥 불교인 대승의 입장에서는 불교의 주류를 형성하고 있던 아비달마의 권위에 도전하고 자신들의 교학이 진리임을 끊임없이 표방할 필요가 있었다. 물론 아비달마에서도 대승에서와 마찬가지로 불교의 정통성을 '불설'에서 찾았지만 그 의미는 시대별 부파별로 조금씩 달랐기 때문에, 아상가는 대승을 불설로 인정하지 않는 부파의 불설론을 비판함으로써 대승이야말로 진정한 의미의 불교(buddhavacana)라는 것을 드러내려 한 것이다.

성문승들의 불설은 기본적으로 18부파가 각각 수지하고 독송하는 경, 율, 논 삼장의 경전이었다.[5] 자신의 부파에 속하는 경전을 일차적인

---

4 현존하는 아비달마 논서에서는 대승에 관해 거의 언급하지 않으며, 더욱이 대승비불설에 대한 논의는 전혀 보이지 않는다. 권오민, 「불설佛說과 비불설非佛說」, 『문학/사학/철학』 제17권(한국불교사연구소, 2009), p.123 참조.

5 〔불설의 정의〕 더욱이 대승은 불설(buddhavacana)이 아니라고 한다면 불설의 정의(lakṣaṇa)는 무엇인가? 라고 비판해야 한다. 〔성문승:〕 18부(sde pa bco brgyad)에 의해 불설이라고 수지되고 있는 것이다. 李鍾徹, 『世親思想の研究－『釋軌論』を中心として－』(TOKYO: THE SANKIBO PRESS, 2001), p.63.

바른 인식수단으로 삼는 것은 대승도 마찬가지였지만, 문제는 아비달마의 18부파가 자신들의 경전만을 불설로 인정함으로써 그들의 경전에 속하지 않는 대승의 경전들은 일종의 이단이 되어 버리고 말았다는 데에 있었다. 또한 그들 내부에서도 부파끼리 서로 내용이 일치하지 않거나 심지어는 상반되는 경우도 있었기 때문에 대승 논사들은 물론이고 아비달마 논사들에 의해서도 비판의 여지가 있었다.

그 중에서도 특히 독자부(犢子部, Vatsīputrīya)는 뿌드갈라pudgala라고 하는 윤회의 주체를 상정함으로써 불교의 대표적인 교리인 무아無我와 어긋나는 교학을 갖고 있으면서도 자신들의 경, 율, 논 삼장, 즉 니까야nikāya만을 진리로 인정하였기 때문에 문제가 되었다. 아상가는 이와 같이 부파불교 불설론의 독단성과 편협성을 분명히 보여주고 있는 독자부를 비판함으로써 대승불교의 정통성을 증명하려 한 것이다. 그의 대승불설 논증은 규기에 의해 『섭대승론攝大乘論』의 설로 간주되며 다음과 같이 소개된다.

〔주장〕 모든 대승경전은 다 불설佛說이다.
〔증인〕 모두 보특가라(補特伽羅, 人我)가 무아無我라고 하는 이치에 어긋나지 않기 때문에.
〔유례〕 예를 들면 증일〔아함경〕 등과 같이.[6]

---

6 窺基, 『因明入正理論疏』(大正藏 44, 121b), "如攝大乘論說. 諸大乘經 皆是佛說. 一切不違 補特伽羅 無我理故. 如增一等." 무착無着의 『섭대승론攝大乘論』에 대한 무성(無性, Asvabhāva)의 『섭대승론석攝大乘論釋』의 내용을 규기가 『섭대승론』의 설로 간주하며 재구성한 것이다. 김성철, 「원효 저 판비량론의 대승불설 논증-勝

이 논증식을 통해 아상가는 독자부의 두 가지 측면을 동시에 비판하고 있다. 첫째는 보특가라(pudgala)를 주장하는 독자부의 견해[7]가 무아를 설하는 붓다의 뜻, 즉 법성에 어긋난다는 것이고, 둘째는 독자부가 이와 같은 비판에 대해 '우리 부파에서는 이를 암송하지 않기 때문에 이는 불설이 아니며 바른 지식의 근거(pramāṇa)도 아니다'[8]라고 말하는 것에 대한 반박이다. 불교의 진리 기준을 부파의 전승경전에 두고 있는 독자부에 대해 진리의 척도를 불설에 두어야 하고, 진정한 불설의 기준은 각 부파의 전승과 같은 협소한 것에 있는 것이 아니라 무아 등과 같은 붓다의 본뜻에 있다는 것을 보여주고 있는 것이다.

예를 들면 무아를 설하고 있는 『증일아함경』이 불설로 인정받고 있는 것과 같다. 마찬가지로 무아를 설하고 있는 대승경전은 불설로 인정받아야 한다는 것이다. 아상가가 『증일아함경』을 예로 든 것은, 『유가사지론』에 의하면 이 경전이 하나하나의 불교 주제들을 분류한 다음 차례대로 그것이 상응 혹은 도리의 관점에서 진리, 곧 불설이라는 것을 말하고 있기 때문이다.

그러나 한편으로 아상가의 증인證因은 자신이 입증하려고 하는 주장

軍의 대승불설 논증에 대한 玄奘의 비판과 元曉의 改作」, 『불교학연구』 제6호(불교학연구회, 2003), p.9 참조.

7 바비베카는 성전을 매우 중요시하는 독자부(Vātsīputrīya)에 대해 다음의 두 가지 점에서 비판한다. 1) 성전은 여러 가지 해석이 가능하므로 그것만을 중요시하는 것은 오류이고, 2) 무엇보다 성전은 추리에 포함된다. 江島 惠教, 「Bhāvaviveka」の聖典観」(『印度學佛教學研究』 17-2, 1969), p.71 참조.

8 권오민, 「불설佛說과 비불설非佛說」, 『문학/사학/철학』 제17권(한국불교사연구소, 2009), p.151.

에 어긋날 수도 있는 위험을 내포하고 있다. '모두 보특가라(補特伽羅, 人我)가 무아無我라고 하는 이치에 어긋나지 않기 때문에'라고 하는 증인은 그 자체로 하나의 주의 주장을 불변의 진리로 고착시키는 역할을 할 수도 있기 때문이다. 이와 같은 논증 방식은 내용과는 별개로 논리적으로는 정확히 자신의 부파에 속한 경전만이 진리, 혹은 불설'이라고 주장하는 것과 같은 종류의 오류에 빠질 수 있다. 자야쎄나는 이와 같은 위험을 피하기 위해 아상가의 증인을 수정하고자 한다.

2. 자야쎄나의 대승불설 논증

자야쎄나(勝軍, Jayasena)가 대승불설을 논증하는 아상가의 논증식을 바른 주장으로 인정하지 않는 것은 이 논증식이 증인이 성립하지 않는 불성립(asiddha) 사인(似因, hetvābhāsa)[9]이기 때문이다. 입론자만 인정하고 대론자는 인정하지 않는 증인, 즉 '한쪽에서는 성립하지 않는(anyatarāsiddha) 잘못된 증인'[10]이다. 대승에서는 무아를 주장하기 때

---

9 주장이 참이려면 증인이 참이어야 하고 증인이 거짓이면 주장도 거짓이다. 이 잘못된 인(似因)에는 불성립(asiddha)인, 불확정(anaikāntika)인, 상위(viruddha)인의 세 가지가 있다. 이 중에 불성립인은 네 가지인데 이 중의 두 번째가 어느 한쪽에서는 성립하지 않는 인(anyatarāsiddha)이다. 『因明入正理論』(大正藏 32), "當說似因 不成不定 及與相違 是名似因: asiddhānaikāntikaviruddhā hetvābhāsāḥ.; 不成有四 一 兩俱不成 二 隨一不成 三 猶豫不成 四 所依不成."; "tatrāsiddhaś catuḥprakāraḥ / tadyathā / ubhayāsiddhaḥ, anyatarāsiddhaḥ, saṃdigdhāsiddhaḥ, āśrayāsiddhaś ceti //" 참조.

10 예를 들면 '만들어진 것이기 때문에'라고 하는 증인은 소리는 무상하다는 주장을 성립시킬 수 없다. 왜냐하면 소리는 상주한다고 생각하는 성상주론자聲常住論者들에게 소리는 만들어진 것이 아니기 때문이다. 그러므로 입론자에게는 인정되는

문에 바른 증인일 수 있지만, 소승의 입장에서는 대승이 상주하는 자아가 있다고 설한다고[11] 보기 때문에 증인 자체를 인정할 수 없다.

현장의 스승인 자야쎄나는 이와 같은 문제점을 보완하고 대승이 불설임을 논증하기 위해 아상가의 논증식을 수정하여 다음과 같은 논증식을 성립한다.

〔주장〕 모든 대승경전은 다 불설이다.

〔증인〕 양쪽 모두가 인정하는 '불설이 아닌 것'에 포함되지 않기 때문에.

〔유례〕 예를 들면 증일 등의 아함경과 같이.[12]

규기의 설명에 의하면, 자야쎄나가 이와 같이 논증식을 개작한 것은 『섭대승론』의 논증식에서 이품인 육족론六足論이 인을 충족시키지

증인이 대론자에게는 인정되지 않기 때문에 '어느 한쪽에서는 성립하지 않는 증인'(anyatarāsiddha)이라고 한 것이다.

『因明入正理論』(大正藏 32), "所作性故, 對聲顯論 隨一不成."; "kṛtakatvād iti śabdābhivyaktivādinaṃ praty anyatarāsiddhaḥ //"

11 규기에 의하면 소승에서는 대승이 상주하는 자아가 있다고 설한다고 본다. 窺基, 『因明入正理論疏』(大正藏 44, 121b), "他宗不許 大乘不違無我理故, 說有常我爲眞理故." 김성철, 「원효 저 판비량론의 대승불설 논증－勝軍의 대승불설 논증에 대한 玄奘의 비판과 元曉의 改作」, p.10 참조.

12 窺基, 『因明入正理論疏』(大正藏 44, 121b), "諸大乘經 皆佛說 宗. 兩俱極成非諸佛語所不攝故 因. 如增一等阿笈摩 喩."; 『判比量論』: 諸大乘經 是佛所說 極成非佛語之所不攝故 如阿含經. 김성철, 「원효 저 판비량론의 대승불설 논증－勝軍의 대승불설 논증에 대한 玄奘의 비판과 元曉의 改作」, p.12 참조.

못함으로써 생긴 부정인의 오류에서 벗어나기 위한 것이었다.[13] 소승과 대승 모두 불설로 인정하지 않는 육족론도 보특가라가 무아임을 설하고 있기 때문이다. 이를 구구인九句因[14]에 기반해서 설명해 보면 다음과 같다. 즉 아상가의 논증식에서 증인에 해당하는 '보특가라(人我, pudgala)가 무아無我라고 하는 이치에 어긋나지 않는 것'은 대승경전이 아닌 다른 종류의 유례(이례군), 즉 육족론에 존재하고 대승경전인 같은 종류의 유례(동례군)에도 존재하기 때문에 불확정인이라는 잘못된 증인이 된다.

즉 아상가의 대승불설 논증에 대한 자야쎄나의 비판에는 두 가지 의미가 있다고 해석할 수 있다. 첫째는 대승이 불설이라는 주장을 바른 것으로 만들려면 주장을 하는 입론자와 그와 다른 입장을 갖고 있는 대론자가 모두 인정할 수 있는 바른 증인이 있어야 한다는 점이다. 이와 같은 논증을 대승불설·비불설에 비추어 해석해 보면 논증식 자체에 이미 자신들이 속한 부파의 경전만이 진리이자 불설이라고 하는 주장에 대한 비판이 담겨 있다고 볼 수 있다. 두 번째로 대승과

---

13 窺基, 『因明入正理論疏』(大正藏 44, 121b), "兩俱極成非佛語所不攝者 立敵共許非佛語所不攝 卽非外道及 六足等教之所攝故." 김성철, 「원효 저 판비량론의 대승불설 논증—勝軍의 대승불설 논증에 대한 玄奘의 비판과 元曉의 改作」, p.12 참조.

14 앞으로의 논의를 위해 인도 불교논리학의 창시자 디그나가가 만들어낸 구구인九句因에 대해 지면관계상 매우 간략히 설명한다. 구구인은 주장, 증인, 유례의 논증식에서 증인이 동례군의 전체에 존재하는 경우, 동례군에 결코 존재하지 않는 경우, 동례군의 일부에 존재하고 일부에 존재하지 않는 경우의 3종류와 이례군의 마찬가지 경우 세 종류를 곱해 9가지 종류의 증인을 추출한 것이다. 이 중에 바른 증인은 2종류뿐이다. 즉 1) 동례군 전체에 존재하고 이례군에 결코 존재하지 않는 것, 2) 동례군의 일부에 존재하고 이례군에 완전히 존재하지 않는 것이다.

소승에서 모두 불설이라고 인정하지 않는 다른 종류의 유례(異喩), 육족론도 보특가라가 무아임을 설하고 있기 때문에 바른 증인이 아니라는 것은, 이 논증식 자체에 대승이든 소승이든 소위 말하는 '불설' 혹은 '불교'의 범주에서 벗어난 것은 진리가 아니라는 의미를 담고 있다. 이는 여전히 불설(buddhavacana)과 성언(āptavacana)을 같은 범주에 둔 것이라고 볼 수 있다.

Ⅲ. 원효의 진리론 논증

1. 현장의 대승불설 논증과 원효의 비판

그러나 자야쎄나의 논증식에 의거하면 양쪽 모두 인정하는 불설이 아닌 것에 포함되지 않는 것으로서 『발지경發智經』이 있게 되어 버린다.[15] 『발지경』은 설일체유부의 교학을 확립하는 데 중요한 역할을 했다고 알려져 있는 불교 내부의 논서임에 틀림없으므로 대승이라고 해도 그것이 불설이 아닌 것에 포함된다고는 할 수 없을 것이다. 그러나 『발지경』에는 대승의 입장에서 인정할 수 없는 내용들이 있으므로 불설이라고 인정할 수는 없다. 말하자면 불설이 아닌 것에 포함되지는 않지만 불설이라고 인정할 수는 없는 것이다. 현장은 이 점에서 대승에서는 인정하지 않는 『발지경』을 소승에서는 불설이라고 인정하기 때문에 자야쎄나의 논증도 부정인을 갖는다고 비판한 것이다.

자야쎄나 논증식의 이와 같은 문제점은 그의 부정적인 논법에 기인하

---

15 김성철, 「원효 저 판비량론의 대승불설 논증-勝軍의 대승불설 논증에 대한 玄奘의 비판과 元曉의 改作」, p.15 참조.

는 것이다. 입론자와 대론자 모두에게 인정되는 것이 부정적인 것이라면, 즉 양쪽 모두에게 인정되는 것이 부정적인 논법이라면 양쪽 모두에게 인정될 수 있는 것이 긍정적인 논법으로 바뀌는 순간 그 범위는 축소되고 제한적이 될 수밖에 없기 때문이다. 다시 말해 입론자와 대론자가 공통으로 불설이 아니라고 하는 것에 포함되지 않는다는 것은 대승과 소승 중 어느 한 쪽이 불설이라고 하는 것에만 포함되어도 된다는 뜻이고, 입론자와 대론자가 공통으로 불설이라고 하는 것에 포함된다는 것은 양쪽 모두가 불설이라고 인정하는 것에만 포함되어야 한다는 의미이기 때문이다.

자야쎄나는 부정적인 논법을 사용함으로써 보다 효율적으로 이례군을 배제하려고 하였지만 『발지경』의 존재로 인해 부정인을 갖는 잘못된 논증식이 되어 버리고 말았다. 이와 같은 자야쎄나 논증식의 난점을 극복하기 위해 이번에는 현장이 새로운 논증식을 수립한다. 자야쎄나의 논증식에 대한 비판으로 새롭게 성립한 현장의 논증식은 원효에 의하면 다음과 같다.

〔주장〕 모든 대승경전은 다 불설佛說이다.
〔증인〕 우리(대승)쪽이 인정하는 '불설이 아닌 것'에 포함되지 않기 때문에.
〔유례〕 증일 등의 아함경과 같이.[16]

16 藏俊, 『因明大疏抄』(大正藏 68), p.450a; 김성철, 「원효 저 판비량론의 대승불설 논증－勝軍의 대승불설 논증에 대한 玄奘의 비판과 元曉의 改作」, p.17 참조.

이 논증식에서 현장은 자야쎄나 논증식의 '〔입론자와 대론자〕 모두가 인정하는'이라는 한정어구에 의해 발생하는 과실을 없애기 위해 '우리(대승)쪽에서 인정하는'이라는 한정어구로 대체한다. 현장은 이를 통해 대승불설론을 분명히 하고 대승을 불설이라고 인정하지 않는, 혹은 대승 쪽에서 불설이라고 인정하지 않는 다른 쪽을 확실하게 배제할 수 있다고 본 것이다. 그러나 현장의 이러한 논증식은 입론자만 인정하고 대론자는 인정하지 않는 증인, 즉 '한쪽에서는 성립하지 않는(anyatarāsiddha) 잘못된 증인'이라는 점에서 자야쎄나에 의해 비판되었던 아상가의 논증식으로 돌아가버리는 결과를 초래하고 말았다. 더불어 자신이 속한 부파의 경전만이 불설이라거나 불교 이외에 외도의 교설도 불설이라고 하는 주장을 모두 비판할 수 있다는 점에서 의미가 있었던 자야쎄나의 논증식 자체에 담겨 있었던 의미도 퇴색해버리고 말았다.

원효는 이와 같은 현장의 논증식이 우선 상위결정이라는 불확정인을 갖는 잘못된 논증식이라는 점에서 비판한다. 현장의 논증식이 상위결정(相違決定, viruddhāvyabhicārī)의 오류에 빠지게 되는 이유는 '우리 쪽에서 인정하는'이라는 한정 때문이다. 자야쎄나의 경우에는 '양쪽 모두가 인정하는'이라는 한정어에 의해 대론자의 입장도 제한할 수 있었지만, 현장의 경우에는 자신의 주장과 정반대의 주장을 소승 쪽에서도 '우리 쪽에서 인정하는'이라는 한정어를 사용하여 논증할 수 있기 때문이다.

원효는 현장의 논증식에 대한 상위결정부정과의 논증식을 다음과 같이 제시한다.

〔주장〕 대승경전들은 궁극적인 가르침(至教量)[17]이 아니다.

〔증인〕 우리(소승)쪽에서 인정하는 불어佛語에 포함되지 않기 때문에.

〔유례〕 예를 들면 승론(勝論, Vaiśeṣika) 등과 같이.[18]

위에서처럼 대승은 불설이라는 현장의 주장과 완전히 상반되는 주장, 즉 대승은 불설이 아니라는 주장을 현장의 증인과 상반되는 증인으로 오류 없이 논증할 수 있다. 두 논증식이 모두 인의 삼상을 충족하고 있기 때문에 두 종류의 상반된 주장 각각은 모두 참이다. 그러나 완전히 상반되는 두 종류의 주장이 모두 옳다는 것은 논리적으로 불합리하기 때문에 결과적으로 두 논증식은 모두 부정인을 갖는 잘못된 주장이 된다. 그러므로 현장의 논증식으로는 대승이 불설이라는 것을 증명하지 못한다.

원효가 현장의 대승불설 논증을 비판하기 위해 사용한 상위결정은 불확정(anaikāntika) 사인似因의 하나이다.

『인명입정리론因明入正理論』이나 『인명정리문론因明正理門論』에 의하면 가장 대표적인 상위결정의 예는 다음과 같다.

---

17 궁극적인 가르침이라는 표현은 『성유식론成唯識論』에서 불설과 혼용되고 있고, 원효에게도 불설과 구별되는 특별한 의미로 사용되지 않는다. 김성철, 「원효 저 판비량론의 대승불설 논증―勝軍의 대승불설 논증에 대한 玄奘의 비판과 元曉의 改作」, p.21 참조.

18 김성철, 「원효 저 판비량론의 대승불설 논증―勝軍의 대승불설 논증에 대한 玄奘의 비판과 元曉의 改作」, p.23 참조.

〔주장〕 소리는 비항구적이다.
〔증인〕 만들어진 것이기 때문에.
〔유례〕 대개 만들어진 것은 비항구적이다. 예를 들면 항아리와 같이.

〔주장〕 소리는 항구적이다.
〔증인〕 들리는 것이기 때문에.
〔유례〕 대개 들리는 것은 항구적이다. 예를 들면 소리의 보편(śabdatva)과 같이.[19]

위에서 알 수 있듯이 두 논증식 각각은 인의 삼상을 충족하는 바른 주장을 담고 있지만 주장이 서로 상반되므로 바른 논증이 아니다. 동일한 대상에 관해서 서로 모순되는 주장을 증명하는 두개의 바른 증인이 존재하는 경우, 도대체 어느 쪽이 바른 것인가 하는 의혹의 원인이 된다. 이와 같은 경우를 디그나가(陳那, Dignāga)는 모순과 필연적으로 결합하는 증인(viruddhāvyabhicārī)이라 불렀고, 그렇기 때문에 증인은 단일하지 않으면 안 된다고 하였다.[20]

---

19 『인명입정리론因明入正理論』(大正藏 32), "相違決定者 如立宗言 聲是無常 所作性故 譬如瓶等 有立聲常 所聞性故 譬如 聲性 此二皆是 猶豫因故 俱名不定.": "viruddhāvyabhicārī yathānityaḥ śabdaḥ kṛtakatvād ghaṭādivat / nityaḥ śabdaḥ śrāvaṇatvāc chabdatvavad iti / ubhayoḥ saṃśayahetutvād dvāv apy etāv eko'naikāntikaḥ samuditāv eva //" 참조.

20 桂紹隆, 「因明正理門論硏究〔三〕」, 『廣島大學文學部紀要』 39, 63-82, 1979, pp.72~74 참조. 그러나 위의 두 논증식에서 실제로 문제가 되는 것은 '보편'을

원효는 이와 같은 상위결정을 사용함으로써 현장의 논증식을 성공적으로 논파한다. 현장의 논증식은 바른 논증식의 상반된 주장이라고 하는 모순과 필연적으로 결합할 수밖에 없기(viruddhāvyabhicārī) 때문이다. 이는 현장이 '우리 쪽에서 인정하는'이라는 한정구를 넣음으로써 상대편을 아예 논의의 대상에서 제외해 버린다면 대론자도 또한 동일한 한정구로 현장을 논의의 대상에서 제외해 버릴 수 있다는 것을 보여준다. 원효는 이를 통해 자야쎄나와 마찬가지로 자신이 속한 부파의 경전만이 진리라고 하는 편협한 불설론이 논리적으로도 바르지 않다는 것을 보여준 것이다. 나아가 원효는 이와 관련된 자신의 논증식을 수립함으로써 단순히 현장의 논증에 대한 논리학상의 논파뿐만 아니라 그의 대승불설과도 비교되는 새로운 대승의 진리 기준을 제시한다.

2. 원효의 대승불설 논증

원효가 현장의 대승불설 논증을 비판한 후에 수립한 자신의 논증식은 다음과 같다.

〔주장〕 대승경전들은 바른 이치正理에 부합하는 것이다.

〔증인〕 양측 모두 인정하는 불어佛語가 아닌 것에 포함되지 않는

영원불변의 실재라고 간주하는 '우주관의 어딘가에 오류가 있기' 때문이지 순수하게 논리학상의 오류라고는 생각되지 않는다(北川 〔14〕 36). 그러므로 후에 다르마끼르띠(Dharmakīrti)는 상위결정과(viruddhāvyabhicārin)를 잘못된 증인으로 언급하지 않게 된다(NB III, 112-118). 한편 디그나가는 두 개의 불확정인이 함께 하나의 주장을 바르게 논증하는 경우도 고려한다(PSV ad III. 23cd, 北川 〔14〕 194-195).

가르침(教)이기 때문에.

〔유례〕 예를 들면 증일아함경增一阿含經 등과 같이.[21]

원효는 이와 같은 방법으로 현장을 비판하고 다시 자야쎄나의 증인을 취해 자신의 논증식을 수립하였지만, 이 논증식이 자야쎄나의 논증식과도 구별되는 가장 큰 차이점은 주장에 있다. 자야쎄나가 '대승경전은 불설이다'라고 한 것을 원효는 '대승경전들은 바른 이치(正理, yukti, nyāya)에 부합된다'라고 바꾼 것이다. 원효를 제외하고 규기에 의해 소개된 일련의 논증식들이 모두 '대승경전들은 불설'이라고 하는 주장을 취하고 있다.

원효 자신의 설명에 의하면 이 논증식은 틀림없이 현장을 비판하고 다시 자야쎄나 논사의 논증을 풀어낸 것이다. 또한 논증식을 이와 같이 상정할 경우 상위결정에서 벗어나고 앞뒤의 갖가지 부정인의 오류에서 벗어날 수 있다. 우선은 '양쪽이 다 인정하는'이라는 한정구에 의해 현장의 논증식에 나타나는 과실인 상위결정에서 벗어날 수 있기 때문이다. 또한 대승경전을 바른 이치(正理)에 부합하는 것으로 정의함으로써 대승경전을 불설로 정의했을 때 각 부파마다 불설로 인정하는 경전이 다르기 때문에 나타나는 여러 불확정인에서 벗어날 수 있기

---

21 善珠, 『因明論疏明燈抄』(大正藏 68, 346), "是故今箋勝軍比量云 諸大乘經 契當正理 極成非佛語〔所〕不攝之教故 如增一等 如是則離相違決定 又離前後 諸不定(過)也."; 藏俊, 『因明大疏抄』(大正藏 68, 549-550) 『因明論疏明燈抄』에는 〔所〕가 누락되어 있고, 『因明大疏抄』에는 (過)가 누락되어 있다. 김성철, 「원효 저 판비량론의 대승불설 논증-勝軍의 대승불설 논증에 대한 玄奘의 비판과 元曉의 改作」, p.24 재인용 및 참조.

때문이다.[22]

그렇다면 '바른 이치에 부합하는 것'의 의미는 무엇이고, 원효가 말하는 바른 이치(正理)란 무엇인가? 원효의 대승불교에 대한 진리론을 가늠해 보기 위해서는 우선 이 문제를 검토하지 않으면 안 될 것이다.

3. '바른 이치(正理)'의 의미

1) 중현의 법성(dharmatā)과 바른 이치

성문승들에게 불설이란 앞에서 언급한 대로 '성제경(āryasatya-sūtra) 중에 설해져 있고 번뇌를 조복시키는 율(kleśa-vinaya) 중에 보이며, 연기라고 하는 법성(pratītyasamutpāda dharmatā)과 부합하는 것'이다. 성문승들이 불설을 이와 같이 정의하게 된 데에는 아비달마의 경, 율, 논이 근본결집 때부터 결함이 있어 완전하지 않았기 때문에 그와 같은 전승성전에 기반한 불설도 완전하지 않을 수밖에 없다는 비판을 받았기 때문이다. 바로 그렇기 때문에 성문승들의 불설의 정의에서 주목되는 부분은 바로 법성(dharmatā)이다.

여기에서의 '연기라고 하는 법성'은 동격한정 복합어로 해석되어 연기=법성의 의미를 취하고[23] 있지만, 유부의 중현(衆賢, saṃga-bhadra)에게 법성(dharmatā)은 뜻이 명확히 드러나는 언설(요의설)과 뜻이 명확히 드러나지 않는 언설(불요의설)의 판단기준이다. 즉 이 경우의 법성이란 모든 존재의 진실성, 논리에 의해 입증된 진실을

---

22 김성철, 「원효 저 판비량론의 대승불설 논증－勝軍의 대승불설 논증에 대한 玄奘의 비판과 元曉의 改作」, p.24.

23 李鍾徹, 『世親思想の研究－『釋軌論』を中心として－』, p.66, n.124 참조.

말한다. 이는 붓다가 자신의 의도와 일치하지 않을지라도 논리에 부합하는 언설은 모두 수지할 만하다고 한 것과도 일맥상통한다. 중현은 전승되어온 성전에는 분명한 것과 분명하지 않은 것, 세속제와 승의제 등의 많은 분류가 있어 완전하지 않고, 설법자는 설법의 때와 청자의 이해력에 맞추어 그때그때 적합하게 설하였기 때문에 경문에 집착하여 설해진 대로 이해해선 안 된다고 생각하였다. 그러므로 이 수많은 경문들 중에 바른 이치에 부합하는 것을 요의경으로, 위배되는 것을 불요의경(『순정리론』 330a)으로 삼았던 것이다.[24]

이와 같은 맥락에서 본다면 적어도 중현에게 법성이란 '바른 이치에 부합하는 것'을 말한다. 다만 여기에서 바른 이치가 의미하는 것이 무엇인지에 대해서는 더 탐색해 보아야 할 것이다. 뒤에 설명하겠지만 바바비베까의 추리와 정확히 같은 의미로 이해하기는 어려울 듯하며, 오히려 『해심밀경』과 『유가사지론』에 나오는 '법이도리'와의 연관성을 고찰해볼 필요가 있다. 성언량을 독립적인 바른 인식수단으로 보는 아비달마 전통과 달리 적어도 디그나가 이후의 불교인식논리학 전통에서는 성언량이 추리에 포함되기 때문이다. 중현에게 법성이란 바른 이치와 동의어가 아니라 어떤 의미에서 불설과 동의어이며, 이는 붓다의 위대한 네 가지 교설과 관련해서 요의설과 불요의설을 나누는 기준이 된다. 그러므로 원효에게 '바른 이치에 부합하는 것'이 대승불교가 불설이라는 것을 입증하는 진리 기준이듯이, 중현의 법성은 아비달마가 불설이라는 것을 나타내는 진리 기준이라고 할 수 있다. 그러나

---

24 권오민, 「불설佛說과 비불설非佛說」, 『문학/사학/철학』 제17권(한국불교사연구소, 2009), pp.166~168 참조.

원효의 불설론이 직접적으로 중현의 불설론에 기반하고 있는가는 또 다른 문제이다. 물론 당연히 관계가 있겠지만, 그런 식으로 본다면 초기불교에서부터 아비달마와 대승불교에 이르기까지 서로 연관이 없는 주제가 없을 것이며, 원효의 모든 관점은 불교의 모든 분야에 기반하고 있다고 해야 할 것이기 때문이다. 중요한 것은 보다 직접적인 문헌적 근거를 들어 사상적인 맥락을 찾아내는 일일 것이다.

2) 바바비베까의 추리(anumāna)와 논리

불교인식론논리학의 창시자 디그나가(陳那, Dignāga. ca. 480~540)가 바른 인식수단(pramāṇa)으로 직접지각(pratyakṣa)과 추리(anumāna) 두 종류만을 인정[25]한 이래로 인도 쁘라마나 전통에서 성전(āgama)이나 증언(śabda)은 독립적인 지식근거가 아니라 추리의 범주에 들어가게 되었다. 인식대상이 독자상과 일반상뿐이기 때문에 인식수단도 독자상(svalakṣaṇa)을 대상으로 하는 직접지각과 일반상(sāmānyalakṣaṇa)을 대상으로 하는 추리 두 종류뿐이다.[26] 그러므로 언어에 기반한 인식인 성언량도 일반상에 포함되는 것이다. 이와 같은 관점에서 보면 디그나가에게 불설과 불설이 아닌 것은 특별한 관심의 대상이 아니었던 듯하다.

디그나가는 귀경게에서 쁘라마나(바른 인식)와 같은 세존을 세 가지

---

25 PS1, k.2ab: pratyakṣam anumānaṃ ca pramāṇe 참조.

26 PSV ad PS1,k.2: yasmād lakṣaṇadvayaṃ prameyam, na hi svasāmānyalakṣaṇābhyām anyat prameyam asti / svalakṣaṇaviṣayaṃ hi pratyakṣam, sāmānyalakṣaṇaviṣayam anumānam iti pratipādayiṣyāmaḥ / 참조.

궁극적인 덕목을 가진 인격완성자로서 찬탄하지만, 다르마끼르띠와 같이 이 덕목들을 매개로 해서 세존이야말로 쁘라마나라는 것을 적극적으로 논증한 것은 아니다. 실제로 디그나가는 다르마끼르띠가 의도한 것과 같이 '세존이야말로 제일의적인 쁘라마나이다'라고 한 적이 없었다. 더욱이 그는 전술한 것처럼 성언을 독립적인 인식수단이 아니라 추리로 환원한다.[27]

바바비베까(清辯, Bhāvaviveka. ca. 490~570)는 디그나가와 마찬가지로 성언에 독립적인 의미를 부여하지 않는다. 그는 성전은 단순히 전승적으로 전해져 온 것이기 때문에 '아가마āgama'가 아니라 그것이 논리적 타당성(yukti)을 갖는가 아닌가, 진실지 혹은 해탈을 지향하는 논리적 사고(tarka)에 상응한 것인가 아닌가에 달려 있다는 것을 분명히 한다. 불교가 아닌 베단따Vedānta라고 해도 그 중에 바르게 설해진 것은 모두 붓다에 의해 설해진 것이라고 할 수 있다는 것이다. 진실지의 입장에 선 경우, 그것이 이치에 합당한가 아닌가를 검토하는 방법은 추리에 의한 고찰이다. 현존하는 성전은 논리적 사고를 간과하지 않는 한 절대적인 권위를 가질 수 없고, 있다고 해도 상대적으로 밖에 있을 수 없다.[28] 하지만 그렇다고 해서 바바비베까가 불설을 부정하는 것은 아니다. 오히려 그는 대승이 성문승과 마찬가지로 불설이라는 것을 강조한다. 왜냐하면 무아성(nairātmya) 등이 설해지고 삼보의 위대성

---

27 桂紹隆〔ほか〕編,『認識論と論理學』/ シリーズ大乘仏教 9(東京: 春秋社, 2012), pp.161 참조.

28 江島 惠教,「Bhāvaviveka」の聖典觀」,『印度學佛教學硏究』17-2, 1969, p.73; (MHK. IX. 18-19); (MHK. IV.56) 참조.

(māhātmya)이 설해져 있기 때문이다.[29]

한편 동아시아 전통에서 원효의 저작과 인용을 제외하고 논리(正理)를 원효와 같은 맥락에서 사용하는 논서는 『성유식론본문초成唯識論本文抄』 정도이다. 이 논서에 의하면 대승경 중에 삼법인의 이치를 설한 것은 소승의 사람들 또한 바른 이치에 부합하는 경이라고 인정한다. 삼법인을 설한 곳이 없다면 소승의 사람들 또한 대승경을 바른 이치에 부합하는 경이라고 인정하지 않는다[30]고 한다.

하지만 바바비베까에게 대승불교가 불설이라는 것을 판정하는 기준은 그 무엇보다도 논리(yukti, nyāya) 혹은 추리였다.[31] 불교인식론논리학의 전통에서는 디그나가가 성언을 추리의 영역에 귀속시킨 이후로 별도로 불설과 비불설을 논하지 않았다. 하지만 바바비베까는 대승불교가 불설일 수 있는 기준으로 논리(yukti, nyāya) 혹은 추리를 상정한다. 이는 디그나가의 추리와도 상통하는 것이지만, 대승불교가 불설이라는 것을 판정하기 위한 기준인 한 필연적으로 성전을 기반으로 논의되어질 수밖에 없다. 불설로서의 성전과 추리로서의 논리가 상호보완적으로 작용하고 있는 것이다. 이와 같다면 바바비베까 또한 많은 점에서

---

29 江島 惠教, 「Bhāvaviveka」の小乘聖典批判」, 『印度學佛教學研究』 18-2, 1970, p.99; (MHK, IV.32)

30 『成唯識論本文抄』(大正藏 65), "大乘經中說三法印之理處 小乘人亦許契當正理經也. 不說三法印處 不許契當正理之經也."

31 다만 불설인지 비불설인지를 판단하는 기준이 바바비베까의 경우, 논리라고 해도 그 논리는 그가 중관학파의 전통 중에 암묵적으로 시인하고 있는 성전을 기초로 하는 것이지 전통에서 완전히 독립한 기능이라고 할 수 있는 것은 아니다. 江島 惠教, 「Bhāvaviveka」の小乘聖典批判」, 1970, p.99 참조.

원효의 불설론과 상통하지만, 성언량을 추리에 귀속시킨다는 점과 관련해서는 역시 완전히 일치한다고 보기 어려울 듯하다. 또한 중현의 경우와 마찬가지로 원효와의 직접적인 사상적 영향관계를 밝히기 위해서는 이에 부합하는 문헌적 근거가 필요해 보인다.

3) 유가행파의 사종도리

한편 '바른 이치'는 또한 유식학파에서 말하는 도리(道理, yukti)로 풀이할 수도 있다. 안성두는 원효의 '정리'는 '법성'과 동의어라기보다는 유식학에서 말하는 법성의 네 가지 도리 중 하나일 가능성을 제시한다. 관대觀待도리, 작용作用도리, 증성證成도리, 법이法爾도리의 이 네 가지 도리는 『유가사지론瑜伽師地論』의 성문지를 비롯한 여러 유식문헌에서 다루고 있고, 여기에서의 도리란 제법을 관찰하는 방법(yoga), 방편(upāya)을 의미한다. 이 중에서 마지막의 법이도리가 바로 아비달마 혹은 중현의 법성과 일맥상통하는 의미를 갖는다고 말할 수 있다. 법이도리란 제법의 진실성을 세간에서 인정된 사물의 성질로, 불가사의하며 수행자가 안주하는 법성으로서 믿는 것이기 때문이다. 반면에 세 번째 증성도리는 추리와 같은 바른 인식수단의 의미로 풀이된다. 성문지에 의하면 증성도리는 성언량, 직접지각, 추리의 세 가지 인식수단으로 논리적 증명을 행하는 것을 말한다. 이런 점에서 본다면 적어도 청변의 '논리'는 법이도리라기보다는 증성도리라고 보는 것이 타당할 것이다.[32] 이와 같다면 원효가 말하는 '바른 이치'는 법성과 동의어라기

32 필자는 안성두 선생님의 기고문과 같은 내용의 귀중한 조언에 힌트를 얻어 논문의 실마리를 풀어나갈 수 있었음을 지면을 빌어 밝혀둔다. 안성두, 「토론문화 드문

보다는 추리 등의 바른 인식수단 혹은 방편을 의미한다고 할 수 있을 것이다.

이와 같이 원효가 유가행파의 증성도리證成道理에 기반해서 대승경전이 불설이라는 것을 드러내려 했다면 이에 대한 문헌적인 근거와 사상적인 맥락을 제시하지 않으면 안 될 것이다. 이와 관련된 문헌적인 근거로는 우선 『대혜도경종요大慧度經宗要』를 거론할 수 있을 것이다. 원효는 이 논을 저술한 이유에 대해 다음과 같이 말한다.

> 모든 사람의 의심을 끊어 주기 위하여 경론에 다음과 같이 언급한다. 〔문〕 "어떤 사람이 의심하기를, 부처님은 일체지一切智를 얻지 못했다. 왜 그러한가? 모든 법이 헤아릴 수 없이 많은데 어떻게 한 사람이 모든 법을 알 수 있는가." …… 〔답〕 스스로 진실한 말을 하시기를 "나는 일체지인一切智人이다. 모든 중생의 의심을 끊고자 이 경을 설했다"라고 하였다. …… 진실한 말을 한다는 것은 거짓된 말을 하지 않는다는 것이다. …… 이 추리인 증성도리證成道理에 의해 여래의 말이 거짓이 아님을 증명한다. 그러므로 여래의 일체지로 중생의 의심을 끊어 없앤다.[33]

불교학계의 이변」, 법보신문, 2009, 참조.

33 『大慧度經宗要』(대정장 33, 72b08~16), "三爲欲斷諸人疑者, 論云. 有人疑佛不得一切智. 所以者何. 諸法無量無數, 云何一人, 能知一切法. …… 自發誠言, '我是一切智人. 欲斷一切衆生疑, 以是故說此經.' …… 發誠言者, 謂不妄語. …… 依此比量證成道理, 證知如來所言非妄. 是故如來有一切智, 以是斷除衆生疑也."(이종익, 『국역원효성사전서』, 1987, pp.102~103. 참조 및 부분인용)

원효는 붓다가 일체지를 얻은 일체지자라는 것은 어떻게 증명할 수 있는가에 대한 의심을 끊기 위해, 즉 붓다의 깨달음에 대한 의심을 해소해주기 위해 『대혜도경종요』를 저술했다고 말하고 있다. 이 과정에서 원효는 붓다가 "나는 일체지인一切智人이다. 모든 중생의 의심을 끊고자 이 경을 설했다"라고 한 말이 거짓이 아니라 진실한 붓다의 말이기 때문에 붓다의 일체지, 깨달은 마음은 부정될 수 없다는 논지를 전개한다. 그렇다면 붓다의 말이 진실한 것, 진리라는 것은 어떻게 증명하는가. 원효는 '증성도리證成道理의 추리(比量)에 의해 여래의 말이 거짓이 아님을 증명한다'고 함으로써 여래의 말이 진리라는 것을 증명하는 바른 인식수단이 증성도리임을 분명히 밝히고 있다. 말하자면 붓다의 깨달음에 대한 의심은 붓다의 말이 진리라고 인식할 때 해소될 수 있으며, 붓다의 말이 진리라는 것은 바로 증성도리에 의해 증명된다는 것이다.

그렇다면 증성도리라는 것은 어떤 문헌적인 근거와 사상적인 맥락을 갖는가. 우선 유가행파의 사종도리는, 야이타(矢板 秀臣)에 의하면 『해심밀경解深密経』계의 논리학이라고 할 수 있다. 일반적으로 관대도리觀待道理는 모든 현상이 인연에 의해 생겨난다고 하는 도리, 작용도리作用道理는 모든 현상이 과보를 일으킨다고 하는 도리, 증성도리證成道理는 모든 현상이 실증된다고 하는 도리, 법이도리法爾道理는 모든 현상의 진여실상이 불설의 도리라는 의미이다.[34] 마이뜨레야나 아상가

34 矢板 秀臣, 「四種道理についての一資料」, 『大正大學綜合佛教研究所年報』 11, 1989; 木村 俊彦, 「インド論理學の展開と〈弁證〉·〈道理〉」 『印度學佛教學研究』 53-1(64), 2004 참조.

에 의하면 관대도리, 작용도리, 법이도리는 헤아리기 어려운 설명이지만 증성도리는 명료하게 지각, 추리, 성언聖言이라고 하는 바른 인식수단을 가리킨다.[35] 야이타, 키무라(木村 俊彦) 등은 이 증성도리의 전통이 불교인식논리학 전통(경량유가행파)과 별개로 성립한 『해심밀경』계의 논리학이라는 의미는 아니라고 말한다. 그에 의하면 불교인식논리학의 전통을 변증적으로 받아들인 『해심밀경』계의 논리학이 짜라까의 추리학을 매개로 네 종류의 도리로 확립되었고, 마이뜨레야의 『유가사지론』에서 본격적인 유가행파의 논리학 내지는 일종의 변증론으로 전개되었다는 것이다. 증성도리(證成道理, upapattisādhanayukti)는 『해심밀경』에서도 지각, 추리, 성언의 영역을 벗어나지 않으며, 『유가사지론』의 인명因明 부분이 바로 이에 대한 유가행파의 변증론이라고 할 수 있다.[36]

원효의 교학이 이와 같은 초기 유식의 전통과 관련이 깊다[37]는 것은

---

35 宇井 伯壽, 『仏教論理學』(東京: 大東出版社, 1933); 木村 俊彦, 「インド論理學の展開と〈弁證〉·〈道理〉」, 2004 참조. 宇井博士(1925), 「チャラカ本集の論理說」에 의하면 Nr.1,SS.15-19에서 짜라까는 본래의 논리학설과는 별도로 지각, 추리, 성언, 도리(yukti)의 네 가지를 언급했다고 한다. 지각과 추리, 성언은 같은 바른 인식수단이지만 도리는 이 경우 의학적인 통찰을 의미했다. 木村 俊彦, 「インド論理學の展開と〈弁證〉·〈道理〉」, 2004.

36 그 변증 내용은 『해심밀경』에서 다루는 증성도리의 지각, 추리, 성언과도 약간 달라서 증명(upapatti)이 별도로 확립되기도 했고 지각과 성언도 증명에 사용했다. 이는 짜라까나 마이뜨레야의 변증론에 입각한 것이다. 矢板 秀臣, 「四種道理についての一資料」, 1989; 木村 俊彦, 「インド論理學の展開と〈弁證〉·〈道理〉」, 2004 참조.

37 원효의 사상, 특히 『기신론起信論』을 『섭대승론攝大乘論』에 의한 초기유식과 진제

그의 저술에 나타나는 수많은 인용경론만 보아도 쉽게 미루어 짐작할 수 있다. 원효가 인용한 경론들은 매우 방대해서 한문불전으로 이루어진 대승의 경전과 논서들을 거의 망라하지만 그 중에서도 『유가사지론瑜伽師地論』『대승아비달마집론大乘阿毘達磨集論』, 『대승아비달마잡집론大乘阿毘達磨雜集論』, 『현양성교론顯揚聖敎論』 등 아상가 계열의 초기 유식문헌의 인용빈도는 주목할 수 있을 만큼 빈도수가 많다. 대승경전이 불설이라는 것을 논증하는 데 있어서도 원효는 『해심밀경』에서 『유가사지론』으로 이어지는 유가행파의 진리론을 사용했거나 최소한 의식하고 있었다고 볼 수 있을 것이다.

원효의 대승불설 논증을 이해하기 위해서는 이와 같이 초기 유가행파, 그 중에서도 초기 유가행파의 중심이라고도 할 수 있는 『유가사지론』의 논의를 검토해볼 필요가 있을 것이다. 후쿠하라(福原 亮嚴, 1973)[38]는 『유가사지론』의 유가(瑜伽, yoga)를 상응(相應, samyukta)과 동의어로 해석한다. 이것은 '『유가사지론』의 저자는 아함에 대승적인 의미를 부가한 것'이라는 우이하쿠쥬(宇井 伯壽, 1982)의 견해와 맥을 같이 하는 것으로 『유가사지론』에서 상응은 근본경전에서 대승경전에 이르기까지의 전 불교를 종합 통일하는 근본원리로 설명되기 때문이다. 이와 관련된 문헌적인 근거로 후쿠하라는 최승자(最勝子, Jinaputra)

眞諦 한역의 유식에 기반한 이해로 보고 원효의 유식학적 관점에 주목한 저술로는 박태원, 「大乘起信論에 대한 思想評價」(박태원, 『大乘起信論思想硏究』, 民族社, 1994, 민족사학술총서 28)가 있다.

38 福原 亮嚴, 「瑜伽論の相応について」 『印度學佛教學研究』 22-1, 1973, pp.126~127 참조.

의 『유가사지론석瑜伽師地論釋』의 다섯 가지 유가를 제시한다. 이 세상의 모든 현상과 존재는 이유가理瑜伽, 교유가教瑜伽, 행유가行瑜伽, 경유가境瑜伽, 과유가果瑜伽의 다섯 가지로 분류되고, 이 모두는 단독적인 것이 아니라 '유가'라고 하는 점에서 서로 상통하는 것이다. 이 중에 '이유가'는 다섯 가지 유가 혹은 『유가사지론』의 내용을 지각, 추리, 성언을 다룬 부분으로 나누어 분석하는 것이다. '교유가'는 이유가와 다른 것이 아니며 『해심밀경』의 사종도리, 즉 관대도리, 작용도리, 증성도리, 법이도리(있는 그대로의 진리, 보편타당성)를 들어 교유가의 내용을 설명한다. 그 중에서도 증성도리는 최상에 위치하는 것으로, 여기에는 다시 청정과 청정하지 않은 것의 두 종류가 있다. 『유가사지론』에서는 이 중에 청정의 측면에서 성언을 가장 중요시하고 이 성언, 즉 교유가가 다섯 가지 유가 모두를 포섭하고 있다고 한다.[39]

말하자면 성언을 가장 중요시한다는 것은, 성언이란 증성도리에 비추어 봤을 때 청정한 붓다의 말, 불설(buddhavacana)이기 때문이다. 이 불설이 근본경전만을 의미하는 것이 아니라는 것은 두말할 필요도 없을 것이다. 근본교설의 경전, 성문경, 율전, 아비달마와 대승의 경전과 논서들 모두 근원적인 성언에 상응한다면, 즉 증성도리에 부합한다면 그것은 불설이라고 할 수 있다.

그러므로 원효는 대승경전도 바른 이치에 부합하는 것인 한 불설이라고 증명한 것이다. 아상가에서부터 자야쎄나, 현장, 원효에 이르기까지 『증일아함경』을 예로 든 것 또한 같은 맥락이라고 할 수 있다. 『유가사지

39 福原 亮嚴, 「瑜伽論の相応について」, 1973, pp.123~125 참조.

론』에서 『증일아함경』은 이 하나하나의 불교 주제들을 여러 가지 분야로 분류하고 차례대로 그것이 상응의 관점에서 진리, 불설이라는 것을 말하고 있기 때문이다. 『유가사지론』 식으로 푼다면 도리에 부합한다는 점에서 '유가'의 가르침이므로 불설이라고 할 수 있을 것이고, 원효 식으로 말한다면 '바른 이치에 부합하는 것'이기 때문에 불설이라고 할 수 있을 것이다.

Ⅳ. 맺음말: 원효의 진리론

원효는 대승불교를 '바른 이치에 부합하는 것'이라고 정의함으로써 불설인지 아닌지를 가르는 진리 기준을 전통적으로 전승되어 온 성전보다는 논리적 타당성에 두었다. 이 논리적 타당성은 소승과 대승이 모두 불설이 아니라고 인정하는 것에 포함되지 않는 가르침, 다시 말해 대승과 소승 각자가 불설(buddhavacana)이라고 생각하는 가르침에는 반드시 있는 것이다. 그런데 흥미로운 것은, 이 경우 논리학적으로는 논리적 타당성이 불설보다 외연이 크다. 불설이라고 한다면 반드시 논리적 타당성이 있어야 하지만 논리적 타당성이 있는 것이 반드시 불전에서 설해진 것일 필요는 없기 때문이다. 원효의 이와 같은 입장은 대승불교의 진리론이라기보다는 진리를 인식하고 받아들이는 근원적인 태도와 같은 관점을 보여준다.

동아시아 대승의 전통에는 아상가와 같은 초기 유가행파의 논사를 시작으로 현장, 원효에 이르기까지 이와 관련된 매우 중요한 논의를 보여주고 있다. 우선 아상가와 자야쎄나 모두 유가행파의 관점에서 대승경전 또한 불설임을 증명하려고 한 것은 분명하다. 다만 자야쎄나는 아상가의 논법에서 증인이 잘못됨으로써 바른 논증이 되지 못할 것을 우려한 것이라고 볼 수 있다. "모두 보특가라(補特伽羅, 人我)가 무아無我라고 하는 이치에 어긋나지 않기 때문에"라고 하는 아상가의 증인은 하나의 주의 주장을 불변의 진리로 고착시키는 역할을 할 수도 있기 때문이다. 이와 같은 논증 방식은 내용과는 별개로 논리적으로는 정확히 자신의 부파에 속한 경전만이 진리 혹은 불설'이라고 주장하는 것과 같은 종류의 오류에 빠질 수 있기 때문이다.

하지만 오류라기보다는 실수에 가깝다고 할 수 있는 아상가의 논증보다 더욱 심각한 것은 현장의 불설 인식이다. 현장은 대승에서 인정하지 않는 경전(『발지론』)을 소승에서는 불설이라고 인정하기 때문에 "양쪽 모두가 인정하는 '불설이 아닌 것'에 포함되지 않기 때문에"라고 하는 자야쎄나의 증인은 잘못된 증인이라고 비판한다. 그러나 "우리(대승) 쪽이 인정하는 '불설이 아닌 것'에 포함되지 않기 때문에"라고 하는 현장의 증인은 아상가가 무의식적으로 범한 실수를 완전한 오류로 바꾸어 놓는 역할을 하고 말았다. 현장의 증인에 따르면 대승이 인정하는 불설만이 불설이 되어 버리기 때문이다. 원효가 비판하고 있듯이 그와 같은 논법은 상반된 주장을 하는 대론자의 입장에서도 똑같이 구사할 수 있기 때문에, 그럴 경우 마찬가지로 소승이 인정하는 불설만이 불설이 되어 버리고 만다. 이는 정확히 대승불설론이 비판하는 입장과 일치하므로 대승경전은 불설이라고 하는 주장은 잘못된 주장이 된다.

이와 같은 현장의 논법은 대승의 정신에도 부합하지 않을 뿐더러 초기 유가행파의 대승적 관점을 기만한 것이 되므로 원효는 현장의 논증식을 비판하고 대승불설 논증의 증인을 다시 자야쎄나의 증인으로 돌려놓는다. 하지만 '대승경전은 불설이다'라고 하는 주장 중 '불설'이라는 말은 그 의미가 시대별 부파별로 다르게 해석될 수 있으므로 원효는 '바른 이치에 부합하는 것'이라고 함으로써 대승적 관점의 불설론을 보다 분명히 하려고 한 것이다.

불설을 전통적인 성언으로만 국한하지 않는 견해는 일부 세친이나 중현 등 아비달마 논사들에게도 나타나는 모습이다. 그런 점에서 본다면 불교사 전체의 맥락에서 초기불교의 '자등명 법등명'을 포함해 어느 것도 관련이 없다고는 할 수 없다. 다만 원효의 대승불설 논증과 관련된 사상적인 영향관계를 직접적인 문헌적 근거에 기반해서 고찰해 보면 초기 유가행파의 대승불설 논증의 맥락에서 전개되었다고 말할 수 있을 것이다.

원효는 일례로 『대혜도경종요大慧度經宗要』에서 붓다의 말이 진실한 것, 진리라는 것은 증성도리證成道理의 추리(比量)에 의해 증명된다고 말한다. 바른 인식수단을 뜻하는 증성도리는 『해심밀경』에서 사종도리의 하나로 등장하며 『유가사지론』을 비롯한 초기 유가행파의 논리, 변증론으로 다루어지는 개념이다. 『유가사지론』에서 불설은 근본경전만을 의미하는 것이 아니며 성문경, 율전, 아비달마와 대승의 경전과 논서들 모두 성언에 상응한다면, 즉 증성도리에 부합한다면 그것은 불설이라고 한다. 성언이란 증성도리에 비추어봤을 때 청정한 붓다의 말, 곧 불설(buddhavacana)이기 때문이다. 자야쎄나, 현장, 원효에 이르기까지 『증일아함경』을 예로 든 것 또한 같은 맥락이라고 할 수 있다. 『유가사지론』에 의하면 『증일아함경』은 하나하나의 불교 주제들을 여러 가지 분야로 분류하고 차례대로 상응, 혹은 도리의 관점에서 그것이 진리, 불설이라고 설명하고 있기 때문이다. 이를 원효 식으로 말한다면 전승된 성전이기 때문이 아니라 '바른 이치에 부합하는 것'이기 때문에 불설이라고 할 수 있는 것이 된다.

참고문헌

1. 원전

商羯羅主 菩薩 造,『因明入正理論』(大正藏 32)

善珠,『因明論疏明燈抄』(大正藏 68)

藏俊,『因明大疏抄』(大正藏 68)

窺基,『因明入正理論疏』(大正藏 44)

元曉,『大慧度經宗要』(大正藏 33)

『成唯識論本文抄』(大正藏 65)

Steinkellner Ernst; Krasser, Helmut; Lasic, Horst (Eds.) *Jinendrabuddhi's Viśālāmalavatī Pramāṇasamuccayaṭīkā*, Chapter 1, Part 1: Critical Edition (*Volume 1: Critical Edition. Volume 2: Diplomatic Edition), by Ernst Steinkellner, Helmut Krasser, Lasic, Horst, China Tibetology Publishing House Austrian Academy of Sciences Press, (Beijing－Vienna, 2005)

Steinkellner, Ernst ed.

Dignāga's Pramāṇasamuccaya, Chapter 1, (A hypothetical reconstruction of the Sanskrit text with the help of the two Tibetan translations on the basis of thehitherto known Sanskrit fragments and the linguistic materials gained from Jinendrabuddhi's Ṭīkā) Dedicated to Masaaki Hattori on the occasion of his 80thbirthday, (2005)

2. 이차자료

권오민,「불설佛說과 비불설非佛說」,『문학/사학/철학』 제17권(서울: 한국불교사연구소, 2009), pp.86~153.

_____,「불설과 비불설」 여적餘滴」,『문학/사학/철학』 제21권(서울: 한국불교사연

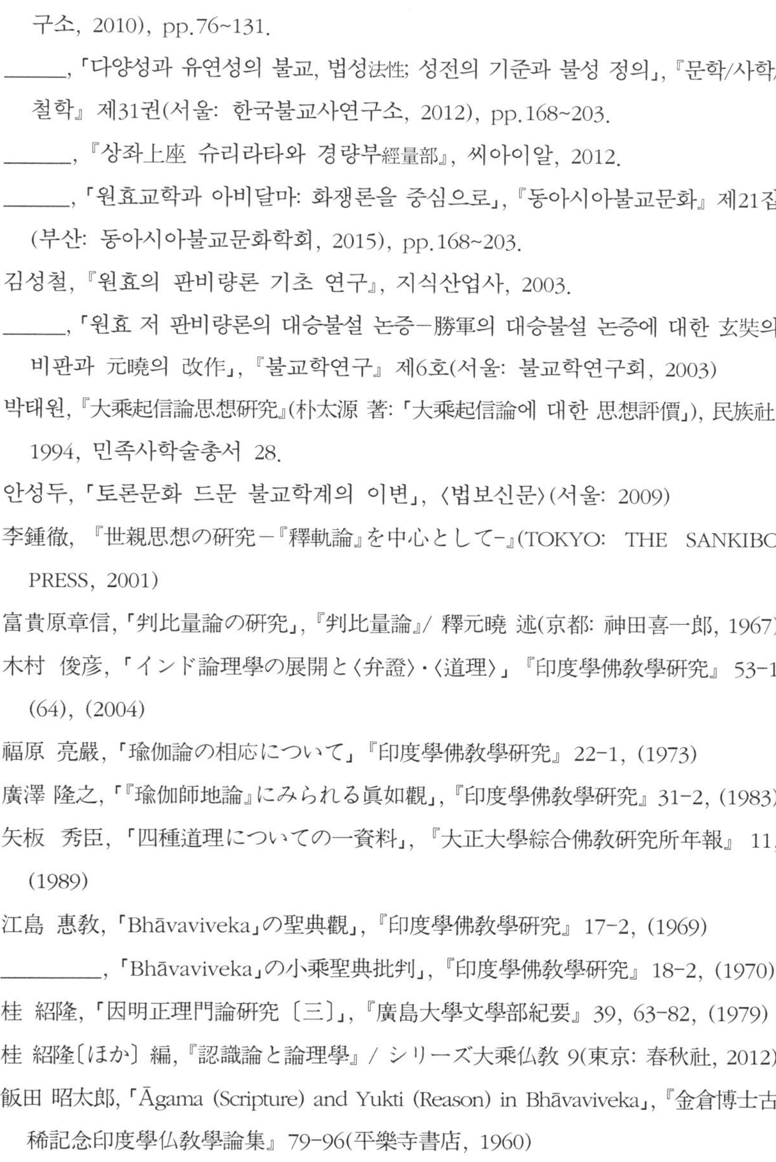

구소, 2010), pp.76~131.

______, 「다양성과 유연성의 불교, 법성法性; 성전의 기준과 불성 정의」, 『문학/사학/철학』 제31권(서울: 한국불교사연구소, 2012), pp.168~203.

______, 『상좌上座 슈리라타와 경량부經量部』, 씨아이알, 2012.

______, 「원효교학과 아비달마: 화쟁론을 중심으로」, 『동아시아불교문화』 제21집(부산: 동아시아불교문화학회, 2015), pp.168~203.

김성철, 『원효의 판비량론 기초 연구』, 지식산업사, 2003.

______, 「원효 저 판비량론의 대승불설 논증-勝軍의 대승불설 논증에 대한 玄奘의 비판과 元曉의 改作」, 『불교학연구』 제6호(서울: 불교학연구회, 2003)

박태원, 『大乘起信論思想研究』(朴太源 著: 「大乘起信論에 대한 思想評價」), 民族社, 1994, 민족사학술총서 28.

안성두, 「토론문화 드문 불교학계의 이변」, 〈법보신문〉(서울: 2009)

李鍾徹, 『世親思想の研究-『釋軌論』を中心として-』(TOKYO: THE SANKIBO PRESS, 2001)

富貴原章信, 「判比量論の研究」, 『判比量論』/ 釋元曉 述(京都: 神田喜一郎, 1967)

木村 俊彦, 「インド論理學の展開と〈弁證〉·〈道理〉」『印度學佛教學研究』 53-1(64), (2004)

福原 亮嚴, 「瑜伽論の相応について」『印度學佛教學研究』 22-1, (1973)

廣澤 隆之, 「『瑜伽師地論』にみられる眞如觀」, 『印度學佛教學研究』 31-2, (1983)

矢板 秀臣, 「四種道理についての一資料」, 『大正大學綜合佛教研究所年報』 11, (1989)

江島 惠教, 「Bhāvaviveka」の聖典觀」, 『印度學佛教學研究』 17-2, (1969)

________, 「Bhāvaviveka」の小乘聖典批判」, 『印度學佛教學研究』 18-2, (1970)

桂 紹隆, 「因明正理門論研究〔三〕」, 『廣島大學文學部紀要』 39, 63-82, (1979)

桂 紹隆〔ほか〕編, 『認識論と論理學』 / シリーズ大乘仏教 9(東京: 春秋社, 2012)

飯田 昭太郎, 「Āgama (Scripture) and Yukti (Reason) in Bhāvaviveka」, 『金倉博士古稀記念印度學仏教學論集』 79-96(平樂寺書店, 1960)

宇井 伯壽, 『仏教論理學』(東京: 大東出版社, 1933)

찾아보기

【ㅂ】

【ㅅ】

권오민

동국대학교 대학원을 수료하였으며, 현재 경상대학교 인문대학 철학과 교수이다. 주요 저서 및 역서로 『유부 아비달마와 경량부 철학의 연구』, 『아비달마불교』, 『인도철학과 불교』, 『불교학과 불교』, 『상좌 슈리라타와 경량부』, 『아비달마발지론』, 『아비담팔건도론』, 『아비달마구사론』 등이 있다.

이병욱

고려대학교 대학원에서 철학박사 학위를 취득하였으며, 현재 고려대학교와 중앙승가대에서 강의하고 있다. 주요 저서로 『불교사회사상의 이해』, 『한권으로 만나는 인도』, 『한국불교사상의 전개』, 『천태사상』, 『인도철학사』, 『고려시대의 불교사상』, 『천태사상의 연구』 등이 있다.

김도공

원광대학교 대학원에서 박사학위를 취득하였으며, 현재 원광대학교에서 교학대학 학장 소임을 맡고 있다. 주요 저서 및 논문으로 『원효사상의 현대적 조명』(공저), 『초월과 보편의 경계』(공저), 「원효의 화쟁사상 형성에 영향을 미친 장자 제물론의 영향」, 「참회수행을 통한 현대인의 불교적 치유」 등이 있다.

김성철

동국대학교 대학원에서 박사학위를 취득하였으며, 현재 금강대학교 불교문화연구소 교수로 재직하고 있다. 주요 저·역서 및 논문으로 『유식과 유가행』, 『여래장과 불성』, 『섭대승론 증상혜학분 연구』, 『초기불교의 이념과 명상』, 「십지경 삼계유심구에 관한 중관과 유식의 해석」 등이 있다.

배경아

일본 류코쿠대학교에서 박사학위를 취득하였으며, 현재 울산대학교 인문과학연구소 연구교수이다. 주요 논문으로 「분별(kalpanā)의 정의 – 쁘라즈냐까라굽따를 중심으로」, 「불교인식론의 무착오성 논쟁」, 「디그나가의 언어철학」 등이 있다.

원효, 불교사상의 벼리

초판 1쇄 인쇄 2017년 3월 28일 | 초판 1쇄 발행 2017년 4월 10일
지은이 권오민 • 이병욱 • 김도공 • 김성철 • 배경아 | 펴낸이 김시열
펴낸곳 도서출판 운주사
(02832) 서울 성북구 동소문로 67-1 성심빌딩 3층
전화 (02) 926-8361 | 팩스 0505-115-8361
ISBN 978-89-5746-486-1 93220 값 15,000원
http://cafe.daum.net/unjubooks 〈다음카페: 도서출판 운주사〉